· 高等教育前沿探索丛书 ·

编委会

主　编： 陈廷柱

副主编： 贾永堂　郭　卉

编委会成员：（按姓氏拼音排序）

艾　敏　陈建文　陈　敏　陈廷柱

郭　卉　贾永堂　雷洪德　李太平

刘长海　刘亚敏　马志凤　任学柱

王小月　于海琴　余东升　曾　伟

张俊超　张　妍　周　艳　朱新卓

国家社会科学基金教育学青年课题
"大学跨学科学术组织发展困境及化解策略研究"（项目编号：CIA170269）
资助成果

大学跨学科组织发展困境及化解策略

张洋磊◎著

华中科技大学出版社
http://press.hust.edu.cn
中国·武汉

图书在版编目(CIP)数据

大学跨学科组织发展困境及化解策略 / 张洋磊著. -- 武汉：华中科技大学出版社，2024.6. (高等教育前沿探索丛书 / 陈廷柱主编)(华中科技大学学术著作青年系列丛书). -- ISBN 978-7-5772-0936-4

Ⅰ．G649.2

中国国家版本馆CIP数据核字第2024FH6563号

大学跨学科组织发展困境及化解策略
Daxue Kua Xueke Zuzhi Fazhan Kunjing ji Huajie Celüe

张洋磊　著

策划编辑：钱　坤　张馨芳

责任编辑：苏克超

封面设计：孙雅丽

责任校对：张汇娟

责任监印：周治超

出版发行：华中科技大学出版社(中国•武汉)　　电话：(027)81321913
　　　　　武汉市东湖新技术开发区华工科技园　　邮编：430223

录　　排：孙雅丽

印　　刷：湖北金港彩印有限公司

开　　本：710mm×1000mm　1/16

印　　张：13.25　插页：2

字　　数：238千字

版　　次：2024年6月第1版第1次印刷

定　　价：88.00元

本书若有印装质量问题，请向出版社营销中心调换

全国免费服务热线：400-6679-118　竭诚为您服务

版权所有　侵权必究

总　　序

自2000年由高等教育研究所发展成为教育科学研究院以来，学院的专任教师队伍结构、学科专业布局以及学术产出与影响所涉及的范围，已经发生了明显的改变。但不能否认的是，学院现在仍以高等教育研究为主，将来仍然会延续以高等教育研究为主的发展格局。按照华中科技大学出版社有关同志的说法，我们的高等教育研究可以大有作为，也必须有所作为。正是在华中科技大学出版社的鼓励和支持下，才有了出版这套丛书的想法。

冠名"高等教育前沿探索丛书"，是综合考虑特定情况与目标的结果。所谓特定情况，就是学院并没有规定著作选题和承诺经费支持，故而没有办法按照某一主题和预期的作者人选策划系列密切相关的研究成果。所谓特定目标，就是学院将会坚持"前沿"标准，以开放和与时俱进的姿态，充分发挥学院教师的学术专长与兴趣，充分发挥编委会和出版社的把关定向作用，力争将学院最具前沿性与代表性的高等教育研究成果，以系列化的方式奉献给读者与学术同行。可以说，这是学院教师自觉自愿携手同行的可贵之举，学院在其中所发挥的作用较为有限。我们相信，学院其他研究领域的教师也将会以研究成果系列化为目标，陆续推出其他目标指向或研究主题的丛书。

以"前沿探索"来标注系列著作，是需要勇气的。好在学院有开拓创新、奋勇争先的传统，至少在高等教育研究领域，自20世纪80年代以来，有关教师聚焦高校内部管理、理工科院校本科人才培养目标与文科发展、高校文化素质教育、世界一流大学与现代大学制度建设、院校研究与个性化教育、以学生为中心的本科教学改革、高等教育大众化与普及化等问题，展开了一系列卓有成效的前沿探索，为我们奠定了良好的基础与声誉。近年来，学院又有部分从事高等教育研究的教师，开始步入产出高质量研究成果的黄金期，并在逐步走向国内高等教育研究舞台的中央。特别是我们这些年来引进的"80后""90后"教师，他们学术视野开阔，理论功底扎实，研究方法娴熟，又能够吃苦耐劳，完全有可能成为"前沿探索"的主力军。因此，我们有条件和信心，即便是完全依赖我们自己的研究力量，也可以推出一套高质量的"高等教育前沿探索丛书"。

更为有利的是，我们生活在一个高等教育加速发展且举足轻重的新时代。截至2021年9月，我国高等教育毛入学率接近55%，学生数达到4183万人，普通高等学校2756所。可以说，中国共产党领导的百年高等教育事业，有着从办起来、立起来、活起来、大起来到强起来的波澜壮阔的历程，走出了一条中国特色鲜明的高等教育发展道路。当今世界，面临百年未有之大变局，大国之间的博弈有赖于高等教育为经济社会发展提供的人才、技术与智力支持。当今中国，又开启了建设社会主义现代化强国和实现第二个百年奋斗目标的新征程，党和国家对高质量高等教育的期盼更为迫切。面对中国特色取向、总体规模庞大、结构体系复杂、时代使命艰巨和备受社会关切的中国高等教育事业，无疑会有较多重大与前沿问题值得深入研究。问题是最好的研究线索，需求是最好的研究资源，加上我们还有较好的研究平台，只要我们的教师尽心尽力，就会找到好的前沿研究选题，就会产出无愧于学术职业的前沿研究成果。

当然，"前沿探索"并不等于或不限于实际问题与社会需求导向的高等教育研究，对世界高等教育发展新理念、新举措与新趋势的分析，对未来高等教育发展新路径、新形态与新格局的展望，对新型高等教育组织机构、办学形式与体制机制的探讨等，均属于"前沿探索"范围。即便是对高等教育基本概念、重要命题及其相互关系的研究，对高等教育发展方式、体系架构与核心要素的研究，对高等教育主要职能、基本制度与政策法规的研究等，均有可能触及高等教育研究前沿。展开来讲，与其说"前沿"是一种判断标准，不如说是一种努力方向，或是一种能力要求。只要大家尽量往深处想，往远处看，往高处走，"前沿"就在我们脚下，就在我们的字里行间。

关于丛书编委会，有必要有所交代。学院已有几位教师的高等教育研究专著即将出版，并确实具有高等教育前沿探索的色彩。学院也是临时决定成立编委会，以利于更好地推进丛书出版工作。本着实事求是的原则，编委会由学院党政联席会成员和相关研究领域的全职在岗教授组成，并由我担任丛书主编，贾永堂与郭卉两位教授任丛书副主编。

因为要说明这套丛书的有关情况，也想谈谈我对如何界定高等教育前沿探索的基本想法，所以以"总序"的名义写点东西，还是很有必要的。再次感谢华中科技大学出版社的大力支持，感谢学院教师的积极参与以及他们对我的信任与厚爱。相信我们将会产出更多更好的高等教育前沿探索成果，并将有力推动我国的高等教育学学科建设事业。

丛书主编：陈廷柱

2021 年 9 月 21 日

前言
PREFACE

近年来，面对日趋复杂的全球性问题和重大科技挑战，单一学科的知识增长和研究范式难以支撑重大科技突破和复杂问题解决，学科交叉融合成为推进科技创新和创新型人才培养的必然趋势。2023年5月，习近平总书记在主持中共中央政治局第五次集体学习时强调，大力加强基础学科、新兴学科、交叉学科建设，瞄准世界科技前沿和国家重大战略需求推进科研创新，不断提升原始创新能力和人才培养质量。在此背景下，诸多高校主动面向重大科学前沿和国家重大需求，突出学科交叉融合和协同创新，大力推进科研组织模式创新，在新兴交叉领域建立类似"学术特区"的跨学科学院或科研组织。但推进跨学科研究不是简单的学科叠加，在实践中往往陷入以"权力"和"利益"为核心的"冲突网络"制约，导致有效性缺失、运行形式化等诸多急需解决的冲突问题。

本书就聚焦大学跨学科研究发展这一难题，沿着提出研究问题、发展困境研究、生成机制研究、提出对策的逻辑主线对大学跨学科组织发展难题进行了系统剖析。研究创新性地引入基于质性研究的"连续比较法"和多个案研究方法，建构了"本土性"的大学跨学科组织发展困境的理论模型，并深入中微观层面对我国大学跨学科组织发展困境的构成要素及其生成机理进行了探析。本书还尝试将其与当下正在进行的高等教育治理和中国特色现代大学制度建设等议题进行关联研究，以在大学治理的总体框架下破解大学跨学科组织发展难题。现将研究主要内容和基本观点扼要介绍如下。

（1）大学跨学科组织发展困境的表征。在该部分，笔者沿着

"识别冲突问题—建构冲突问题理论模型"的路径，运用基于质性研究的"连续比较法"作为研究工具，对不同个案进行初始编码和轴向编码的两级登录，逐步生成我国大学跨学科组织冲突问题的初始理论模型。在进一步进行验证性分析和修正的基础上，生成了我国大学跨学科组织冲突问题的理论模型。笔者认为，冲突问题理论模型的建构过程，正是发现我国大学跨学科组织本土性发展难题的过程。这些发展难题和困境大致可以归为以下三类。一是外部需求的政策导向和知识创新逻辑存在错位，影响科研人员内生动力。自上而下建构的支持体系与大学跨学科研究需求匹配度不足，导致高校大学跨学科研究实践面临路径依赖、自主制度供给不足、资源配给"学科化"等问题。二是矩阵式的学科交叉组织与直线职能制的学科组织及文化不兼容，学科目录主导的模式亟待打破，特别是两类组织在全职教师、研究基础设施和荣誉分配等资源争取中存在利益冲突。以及学科理论、研究范式、话语体系等知识壁垒和学科价值冲突。三是虽然促进大学跨学科研究的学术制度和评价体系不断完善，但传统院系组织架构及层级化的人事管理、科研评价和利益分配制度导致推进学科交叉面临科研合作和绩效评价难题。

（2）大学跨学科组织发展困境的生成机制。笔者借鉴安东尼·吉登斯的结构二重性学说，考察大学跨学科组织中既有结构对相关行动者的约束，以及行动者的行动何以塑造大学跨学科研究结构。在此基础上对大学跨学科组织发展难题及其生成机制进行深入剖析，发现大学跨学科组织发展困境是政府、大学、跨学科研究者等不同行动者利用跨学科研究结构，在跨学科研究互动中生成的。在"外生性政策规制"的总体环境下，以项目和平台为依托，通过科研"锦标赛"赋予跨学科组织"合法化"地位。以市场化和绩效合法性为主要特征的实践逻辑等外部逻辑交互作用，加深了跨学科合作研究中的文化困境和价值冲突。行政管控和绩效考核的双重机制，以及学术从业人员学术精神的匮乏，导致跨学科研究从业者走向信念和实践背离的机会主义，进一步放大了外部逻辑的制约作用。

（3）大学跨学科组织的治理策略。在该部分，笔者首先对美国亚利桑那州立大学（ASU）在"新美国大学"框架下进行的跨学科组织变革进行案例研究。因为ASU整体性变革，是典型的面向"内生性制度创新"的学术组织重构行动，能为大学的整体性变革提供可供参考的图景。然后，基于对我国大学跨学科组织发展困境、成因的研究，以及ASU整体性变革的案例启示，提出大学跨学科组织的治理之策。笔者认为，推动跨学科研究高质量发展，急需在"内生性制度创新"引导下打破学科交叉融合的"外驱维持型结构""外驱发展型结构""内驱悬浮型结构"，转而培育"内驱建设型结构"，建立规范有序、相互衔接的学科交叉科研场域和体制。特别是需要进一步完善大学跨学科研究治理体系、创新治理体制机制；重新定义系科组织，推进大学学术组织再造；打破学科藩篱，形成多元参与的资源竞争和成果评价机制；重塑科研价值，营造开放、信任的跨学科合作场域。

当前，我国高校中的跨学科研究方兴未艾，本书只是对大学跨学科组织发展难题及其成因的粗浅探索。出版此书，希望能"抛砖引玉"，与关注高校如何突打破学科藩篱，推进学科交叉融合科研和教育教学的同仁共同推进对这一重要议题的研究。为了表述需要，书中个别地方难免有重复之处，敬请谅解。

本书获得华中科技大学文科学术著作出版资助，在此对华中科技大学人文社会科学处和评审专家表示感谢。

本书能够面世，得益于华中科技大学出版社的积极支持，张馨芳编辑等为本书的出版付出了辛勤劳动，在此一并表示感谢。

张洋磊

2024年5月于华中科技大学

目录 CONTENTS

第一章　导论　　1
第一节　如何高水平推进大学跨学科研究已成为时代课题　　1
第二节　走进现场：基于多个案研究揭示跨学科组织发展难题　　10

第二章　大学跨学科研究：进展、反思与建构　　13
第一节　跨学科研究"变化的三角形"模型　　14
第二节　基于"变化的三角形"模型的大学跨学科研究进展　　16
第三节　技术化的经验研究——对大学跨学科研究的反思　　40
第四节　如何进一步深化相关研究　　43

第三章　大学跨学科组织的兴起、演化与比较分析　　46
第一节　跨学科组织兴起的背景　　46
第二节　跨学科组织在发达国家的兴起与演化　　52
第三节　趋同化与差异性：大学跨学科组织模式与制度的比较分析　　67
第四节　小结与启示　　74

第四章　大学跨学科组织的发展困境：冲突的视角　　76
第一节　冲突与大学跨学科组织发展困境的关系　　76
第二节　"连续比较法"及其适切性　　82

第三节　研究设计与研究路线　　84
　　第四节　大学跨学科组织冲突特征识别　　87
　　第五节　大学跨学科组织冲突问题的系统识别　　120

第五章　大学跨学科组织发展困境的成因分析　　133
　　第一节　结构化理论及其意蕴　　134
　　第二节　大学跨学科研究的行动者及行动逻辑　　144
　　第三节　大学跨学科组织发展困境的生成机理　　148
　　第四节　"内卷化"：高校学科治理的现实形态　　159

第六章　从管理走向治理：大学跨学科组织发展困境的治理策略　　166
　　第一节　"新美国大学运动"：亚利桑那州立大学院系组织重塑的启示　　167
　　第二节　治理理论的意涵及其适用性　　176
　　第三节　治理视域下大学跨学科组织发展困境的化解策略　　182

第七章　结论与展望　　188
　　第一节　结论　　188
　　第二节　在深化大学跨学科问题研究上的创新　　191

参考文献　　193

第一章

导论

第一节　如何高水平推进大学跨学科研究已成为时代课题

一、学科交叉融合是推动大学创新发展的着力点

进入21世纪以来，特别是启动"双一流"建设以来，促进大学跨学科研究，推进交叉学科建设，已从部分高校的"主张"逐渐成为一种国家政策。党的二十大报告指出，加强基础学科、新兴学科、交叉学科建设，加快建设中国特色、世界一流的大学和优势学科。习近平总书记在清华大学考察时强调，要用好大学跨学科研究的"催化剂"，加强基础学科培养能力，打破学科专业壁垒，对现有学科专业体系进行调整升级，瞄准科技前沿和关键领域，推进新工科、新医科、新农科、新文科建设，加快培养紧缺人才。习近平总书记在主持中共中央政治局第五次集体学习时强调，大力加强基础学科、新兴学科、交叉学科建设，瞄准世界科技前沿和国家重大战略需求推进科研创新，不断提升原始创新能力和人才培养质量。特别是当前，随着百年未有之大变局加速演进，国际力量对比深刻调整，保护主义明显上升，各国围绕科技制高点和高端人才的竞争空前激烈，创新发展的价值愈发凸显。大力推进学科交叉和跨学科研究，多学科协同攻关的大学跨学科研究已成为高校提升服务科技自立自强能力，服务国家发展战略，建设新的学科增长点的基础性策略，众多高校主动面向重大科学前沿和国家重大需求，积极调整学科布局，在新兴交叉领域建立新型学院或科研组织。高校在推动大学跨学科研究的同时，也面临大学跨学科研究"形式有余、内涵不足"及科层管理体制和评价机制难以突破等发展难题。经过对相关政策文本的梳理可以发现，近年来，中央及国家部委密集发布推进学科交叉平台建设重要举措。例如，设立了国家自然科学基金委员会交叉科学部，"交叉学科"

正式成为独立的学科门类。以上举措旨在促进不同学科之间的交叉融合,培养复合型创新人才。与政策进入爆发期相适应,跨学科、学科交叉的研究也已经成为学界的一种趋势。许多学者开始尝试将不同学科的理论、方法和技术进行交叉融合,以解决单一学科无法解决的问题。

在大学跨学科研究和大科学工程日渐兴起的背景下,促进跨学科研究,构建大学跨学科教学与研究体系成为提升高等教育核心竞争力的重要内容。[①]跨学科知识、跨领域知识、跨界知识等均被纳入大学知识生产过程。这种知识跨界现象的不断涌现要求大学知识生产和传播更加强调创新性和创造力,而学科交叉和融合[②]则是应对科技发展新趋势、提升高等教育创新力和创造力的重要途径。在"双一流"建设导向下,高校应以人才培养体系变革为抓手,在人才培养理念、课程体系、平台变革等方面持续推动跨学科融合。

(一)科技发展新趋势和新特点要求学科交叉创新

21世纪以来,以绿色、智能、融合融通为特征的新科技革命和产业革命正在孕育和发展之中,对人类生产方式、生活方式、思维方式将产生前所未有的深刻影响,甚至会改变人与世界的关系,以及人类近代以来建立的价值观体系。新一轮科技革命和全球科技发展呈现诸多新趋势和新特点。

一是科学、技术、生产一体化进程加快,科技发展加速交叉和跨界融通。物联网、人工智能(AI)、量子计算等前沿科技快速突破,将基础研究和技术探索紧密结合在一起,基础研究和技术探索的界限逐渐模糊。新科技的突破越来越多地发生在交叉地带。以信息和制造创新为例,物联网、AI、量子计算等新科技的出现建基于IT和大规模集成电路的发展,但与材料、机械、人机工程,甚至环境工程等学科紧密结合。颠覆性技术往往由不同学科知识共同形成的想象力所触发,学科交叉地带正成为颠覆性知识的策源地。传统学科的边界被不断跨越、交叉和重组。目前的科技发展出现了"群智演进、组团突破"模式,各类主体形成前所未有的合力,出现了人类社会、信息空间、物理世界"三元融合"现象。对此,党的二十大报告明确指出,教育、科技、人才是全面建设社会主义现代化国家的基础性、战略性支撑。必须坚持科技是第一生产力、人才是第一资源、创新是第一动力,深入实施科教兴国战略、人才强国战略、创

[①] 张玮,马香媛.基于跨学科协同创新的高等教育核心竞争力提升路径[M].杭州:浙江大学出版社,2018.

[②] 钱颖一.批判性思维与创造性思维教育:理念与实践[J].清华大学教育研究,2018,39(4):1-16.

新驱动发展战略，开辟发展新领域新赛道，不断塑造发展新动能新优势。高校是教育、科技、人才的集中交汇点，学科是高校三大职能协同共进的重要支点和纽带。新时代"教育、科技、人才"三位一体推进，急需大力促进跨学科研究和学科交叉平台建设。

二是科技与社会、文化的深度融合和融通加深，科技发展方向带有很大的不确定性。脑-机交互、智能城市等科技的兴起，使得知识创新进一步渗入生活；科技与社会正在发生前所未有的联系，并推动着人类对价值追求、人文精神、世界未来的深入思考。特别是虚拟现实（VR）与增强现实（AR）等网络和信息技术正通过现实的与数字化的人、地方和物体相互交织而创造模拟的经验。[①]科技发展方向的不确定性极大增长，并带来可预知或不可预知的风险，对已有社会关系、规则、伦理等诸多方面将产生深刻影响。高等教育正面临多方面、全方位的剧变。信息技术的快速发展、信息社会的到来可能使高等教育面临着从工业社会以来最为深刻的一次变革。[②]特别是当前，以ChatGPT为代表的人工智能技术正对整个人类社会和高等教育发展的形态形成重大影响，人类社会正在迎来人机协同、跨界融合、共创分享的智能时代。在不确定性急剧增加的时代，人类将如何应对日益复杂的科学和社会问题，对现有科研组织模式提出了新的挑战。

三是知识获取形式和知识载体多样化。海量知识与信息涌现，特别是云端计算的发展，使知识与信息迅速积聚。知识生产形态多元化，知识生产和传播者泛化，大量"非专家"参与知识生产和传播，成为知识的重要来源；知识生产和传播的形式呈现数字化、极大丰富、碎片化和非线性等特征。慕课（MOOC）等新教育模式使高质量的知识随时可寻、随处可得，对大学的地位和工作方式提出挑战。截至2023年底，中国慕课已上线超过7.68万门，服务了国内12.77亿人次的学习。中国慕课建设和应用规模位居世界第一，已经成为世界高等教育领域的"国际品牌"。可以预见，科技发展对知识生产模式的颠覆性变革，将创新性运用知识的能力推向前所未有的高度，会对当前学科化的知识生产和大学人才培养模式提出诸多挑战和要求，大学知识生产模式、形态和载体正在发生重大改变。

当前，科技发展的新趋势和新特点以及新时代推动构建高质量高等教育体系、增强服务高质量发展效能的历史使命，对大学的教学、科研、社会服务三

[①] 张华.论核心素养的内涵[J].全球教育展望，2016（4）：10-24.
[②] 瞿振元.素质教育要再出发[J].中国高教研究，2017（4）：26-29，36.

大职能提出了新的要求和挑战。面向科技发展的新趋势、新使命和新要求，大学应当如何凝练科学发展的方向，如何重组教学科研和人才培养体系，以更好发挥基础研究的主力军和重大科技突破的策源地的重大作用？面向科技发展的新趋势，大学应当如何回应和服务地区、国家乃至世界范围内的重大需求？

（二）知识生产模式转型对大学知识生产活动提出新要求

一百多年来，随着知识生产领地的不断分化，以研究对象、方法和理论的差异项为区分维度，现代大学中逐渐构建了分门别类的学科专业体系。但总体来说，现代大学建立以来知识的演进是沿着"整体—分化—综合"的主线渐次展开的。[①]特别是20世纪中叶以来，学科分化的同时不断伴随着学科的交叉和融合。一方面，大量地缘政治问题和边界问题的出现，对大学的知识生产活动的整合度形成了新的挑战。如何构建协调、可持续发展的学科体系知识领域面临新挑战。另一方面，如何回应社会和科技发展的新趋势对学科进行动态调整是大学回应知识生产模式创新的必然需要。立足学校办学定位和学科发展规律，打破传统学科之间的壁垒，以"双一流"建设学科为核心，以优势特色学科为主体，以相关学科为支撑，整合传统学科资源，促进基础学科、应用学科的交叉融合，在前沿和交叉学科领域培植新的学科生长点，已成为全球大学共同关注的议题。特别是洛克菲勒大学、亚利桑那州立大学等以"无学科边界"组织为主的新型大学的崛起，以及凤凰城大学、慕课联盟等新型知识传播、创新机构和载体的勃兴，意味着传统的基于系科的大学需要进行全面变革。特别强调要创新学科组织模式，加强学科协同交叉融合。

知识生产模式的变革要求大学科研组织体系瞄准学科前沿，服务国家和社会重大需求，以问题为导向整合多学科研究团队和资源，依托交叉学科创新平台、跨学科研究中心等大学科研组织模式开展联合攻关。特别是要围绕数学、物理等基础学科，以及以生命科学、信息科学为代表的前沿和应用学科组建跨学科研究平台，促进哲学社会科学、自然科学、工程技术之间的交叉融合。

（三）教育、科技、人才"三位一体"推进急需学科组织变革支撑

党的二十大做出教育、科技、人才"三位一体"协同融合发展的战略谋划。高校作为教育、科技、人才的集中交汇点，承担着为党育人、为国育才的重任，是"三位一体"推进的主要载体。积极探索推进教育、科技、人才"三位一体"

---

① 刘仲林.中国交叉学科：第二卷[M].北京：科学出版社，2008.

协同融合发展，关键在学科专业建设，应当以学科会聚发展推动知识生产、传播方式的变革。《国家中长期科学和技术发展规划纲要（2006—2020年）》明确指出，21世纪头20年是我国经济社会发展的重要战略机遇期，也是科学技术发展的重要战略机遇期。学科会聚已成为科学技术发展的重要特征，也是实现我国科学技术跨越式发展，提高自主创新能力的重要途径之一。[①]自20世纪50年代开始，以钱学森为代表的科学家就已认识到过于条块分割的学科专业体系对创新性学术探索的阻碍作用不断加重，呼吁推动交叉学科研究和交叉学科建设。但以国家政策的形式推动大学交叉学科创新研究始于冷战时期美国联邦机构对横跨多个学科的大科学项目的持续资助，并随之影响了我国的科技政策和科研组织模式。

在美国，自第二次世界大战以来，服务国家重大科技战略已成为大学的重要职能。20世纪20年代以后，在联邦政府的强力干预下，美国大学跨学科组织逐渐成熟。特别是二战和冷战时期，美国依托大学建立了庞大的国家实验室系统（见表1-1）。依托美国大学运行，以多学科、跨机构联合攻关为重要特征的国家实验室系统，大大促进了美国大学跨学科研究的发展。交叉学科往往需要跨越多个学科间和知识体间的障碍来应对复杂的现实问题，跨学科协同创新越来越成为重大研究领域和研究问题攻关所必需的途径和方法。[②]在冷战结束后，联邦政府又对如何推动后冷战时代的大学跨学科研究进行了重新布局，并以国家科学和技术中心及国家工程研究中心的形式将跨学科研究行动组织化。在联邦政府和大学的共同推动下，促进大学跨学科研究，服务国家重大科技战略需求，逐渐成为美国大学的集体行动。

表1-1 二战及冷战时期美国依托大学建立的国家实验室系统

实验室名称	共管大学	研究领域	成立时间
劳伦斯伯克利国家实验室	加利福尼亚伯克利分校	高能物理、材料、地球科学、环境科学等	1931年
喷气推进国家实验室	加州理工学院	太空研究	1936年
橡树岭国家实验室	田纳西大学	核能、物理、生命科学研究	1943年

[①] 刘仲林.中国交叉学科：第二卷[M].北京：科学出版社，2008.
[②] 张炜，马香媛.基于跨学科协同创新的高等教育核心竞争力提升路径[M].杭州：浙江大学出版社，2018.

续表

实验室名称	共管大学	研究领域	成立时间
洛斯阿拉莫斯国家实验室	加州大学	武器与一系列非武器基础能源科学研究	1943年
阿贡国家实验室	芝加哥大学	能源科学、环境科学、工业技术	1946年
布鲁克海文国家实验室	纽约州立大学石溪分校	核技术、纳米技术等	1947年
林肯实验室	麻省理工学院	空间监控、导弹防御、空中交通管制等	1951年
普林斯顿等离子体物理实验室	普林斯顿大学	等离子体基础理论研究	1951年
SLAC国家加速器实验室	斯坦福大学	直线高能电子加速器	1962年

在我国，自20世纪90年代起科研和教育主管部门已经认识到计划指令性过强的科研管理模式会导致大学科研体系的过分僵化，阻碍具有挑战性的科学问题的解决，也束缚了大学跨学科研究和新学科的生长，创建交叉学科研究平台逐渐在国家层面形成共识。以"985工程"三期建设重大科技创新平台培养拔尖创新人才为起点，经由"高等学校创新能力提升计划"（"2011"计划）和"双一流"建设的进一步推进，我国大学中初步建立了一大批面向国家重大战略需求的交叉学科和跨学科研究平台。

2018年7月，教育部发布《前沿科学中心建设方案（试行）》，决定在高等学校培育建设一批前沿科学中心，促进学科深度交叉融合。在建设原则中明确提出，以优势学科集群为核心，组建学科交叉的高水平团队，强化跨学科的融通创新，鼓励理、工、农、医以及人文社会科学的深度交叉融合。同时鼓励创新组织模式，探索新的基础研究组织模式，以问题为导向打破学科、学院的界限。

2018年8月，教育部、财政部、国家发展改革委联合发布《关于高等学校加快"双一流"建设的指导意见》，指出要进一步增强高等学校服务重大战略需求的能力，特别是要优化学科布局，构建协调持续发展的学科体系，打破传统学科之间的壁垒，促进基础学科、应用学科交叉融合，在前沿和交叉学科领域培植新的学科生长点。同时要增强学科创新能力，创新学科组织模式，围绕重大项目和重大研究方向组建学科群，促进各学科紧密联系、协同创新。2020年

11月，国家自然科学基金委员会正式成立交叉科学部，负责跨学科交叉领域统筹布局和资助工作，力图聚焦知识体系中不同知识范畴中的复杂性共性原理和重大复杂科学问题，通过资助和管理模式创新，培育新兴交叉领域的重大原创突破。2021年11月，国务院学位委员会发布《交叉学科设置与管理办法（试行）》，为规范交叉学科管理、完善中国特色学科专业体系提供了法理依据，进一步促进学科交叉融合，加快知识生产方式变革和人才培养模式创新。

可见，通过大力促进学科交叉和跨学科研究，探索新的科学研究范式，解决重大交叉科学问题，已成为广泛共识并快速上升为"国家行动"。在此背景下，以"双一流"建设高校为代表的大学正加速布局，加快推动大学跨学科研究，围绕国家和区域重大需求凝练重大科学问题，组建交叉学科团队，搭建学科创新平台已成为大学服务国家科技创新战略，提升我国在关键领域原始创新能力的重要一环。在这方面，中国科学院已率先谋篇布局，做出顶层设计，成立前沿科学与教育局，对全院基础和前沿研究、资源环境类公益性研究、学科建设以及高等教育等工作进行统筹部署、组织推进和协调管理。作为国家科技创新的主力军，我国大学特别是研究型大学也应当在教育教学理念、组织架构和制度环境等方面做出全面回应和系统创新。

二、推进高水平跨学科研究面临一系列亟待解决的难题

已有诸多研究对我国跨学科研究面临的资源配置、组织文化、组织管理与评价等方面的冲突和难题，以及跨学科研究形式化和学科化危机的成因，进行了较为深入的研究和探讨，并提出了相应的对策建议。但当前研究仍以"问题-成因-对策"的策略性研究为主，存在中观层面案例研究不足、实证研究匮乏等问题。特别是缺乏在中国语境下对大学跨学科组织发展困境何以形成的系统反思，而对我国大学跨学科组织发展困境的研究又是提升跨学科研究效能的前置性问题。前期的文献研究发现，我国大学跨学科组织发展困境的主要表现形式是大学跨学科研究在"纵向—横向""内部—外部"两个维度面临诸多制度、组织、文化和权力冲突。正是由于大学跨学科研究在不同阶段面临多重冲突的制约，才导致大学跨学科组织陷入发展困境。从冲突的视角切入发展困境研究，能够系统回答"大学跨学科研究为什么这么难"，大学跨学科组织面临哪些发展困境，以及各要素之间呈现何种关系等问题。所以，我国大学跨学科组织发展困境"是什么""为什么""怎么办"是本研究拟解决的关键问题。据此，本研究包括两个重点：①运用实证研究工具，分析我国大学跨学科组织发展困境的类属，通过三级编码，建构大学跨学科组织发展困境的理论模型；②提炼大学

跨学科组织发展困境的生成机制，特别是对各机制的特征及其机理进行研究。围绕这两个重点，本研究拟从冲突的视角切入，系统分析不同类型的跨学科研究实践在发展中存在哪些发展难题，准确把握大学跨学科研究发展的动力机制，并对大学跨学科组织发展困境的成因进行理论解释，进而在治理视域下提出政策建议。总体来说，本研究拟重点研究以下三个问题：①冲突视角下大学跨学科组织面临哪些发展困境？呈现出什么特征和关系？②基于结构化理论，如何对大学跨学科组织困境生成机制进行研究？③治理视域下消解大学跨学科组织发展困境的策略有哪些？

三、破解大学跨学科研究发展难题意义重大

1926年，美国心理学家伍德沃斯首次提出"跨学科"概念。20世纪后半叶，Klein和Newell及经济合作与发展组织（OECD）等先后对跨学科研究进行了界定。在此基础上，美国国家科学院（NAS）、美国大学协会（AAU）等组织将跨学科研究界定为一种团队或个人研究类型，认为真正的跨学科研究不只是跨越两门学科拼凑出新的"产品"，而要对不同学科的思想与方法进行综合[①]，特别是对不同学科的概念、方法、程序、认识论、术语以及问题解决过程进行整合[②]。本研究认为，大学跨学科研究指整合两个或两个以上学科的知识、方法和理论，由不同学科的研究人员合作对超越单一学科的研究领域的问题进行的研究。这种以"整合"为基础的科学研究的主要载体就是大学跨学科组织。在今日之中国大学，跨学科组织已成方兴未艾之势，形态和载体日趋多元化。从已有实践来说，可按照"实体—虚体"的维度划分为独立的跨学科研究中心、跨学科公共技术平台、半虚体的高等研究院（中心）、跨学科集群组织等多种形态。可以说，大学跨学科组织是区别于传统系科组织，由不同学科科研人员在一定组织框架和制度安排下围绕交叉学科和跨学科研究问题，进行知识整合，开展协同攻关的学术组织。

大学跨学科组织是不断调适和发展的动态组织。其包括知识、方法、理论整合程度较低的多学科和交叉学科研究项目，以及整合程度较高的交叉学科组织、跨学科组织等多种形态，以建立对大学跨学科研究不同阶段发展困境的整

---

① Committee on Facilitating Interdisciplinary Research. Facilitating interdisciplinary research [M]. Washington D. C.：National Academy Press，2004.

② Aram J D. Concepts of interdisciplinarity：configurations of knowledge and action[J]. Human Relations，2004，57（4）：57.

体性认知，并深入探讨跨学科组织在发展过程中何以陷入困境的问题。当前我国大学跨学科研究的发展困境突出表现为大学跨学科研究在"纵向—横向""内部—外部"两个维度面临制度、组织、文化和权力等诸多冲突，导致大学跨学科研究呈现诸多偏离预期发展的意外后果，或者出现跨学科合作的形式化问题，或者合作动力不足、进展缓慢等。因此，本研究具有以下三个方面的重要意义和价值。

（一）深入理解我国大学跨学科组织发展困境的生成逻辑

与已有研究主要侧重于"思辨—演绎"和比较研究不同，本研究将视角转向我国高校跨学科研究场域，是一项实践基础上的理论研究。通过转换已有研究的宏大视角，以多案例研究为基础，从中观层面深入理解大学跨学科研究发展中面临的问题。基于较全面的文献研究和质性研究提炼我国大学跨学科组织发展困境的成因，并运用结构化理论探索大学跨学科组织发展困境各要素的作用机制，能够深入理解我国大学跨学科组织发展困境的生成逻辑。

（二）进一步提升跨学科组织运行有效性

作为一项实践基础上的理论研究，本研究遵循严格的质性研究方法和步骤，综合运用文献研究、半结构化访谈、国际比较研究等方法和工具，通过开放性编码、轴向编码、选择性编码三级登录的方式，尝试建构本土性的大学跨学科研究冲突问题理论模型。能够获得其他研究手段不易获得的经验和数据，有助于进一步提升我国大学跨学科研究运行的效能。

（三）完善社会转型期的大学治理理念、制度与结构

本研究将落脚点置于如何进一步完善大学治理理念、制度与结构，在中观层面审视跨学科组织的发展困境及其生成机制，探索大学学术组织创新与变革的策略，具有较强的理论意义和现实意义。跨学科研究的动力源、组织模式与影响因素往往同时受多方面制约，是国家、院校和跨学科研究人员共同作用的结果。因此，本研究力图突破已有研究对大学跨学科组织发展困境单一化的认识视角，借助吉登斯结构化理论和本土化的治理理论，从外在的制度制约和内生性组织变革两个维度，将国家、市场、大学、学术从业者等政府、市场和学术关系纳入统一的分析框架进行系统分析，能够为进一步研究我国大学跨学科研究发展问题建立平台和基础。

第二节 走进现场：基于多个案研究揭示跨学科组织发展难题

一、本研究的基本思路

本研究沿着"描述现状—揭示问题—解释问题—制度创新"的逻辑展开研究。运用实证分析工具，按照"初步识别—系统识别"层层深入的路径，揭示我国大学中跨学科组织发展困境的类属、表现及效应。运用组织社会学相关理论，对其生成机制进行理论解释，进而提出对策建议。

（一）大学跨学科组织发展困境的要素识别与作用模型建构研究

不同阶段和类型的大学跨学科组织的发展困境呈现共同特征，但又各具特殊性，这种差异因跨学科组织的组建动力、参与学科的学科文化价值差异、组织发展周期等原因而不同。如何通过研究不同跨学科组织的发展问题，建立对大学跨学科组织发展困境的影响因素及其作用机制的整体性认知？本书基于多个案研究方法，通过对多个不同类型和发展状态的大学跨学科研究平台进行迭代补充，逐渐得出相关类属，使研究结论更坚实、可靠。

（1）运用基于质性研究的"连续比较法"。采用深入的个案研究方法，依据大学跨学科组织发展的类别，基于开放性编码、轴向编码、选择性编码三级登录的方式，识别大学跨学科组织发展困境的要素，并生成初步的理论框架。

（2）在前述框架生成的基础上，结合已有文献研究进一步厘清研究边界，在对已有研究进行梳理比较的基础上，对大学跨学科组织发展困境的影响因素进行验证和修正，在此基础上生成各要素关系的理论框架。

（二）大学跨学科组织发展困境的生成机制研究

使用结构化理论分析大学跨学科组织发展困境的生成机制。以吉登斯对规则和资源的分类为基础，围绕大学跨学科研究的外部政策、制度和规则等"结构"与跨学科组织从业者等"行动者"间的相互作用展开研究，包括以下内容。

（1）结构化理论概述及对大学跨学科组织发展困境生成机制的解释力。社会结构具有二重性，人的行动不仅受结构的制约也重塑结构。结构和行动相互依存，构成一个持续动态演化的实践系统。

(2) 国家政策：大学跨学科组织发展困境形成的结构性因素。结构是社会系统中一定时空下集中在一起的结构化特征，由组织外部的规则、资源等共同构成。外部政策主导者通过分配性资源和权威性资源主导跨学科组织的目标、架构和文化。

(3) 跨学科研究从业者：大学跨学科组织发展困境形成的微观基础。行动者对待大学跨学科组织创新的态度、策略，以及跨学科研究的整合度，受到结构性因素制约。但行动者是能知、能动的，影响了规则的制定和资源的获取。

(4) 大学：大学跨学科组织发展困境生成的中介。

（三）大学跨学科组织发展困境的化解策略研究

本书拟以中国语境下的治理理论为基础，从治理能力和治理现代化水平提升，大学跨学科研究组织和制度创新，多样化、多元参与的资源竞争和成果评价机制构建，以及跨学科研究合作场域营造四个维度，就大学跨学科组织发展困境的治理策略展开研究。

二、以案例研究法为核心的系统探索

（一）文献研究法

通过对国内外相关理论、大学跨学科组织发展成果的梳理、比较和分析，建立关于我国大学跨学科组织发展困境及化解策略的基本分析框架。特别是基于大学交叉学科和跨学科研究历史演进，美国等大学跨学科研究的组织形态和制度创新模式，以及大学跨学科研究面临的困难等方面的文献。

（二）基于质性研究的"连续比较法"

通过滚雪球抽样和最大目的抽样相结合的方法获取个案，运用观察法和半结构化深度访谈获得资料，借助基于质性研究的"连续比较法"对资料进行三级编码，逐渐生成我国大学跨学科组织发展困境方面的理论框架。

（三）案例研究法

案例研究是本研究的基本导向，本书将大学跨学科研究的管理者和科研人员作为研究对象，基于三级编码识别出大学跨学科组织发展困境的要素，并进行深入分析。案例研究突出体现在三个层次：一是聚焦我国大学，将当前研究视野由国际转向国内，深入探索本土化案例和推进跨学科研究，探究大学跨学科组织在发展过程中存在的难题和困境；二是聚焦大学跨学科科研团队，通过对不同类型、发展阶段的跨学科学术团队的研究，尽可能归纳共性问题，发现差异性现象；三是聚焦大学跨学科研究团队的管理者、科研人员等直接"行动者"，以质性研究的方法探讨跨学科组织发展困境与化解策略。

三、研究技术路线

研究技术路线图如图1-1所示。

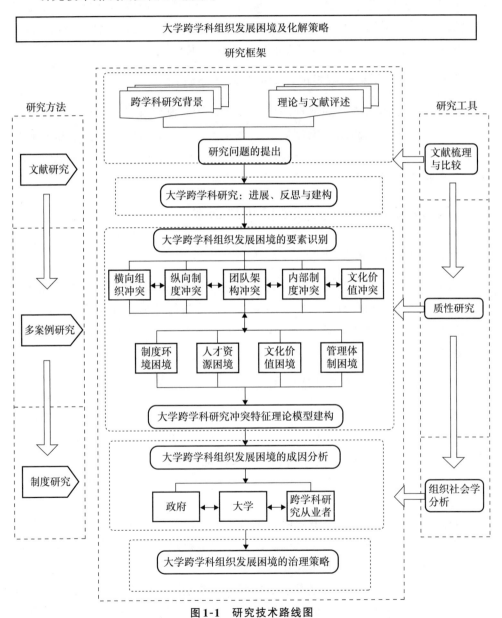

图1-1 研究技术路线图

第二章

大学跨学科研究：进展、反思与建构

20世纪50年代以来，随着大科学工程在全球范围内的兴起以及人类和社会问题的日趋复杂化，人类知识逐渐突破传统学科的限制，走向跨学科研究。大学跨学科研究意味着大学在学科组织模式、课程体系、教育理念、资源配置、评价体系等方面的新变革。经过梳理可以发现，进行"增量型"的学科交叉创新是多数大学的普遍做法。这种以"学术特区"的形式增加跨学科研究平台却不改变已有学术组织体系和院（系）组织架构的做法，可能会在资源配置、人事制度等方面带来一系列组织和管理难题。如何促进学科交叉，提升跨学科研究的学术生产力，随之成为大学治理的重要议题。

在美国，随着20世纪80年代《拜杜法案》的颁布与实施，跨学科研究项目、跨学科研究中心、跨学科院系等新型组织和机构快速增加，[①]吸引诸多学者对跨学科研究所面临的组织、管理和评价等难题进行探索。Gray认为，跨学科组织领导力是影响组织绩效的重要因素，其包括认知行为、结构行为和过程行为三个方面。[②] Kenny则对跨学科组织的"离心性"予以高度关注，呼吁构建完善的跨学科合作网络。[③]还有诸多学者对跨学科研究成果评价、组织管理、资源分配、文化冲突等进行了实证研究。进入20世纪90年代后，以学科会聚为特征的跨学科融合在美国大学中兴起，美国部分大学以解决区域社会重大需求和全球性重大挑战为基本任务，实施若干战略性行动计划，在研究组织、资源集聚、

---

① Salter L, Hearn A. Outside the lines: issues in Interdisciplinary research[M]. Montreal: McGill-Queen's University Press, 1997: 27-29.

② Gray B. Enhancing transdisciplinary research through collaborative leadership[J]. American Journal of Preventive medicine, 2008, 35 (2S): S124-S132.

③ Kenny J T. The university in service to state and local government[J]. New Directions for Higher Education, 1988, (63): 51.

制度建设等方面进行大胆突破，[①]学科会聚遂成为学界研究的热点。比如，相当多的研究对美国大学如何基于全球重大问题实施学科会聚进行了案例分析，还对学科会聚平台和制度建设的特征等进行了探索。

在我国，随着"211工程""985工程""双一流"建设等高等教育重点建设项目的持续推进，促进学科交叉创新迅速上升为国家意志，并随之演变为大学的集体行动。特别是在"双一流"建设背景下，国家实验室、交叉学科研究院等大学跨学科组织大量涌现，跨学科研究正从一个时髦词汇成为高校服务高质量发展的生动实践。但值得注意的是，在学科专业目录化管理为主的刚性制度约束下，以一级学科为基础的院系组织必然与天然具有"离心性"的跨学科组织难以相容，进而带来一系列组织冲突和管理难题。如何破解跨学科组织面临的冲突和发展困境，提升跨学科研究效能，是"双一流"建设的重要议题。

跨学科组织的大量涌现意味着大学科研组织模式、制度和评价体系的系统变革，引发了学界的持续关注。已有研究就大学跨学科组织的权力获取与分配机制、资源配置、组织文化冲突与调适，以及组织管理与评价等问题进行了较深入的探讨，但总体呈现碎片化的特征。需要进一步对跨学科研究的概念与动力机制，跨学科研究的主要组织模式，以及跨学科研究发展过程中面临的问题等进行系统的文献研究。

针对上述问题，本书借鉴组织和管理学中"变化的三角形"模型，对大学交叉学科创新和跨学科研究进行文献研究。通过考察全球范围内大学跨学科发展研究的各类成果和新进展，反思当前研究的缺失和不足，并就如何进一步深化研究展开论述。

第一节　跨学科研究"变化的三角形"模型

"变化的三角形"模型由著名战略管理学家Huy和Mintzberg基于对本田、索尼等数十家国际公司组织变革过程的分析，整合而成。如图2-1所示，"变化的三角形"模型认为，组织变革的动力来自三个方向，分别是自上而下的整体变革，横向上以管理和结构的持续改进、转型为基础的系统变革，以及来自组

[①] 吴伟，吴婧姗，何晓薇，等.如何在应对社会重大需求中推动学科会聚——美国部分大学"重大挑战计划"评述[J].高等工程教育研究，2021（1）：122-128.

织内部的自下而上的有机变革。组织变革的成效是上述三个方向变革力量相互作用的结果。

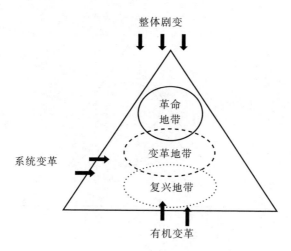

图 2-1　组织变革的影响要素模型

而组织变革的动力总有一个常数，该常数由高级管理层启动的自上而下的组织变革、横向的系统变革和源自底层的有机变革等三种变量共同组成。但组织并不存在一个唯一的变量，组织的成功变革是三种变量在组织变革过程中相互作用所共同导致的。促成组织成功变革的关键推力至少包括以下几种：一是革命性的急剧变革；二是改变旧有的组织秩序、建立新的组织秩序的系统变革；三是通过培育良好的组织文化和价值而进行的细微、有机的改变。Huy 和 Mintzberg 对多个国际公司组织变革的研究发现，组织变革能否成功的关键变量是横向展开的系统变革，包括质量改进、工作重新编程、战略规划的制定与执行等。

在上述研究基础上，Rhoten 将"变化的三角形"模型引入对大学学科交叉和跨学科研究的探讨中。Rhoten 认为，与组织变革相似，影响跨学科研究成败的关键变量有三：一是位于顶部的外部支持与关注；二是横向的体系实施；三是来自底部的内部激励，如图 2-2 所示。

通过对美国国家科学基金会（NSF）资助的跨学科研究项目及相关的实证研究，Rhoten 认为，跨学科研究的阻碍因素既包括位于三角形顶部的外部政策和资源资助的缺乏，也包括大学未实施跨学科的管理模式和组织变革，还包括当前大学学科化的绩效评价体系和激励体系。但是，位于三角形中部的横向的体系实施，是关键性的影响因素。体系实施的障碍，也是导致当前大学学科交叉创新和融合流于形式的多、有机组合的少的重要原因。①

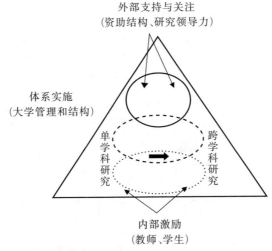

图 2-2　跨学科研究"变化的三角形"模型

上述模型对大学跨学科发展的动力机制进行了深入研究和评析，能够为未来大学跨学科治理研究提供参考路径。本研究拟以跨学科研究"变化的三角形"模型为框架，分析当前大学跨学科研究进展。

第二节　基于"变化的三角形"模型的大学跨学科研究进展

一、评述文献来源

笔者使用CNKI数据库核心合集对关键词"跨学科研究"进行文献检索，将检索时段设置为"985工程"实施以来的1998年5月至2023年12月，并进一步将分组主题限定为"跨学科研究""跨学科研究组织""交叉学科""跨学科"，发现文献超过1800篇。可以发现关于跨学科研究发展的文献在2006年后逐渐增多，且数量一直较高。以相关度为依据，笔者进一步从上述文献中精选出115篇作为分析的文献基础。通过对上述文献进行关键词共现网络分析后，生成如

---

① 柳洲. 高校跨学科科研组织成长机制研究[D]. 天津：天津大学，2008.

图2-3所示的"跨学科研究"关键词共现网络。同时,笔者以"interdisciplinary research""interdisciplinary organization"为关键词,运用Web of Science核心合集进行英文检索,并对搜索到的重要节点文献进行详细解读,分析国际上大学跨学科发展研究的进展。

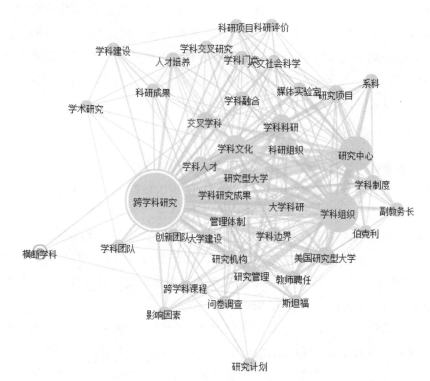

图2-3 "跨学科研究"关键词共现网络

有研究者通过对高被引论文的学科性测度或学科交叉程度的探测研究发现,跨学科研究越来越成为科学研究的重要组成部分,而"自下而上"的学科聚合式带动、"自上而下"的学科整合式推进和"由内至外"的外延式发展是当前大学开展跨学科研究活动的主要运行策略。[①]

二、基于"变化的三角形"模型的大学跨学科研究进展

在大学跨学科研究"变化的三角形"模型中,研究者分别以资助机构、研究领导力,以及大学组织和结构、教师、学生为变量,讨论了跨学科研究的三

---

① 茹宁,闫广芬.大学跨学科组织变革与运行策略探究[J].高校教育管理,2018(4):58-65.

种主要影响因素。对大学跨学科研究影响因素的认识应当建立在对跨学科研究内涵和规律，以及跨学科研究、交叉学科研究与多学科研究之间异同点深入理解的基础上。所以，应当从知识、价值、组织和制度等维度进行深入分析。当前关于跨学科发展的研究主要集中在两个方面：一是关于跨学科研究本体的研究，特别是基于学科和知识演化的逻辑对何谓跨学科研究、跨学科研究的特征等进行的历史和比较研究；二是对大学跨学科研究发展问题与治理策略的研究。此类研究往往基于大学学科交叉和跨学科研究发展的实际，对如何提升大学跨学科研究生产力进行经验性探讨，相关议题分别涉及大学跨学科研究的动力、组织、制度和成果评价等维度。

（一）大学跨学科研究出现的背景和动力机制

学界通常认为，"跨学科"的概念由美国心理学家伍德沃斯于1926年首次提出。在美国社会科学研究理事会的会议上，伍德沃斯提出，理事会是几个学科的集合，要努力促进不仅仅是一个学科进行的研究，理事会的任务是促进被专业化所隔离的两个或多个学科之间跨学科的综合研究。[①]那么跨学科研究出现的动力机制是什么？已有研究依据学科发展的知识逻辑（内在）和社会需求逻辑（外在）两个维度，将大学跨学科研究出现并逐渐建制化的动力机制分为学科内部、社会外部和学科间交互诉求的回应等方面。[②]

大学跨学科研究的出现是学科演化的必经阶段。有研究者提出，跨学科研究的出现不只是打破保守和封闭的学科边界的产物，其与学科的演化发展也不构成连续体。相反，对跨学科的关注是伴随着学科的形成而出现的，院系结构和学术职业的雇佣机制是跨学科性的重要保障。[③]也有研究者认为，跨学科研究的出现，恰恰是由于在合法的学科框架内，已有的研究范式无法满足研究主题急剧变迁的需要。特别是随着知识增长点的不断增加和涌现，新问题的出现和知识版图的扩展需要得到与本学科相邻的学术部落的知识、方法和理论的滋养，跨学科研究随之产生。

大学跨学科研究的出现是社会需求和科技变革的驱动。20世纪30年代以来，以斯坦福大学为代表的美国大学开创了大学服务国家和社会发展的新模式，

---

① 郑晓瑛.交叉学科的重要性及其发展[J].北京大学学报（哲学社会科学版），2007（3）：141-147.
② 焦磊.国外知名大学跨学科建制趋势探析[J].高等工程教育研究，2018（3）：124-129.
③ 蔺亚琼.一副别样的学科图景——浅论学科的跨学科性与稳定性[C]//苏雨恒，范笑仙.文化传承创新与建设高等教育强国——2012年高等教育国际论坛论文集.北京：高等教育出版社，2013.

大学日益与不断加剧的社会和科技变革交织在一起。随着斯坦福大学、洛克菲勒大学,以及英国"红砖大学"等创业型大学的不断崛起,对以学科为载体的传统的大学科研组织模式形成较大冲击。可以说,创业型大学的崛起是继专门化的现代学术知识与基础理论研究进入大学之后的[①]"第二次革命"[②]。

特别是自20世纪20年代末开始,西方资本主义国家出现了严重的经济危机,以强调"小市场、大政府"和扩大公共投入为特征的凯恩斯主义主导了20世纪30至70年代西方国家的经济、社会政策和实践。[③]而二战催生的大量军事、科技等方面的研究则将美国大学推向跨学科研究的前沿,特别是依托美国大学运行的劳伦斯伯克利国家实验室等大量参与军方科研工作,直接开启了美国大学开展跨学科研究、服务国家军事需求的大门。

20世纪50年代以后,推动大学跨学科研究成为全美共识。冷战背景导致联邦政府进一步增加了在大科学装置和跨学科研究项目上的公共投入,使美国大学中的跨学科研究人员和跨学科研究平台均快速增加。从20世纪50年代开始,为了在大学中继续开展前沿科学研究,美国国家科学院(NAS)、国家工程院(NAE)、国立卫生研究院(NIH)等官方机构先后设置了一系列交叉学科和跨学科研究项目。大批依托大学的国家实验室和国家工程中心等跨学科研究机构的成立,意味着那个"把科学知识应用到生产上来改造世界"[④]的小科学时代即将过去,一个大科学时代已经来临。

在大科学时代,大学成为社会发展、科技创新和知识价值创造的策源地。特别是20世纪80年代以来,随着创业型大学的崛起,源于德国古典大学,以单层线性结构和双层复合结构为主的大学学科组织模式,正在被融合现代科学知识和基础理论研究的网络弥散结构所取代。社会发展对大学的需求,让大学变得更加复杂,成为使命各异的学术组织和知识领地的集合体。一系列横跨传统系科组织的交叉学科研究中心、跨学科研究实验室、跨学科研究项目等不断涌现。值得注意的是,与1926年伍德沃斯提出跨学科概念的背景不同,20世纪中叶以来涌现的跨学科组织具有较为明确的问题导向,且多以解决全球科技发展或区域社会发展问题为组织目标,呈现非线性交互的技术科学模式的发展特征。

---

① 崔乃文.知识演变与组织创新:世界一流大学的生成机制分析[J].清华大学教育研究,2017,38(5):98-105.

② Etzkowitz H. Innovation in innovation: the triple helix of university—industry-government relations [J]. Social Science Information,2003(3):317-318.

③ 戴晓霞,莫家豪,谢安邦.高等教育市场化[M].北京:北京大学出版社,2004.

④ 赵红州.大科学观[M].北京:人民出版社,1988.

其成因是从单一学科出发的研究已难以完全解决不断复杂化和综合化的社会和人类发展问题,需要多学科协同创新。①

知识演化的自然逻辑、外部需求的压力共同传导到大学,对大学知识生产的组织模式、制度和文化等造成较为显著的影响。甚至有学者认为,大学交叉学科和跨学科研究开放性、整合性的特点,意味着要深入推进跨学科研究就必须对大学系科组织进行重组和再造。不同类型的大学也开展了形式多样的跨学科研究,有研究者按照"虚-实"维度,将大学跨学科组织划分为虚体跨学科组织、半实体跨学科组织和实体跨学科组织三种类型。②

1. 大科学、小科学与学术组织的重新组合

20世纪60年代,美国学者普赖斯在《小科学·大科学》中提出了科学的"指数增长"模型,"大科学"的观念深入人心并引起了广泛的深思。他在书中指出,现代科学不仅硬件如此璀璨,堪与埃及金字塔和欧洲大教堂相媲美,而且国家用于科学事业的人力和物力的支出,也使科学骤然成为国民经济的主要环节。现代科学的巨大规模,面目一新,而且强大无比,使人们不得不用"大科学"这一名词而美誉之。③两个时代科学活动的面貌截然不同,小科学时代的科学研究目的不是"把科学知识应用到生产上来改造世界"④。

普赖斯的"大科学"概念揭示了学术组织变革的新体制实际上是一种科学体制的新变化。因此,伴随着一系列现代科学的新发现,随之而来的必然是科学共同体的重组及其内部关系的重建。有研究者提出,大科学至少包含两方面含义:一方面指在总的社会规模上的科学研究的大科学;另一方面则意指研究项目规模上的大科学工程。美国物理学家温伯格在《大科学的反思》一书中提出"大科学"概念,该概念反映了二战之后,欧美国家科学研究组织形式的巨变。其产生的背景是单个研究项目涉及越来越多的学科领域,科学研究的范围亦从一国变为国际合作。例如,核聚变研究、国际人类蛋白质组计划、人类基因组计划等多国通力合作的跨国研究项目成为科学研究的焦点。同时,更重要的是,由于大科学项目的持续推进,大科学项目巨大的资金投入在一定程度上改变了学术组织的生态平衡。其带来了一系列诸如如何开展跨学科研究、跨学科组织是否有必要建立等方面的问题。

---

① 王骥.从洪堡理想到学术资本主义——对大学知识生产模式转变的再审视[J].高教探索,2011(1):16-19.

② 茹宁,闫广芬.大学跨学科组织变革与运行策略探究[J].高校教育管理,2018,12(4):58-165.

③④ 赵红州.大科学观[M].北京:人民出版社,1988.

在普赖斯之后，大量研究者涌入关于大科学、小科学的讨论。相关研究围绕科学研究的价值及其反思，以及大科学和小科学的关系展开，主要包括以下三个方面的观点。①大科学时代已经来临，其结束了科学研究的个人主义而迈向集体主义，将成为未来发展方向，①大科学是知识经济时代中国的战略选择。②②在未来研究发展过程中，大科学、小科学应当统一，走向新的综合。③④③亦有不少学者对大科学观进行实践反思，认为在当代中国，发展大科学时代的小科学才是当务之急。⑤此类研究将目光聚焦在科学研究路径选择及其与政府的关系等方面。特别是对SSC（超导超级对撞机）项目在美国的发展历程进行的反思，认为在资源有限的情况下，大科学工程对有限的研究资源存在严重的"虹吸效应"，将对规模较小的研究团队和计划造成严重冲击，对科学研究的健康发展产生负面影响。⑥⑦

随着大科学研究成为大学学术生产的重要方面，以"阿波罗计划""曼哈顿工程"等为代表的大科学研究项目所占有的研发经费也一路走高。以2019财年为例，美国国防部、国立卫生研究院、国家航空航天局、能源部在联邦政府研发经费中的占比分别为40%、27%、11%和10%，总计占全部经费总额的88%。⑧其中大量经费以"稳定性支持"的方式投入以从事应用研究和实验发展为核心的美国国家实验室系统。在美国，大科学项目主要在美国大学以及能源部附设于美国大学的国家实验室等国家级研究机构展开，大科学研究计划的繁荣也直接影响了美国大学的科研生态。由于诸多新型跨学科研究中心和大科学项目的设立，美国高等教育结构也从简单走向复杂。在简单结构下，美国大学按照单一规则运转，大学更多的是诸多学术组织的集合。⑨而在大科学时代，学院和院校组织变革更加复杂，不仅包括传统的跨学科项目、研究中心和机构，而且包括新的形式和联盟，包括新的研究集群、工作坊、共享设施、实验室，

---

① 李国亭，秦健，刘科.略论大科学时代科学家的合作[J].科学技术与辩证法，1998（3）：47-49.

② 王忠武.知识经济时代与大科学战略选择[J].天津大学学报（社会科学版），2000（2）：110-115.

③ 强伯勤."大科学"与"小科学"的统一[J].中国医学科学院学报，2007（3）：291-292.

④ 吴家睿.走向新的综合：生命科学领域的小科学与大科学之关系[J].科学，2004，56（6）：23-25.

⑤ 赵红洲.发展当代小科学是中国的当务之急[J].中国科技论坛，1996（3）：23-26.

⑥ 高原，王大明.美国超导超级对撞机案例研究[J].工程研究-跨学科视野中的工程，2011，3（1）：41-49.

⑦ 戴建平，古荒.梦想与幻灭：超导超级对撞机的曲折命运[J].科技与经济，2005（1）：60-64.

⑧ 王婷，蔺洁，陈亚平.主要创新型国家政府研发经费配置结构分析及启示[J].中国科技论坛，2022（8）：181-188.

⑨ Klein J T，Newell W. Interdisciplinary studies[M]. San Francisco：Jossey Bass，1996.

共同的问题聚焦和合作的研究计划,以及学术界、产业界和政府的新的结合。①

2.模式Ⅰ知识生产向模式Ⅱ知识生产转型与学术组织变革

模式Ⅱ知识生产由迈克尔·吉本斯等提出。在《知识生产的新模式:当代社会科学与研究的动力学》一书中,吉本斯等介绍了两种相异的知识生产方式:一是以牛顿模式科学研究为代表的单学科研究模式——模式Ⅰ;二是在应用情境中利用学科交叉的方法、强调研究结果绩效和社会效用的知识生产模式——模式Ⅱ。对于模式Ⅰ知识生产和模式Ⅱ知识生产之间的关系,吉本斯认为,当下的社会、科学甚至文化知识的生产方式都在发生一场范式革命,全面变革的趋势标志着一个替代或改造已有的学科、制度、实践和政策的新的知识生产模式正在浮现,知识生产模式正向新的范式,也就是模式Ⅱ知识生产显著转移。吉本斯认为,模式Ⅰ指一种知识生产的形式——一种方法、理念、价值以及规范的综合体,这一模式使牛顿的学说所确立的典范在越来越多的领域传播,并且确保其遵循所谓的"良好的科学实践"。②

国内学者通常将模式Ⅰ称为"洪堡模式","洪堡模式"的典型是以柏林大学为代表的德国大学,其基本原则是"教学与科研相统一"。但从根本上来说,教学与科研相统一,实际上强调的仍然是以科学研究为中心。作为大学的核心任务,发现纯粹的知识是德国大学的本质特征。③但是必须意识到,以培养精英人才为目标的"洪堡模式"不仅在德国从未完全实现,在学术资本主义浪潮的推动下也日益支离破碎。洪堡改革提出要建立典范大学,在典范大学中,学术共同体以探究"博大精深之学问"为安身立命之本,大学师生则以学人之身份"因学术而共处"。令人遗憾的是,20世纪以来,典范大学对纯粹知识的追求正受到学术资本主义浪潮的持续挑战。特别是进入20世纪70年代以来,随着德国高等教育环境发生较大变化,德国大学也引入了新的治理手段,如签订目标协定、引入绩效拨款、加强大学校长权力、设立大学理事会等,出现向新公共管理制度靠近的趋向。④随着"大学—政府—市场"关系的急剧演化,科学知识的版图早已不限于对高深知识的探究。科学知识的版图不断扩展,知识生产模式

---

① Newell, Klein J T. Interdisciplinary studies into 21st Century[J].The Journal of General Education,1996, 45(2):159.

② 迈克尔·吉本斯,卡米耶·利摩日,黑尔佳·诺沃提斯,等.知识生产的新模式:当代社会科学与研究的动力学[M].陈洪捷,沈文钦,等译.北京:北京大学出版社,2011.

③ 陈洪捷.德国古典大学观及其对中国大学的影响[M].北京:北京大学出版社,2002.

④ 肖军."洪堡模式"去与留:德国大学治理改革中制度同形与路径依赖[J].比较教育研究,2022,44(1):88-95.

的新变化，正从根本上改变着科研生产的组织形式和研究内容。就连在德国，也出现了吉本斯所提出的典范大学所面临的知识生产主体和场域的变迁。例如，德国2004—2005年开始实施持续三个周期的"卓越计划"。在已实施的两轮计划中，享有盛誉的柏林大学竟然落选就是例证。通过两轮"卓越计划"（2005—2006年，2006—2007年），德国联邦政府分别评选出9个"未来方案"、39个"博士生培养基地"和37个"卓越跨学科集群"。[①]在该计划中，"博士生培养基地"和"卓越跨学科集群"成为改革重点，充分反映了大学科研的模式从纯粹知识生产向应用情境转变的现实，而跨学科组织正在打破基于传统学科的知识生产模式。

纯科学模式的单向度研究向技术科学的非线性交互模式的转型发展，意味着解决研究问题所需的知识无论在复杂性、综合性还是应用性等方面均达到前所未有的高度，决定了以单一学科为知识基础难以完全解决其中所包含的问题，而需要多个学科或多种专业协同攻关。[②]特别是进入20世纪后，随着科学技术的不断发展，美国实用导向大学逐渐兴起。特别是麻省理工学院的建立，以及斯坦福大学的勃兴，标志着美国大学逐渐分化为两种模式：大学的纯科学型和赠地学院的技术型，其各自具有不同的文化和学术使命。[③]现代大学的知识生产无论在知识边界、知识生产价值观、知识生产主体还是大学与政府、市场的关系等方面，都产生了重要变革，"学术自由""学术共同体"乃至"学术生产"的概念都一再被重新定义。与此同时，创业型大学、学术资本主义等概念在20世纪后半叶被不断提及。

模式Ⅱ知识生产就是在这样的背景下被研究者提出的。正如吉本斯等所说："在传统的、我们所熟知的知识生产模式之外，正在浮现出一种新的知识生产模式"。[④]有别于熟悉的模式Ⅰ知识生产，吉本斯等将其称为模式Ⅱ知识生产。吉本斯等认为，遵循良好的科学实践的模式Ⅰ知识生产正在被模式Ⅱ知识生产所替代。而其主要有五个方面的差异，如表2-1所示。

---

① 俞可.洪堡2010，何去何从[J].复旦教育论坛，2010，8（6）：23-30.
② 王骥.从洪堡理想到学术资本主义——对大学知识生产模式转变的再审视[J].高教探索，2011（1）：16-19.
③ 亨利·埃兹科维茨.麻省理工学院与创业型科学的兴起[M].王孙禺，袁本涛，等译.北京：清华大学出版社，2007.
④ 迈克尔·吉本斯，卡米耶·利摩日，黑尔佳·诺沃提斯，等.知识生产的新模式：当代社会科学与研究的动力学[M].陈洪捷，沈文钦，等译.北京：北京大学出版社，2011.

表 2-1　模式 I 知识生产和模式 II 知识生产的差异

差异	模式 I	模式 II
问题设置和解决情境	由一个特定共同体兴趣主导	在一种应用的情境中进行
学科归属	基于学科的	跨学科的
知识生产特征	同质性	异质性
组织上	等级化且倾向于维护	非等级化、异质性、多变
质量控制方式	同行评议、较固定的从业者	更多社会责任、反思性、从业者的复杂性

模式 II 也被称作"后洪堡模式",其迎合了认知领域和社会实践领域内的变化的新情况。①这种迥异于"洪堡模式"的新型组织化图景将大学带入经济社会发展中心。在模式 II 下,大学学术生产的藩篱被打破,研究的参与主体、研究的情境等进一步多元化和应用化。学术组织也突破经典学科组织构成。学科边界日益模糊,新的研究正在尽力将科学家联合在一起。面向国家和社会重大战略需求的,强调社会效益和"可转化性"的问题领域,正以网络式、跨学科、非线性的组织形式,将不同学科的学者凝聚在一起,衍生出诸多新型学术组织,成为大学学术组织变革的方向。②

在模式 II 知识生产理论的影响下,一大批学者试图探讨知识经济下大学学术组织变革的难题。涉及跨学科研究、科研组织人力资本问题、研究模式创新、研究生培养等方面。在宏观上,大部分学者将模式 II 知识生产作为思考大学未来学术组织变革的理论起点,对我国高等教育改革的路径进行了讨论,属于应然性研究。有研究者认为,在新的知识生产模式下,大学学科演化呈现两种不同的逻辑:一方面是以知识自然演进为主导的学科分化和重组;另一方面则是社会外力牵引所导致的学科分化和重组。③因此,模式 II 下的研究、教学与社会服务之间的冲突进一步加剧,大学的全面变革势在必行。④也有学者从模式 II 知识生产应用语境的前提出发,认为在我国,新的知识生产模式正在出现,变迁

---

① 王成军.基于 TH 的大学、产业、政府关系研究[D].杭州:浙江大学,2003.
② 傅翠晓,钱省三,陈劲杰,等.知识生产研究综述[J].科技进步与对策,2009,26(2):155-160.
③ 张婕.大学学科发展的路径选择——基于知识生产方式的视角[J].国家教育行政学院学报,2013(6):19-23.
④ 韩益凤.知识生产模式变迁与研究型大学改革之道[J].高教探索,2014(4):22-26,30.

中的知识生产形态意味着传统的学术生产和人才培养模式亟须变革。①② 还有学者使用卡拉雅尼斯于2003年提出的知识生产模式Ⅲ来说明当下大学学科制度和学科建设面临的巨变③，认为在知识生产模式Ⅱ基础上演变而来的、由"产业-大学-政府-公众"四螺旋动力机制模型推动的模式Ⅲ知识生产，给高校学科发出了在问题解决、多元融合、开放情境、共建共创共治中走向高质量发展的重要信号。④

应用图景下的大学学术组织变革，也必然沿着跨学科研究、协同创新和学术研究如何协调学术和国家、市场需要之间的关系展开。目前的研究大部分沿着模式Ⅱ知识生产下的学术组织方式、知识评价制度的新特点等问题进行建构。相关研究成果多认为，知识生产模式的现代转型打破了既有的大学科学研究的学科壁垒，改变了大学科学研究的组织方式。因此，基于国家和社会需求导向的跨学科协同创新等知识生产模式，将成为大学科学研究的必然选择。而其实质是大学跨学科组织与协同主体在知识生产、知识传播和知识转移过程中的管理创新。⑤⑥

在学术理念层面，要认识到默顿规范这一由社会学家罗伯特·默顿提出，强调普遍性、公有性、无私利性和有组织的怀疑主义等原则的学术规范体系⑦，描绘的主要是传统学术环境中的行为和价值观。随着后学院时代的到来，这一规范已经不能很好地刻画后学院时代的知识生产不再注重知识生产过程中对个人真正的无私利性的仰赖，而更强调普遍主义、怀疑主义和公有主义等规范的作用特点。⑧ 比如，在后学院时代，科研资助正由默顿规范所强调的无私利性走向多元化，科学研究越来越多地依赖于产业、政府和非营利组织的资助。这种资助往往带有特定指向或利益诉求，对研究的独立性和公有性提出挑战。再比

---

① 蒋逸民.新的知识生产模式及其对我国高等教育改革的启示[J].外国教育研究，2009，36（6）：73-78.
② 韩益凤.知识生产模式变迁与研究型大学改革之道[J].高教探索，2014（4）：22-26，30.
③ 黄瑶，王铭.试析知识生产模式Ⅲ对大学及学科制度的影响[J].高教探索，2017（6）：10-17.
④ 白强.基于知识生产模式Ⅲ的高校学科高质量发展研究[J].科学管理研究，2023，41（4）：41-47.
⑤ 李志峰，高慧，张忠家.知识生产模式的现代转型与大学科学研究的模式创新[J].教育研究，2014，35（3）：55-63.
⑥ 毕颖，杨连生.大学跨学科研究组织协同创新的本质及其政策建议[J].教育发展研究，2014，34（9）：34-39.
⑦ 卢艳君."变"与"不变"：后学院时代科学规范重构的核心问题辨析——基于默顿规范合理性的思考[J].自然辩证法研究，2023，39（11）：128-133.
⑧ 洪茹燕，汪俊昌.后学院时代大学知识生产模式再审视[J].自然辩证法研究，2008（6）：93-97.

如，后学院时代的科研注重知识产权，特别是随着知识产权保护体系的完善，学术成果的商业转化趋势加强，这与默顿规范中强调的知识公有性和普遍性原则相互冲突。此外，后学院时代的研究往往涉及学科交叉和跨学科合作，这增加了组织复杂性和合作难度。默顿规范中的有组织怀疑主义虽然仍然重要，但在这种复杂的合作环境中难以高效实施，导致传统的同行评议及发表、激励制度受到挑战，新的评价方式和指标（H指数、影响因子等）不断涌现并被普遍认可。因此，随着科学研究和学术环境的不断变化，需要更加灵活和适应性强的规范来指导学术活动，在政策上确立跨学科组织协同创新的战略目标，真正促进不同研究主体围绕研究的需求达成共同追求的目标。

在组织层面，构建学科导向、项目导向和市场导向相结合的立体网状矩阵式学科组织结构[①][②][③]成为学术组织变革的新途径。这种以项目为中心的学科组织形式结合传统纵向院系组织与横向项目制的优点，按照项目需要组建研究团队，打破了传统的条块分割体系，有助于提高学术组织的灵活性和创新性。近年来，"学科群"[④]的知识分类体系、"簇群"[⑤]学术组织知识共享机制，以及"学科会聚"[⑥][⑦]等强调学科交融的概念也被一再提及。上述概念的达成都有赖于大学的系统变革，此类研究也正是知识生产模式变革背景下学术组织变革研究的主要内容。纵览学术组织变革的相关研究，可以发现，其变革的聚焦点主要在跨学科知识共享环境和平台的构造，以及面向应用和协同创新的大学学术研究及知识观的重新定义上。这一变革方向无疑在国家和院校两个层面，都对高等教育、科技和研发管理政策造成了新的影响。在资源配给政策的引导下，一大批新型学术组织不断成立。

因此，这类新型学术组织亦成为学界研究的热点。"他山之石，可以攻玉"，近年来，学界涌现了大量对于外国大学跨学科组织变革的研究，其中又以美国大学学术组织变革的案例研究为主。主要涉及美国著名大学的本科生教育改革、

---

① 沈玄武,郭石明.新知识生产模式下大学学科组织面临的挑战[J].浙江工业大学学报（社会科学版），2011, 10（2）：154-158.
② 段丹.基于矩阵结构的大学学科组织结构创新研究[D].杭州：浙江大学，2003.
③ 邹晓东.研究型大学学科组织创新研究[D].杭州：浙江大学，2003.
④ 谭镜星,曾阳素,陈梦迁.从学科到学科群：知识分类体系和知识政策的视角[J].高等教育研究，2007（7）：31-36.
⑤ 王冰,顾远飞.簇群的知识共享机制和信任机制[J].外国经济与管理，2002（5）：2-7.
⑥ 李晓强,张平,邹晓东.学科会聚：知识生产的新趋势[J].科技进步与对策，2007（6）：112-115.
⑦ 徐贤春,夏文莉.学科会聚引领创新：浙江大学的探索性案例[J].大学与学科，2023, 4（2）：82-90.

跨学科项目平台构建、学术评价体制改革、组织和管理体系变革等方面。①并介绍了新型跨学科组织模式②、"组织化的研究部门"③，以及日本大学"国立大学系统高层次创新能力"建设④等多种发达国家大学学术组织变革的成功模式。

当前亦有众多研究探讨了国内大学学术组织变革的案例。其研究成果分别涉及对学术组织成功运作的经验总结，以及个案院系在模式Ⅱ知识生产下的变革与超越，还有学术组织中复合型人才培养的问题等。国内学术组织变革案例研究得出的共性成果显示，完善的顶层设计是学术组织变革的首要条件。特别是在管理机制上多实行理事会负责下的院长负责制，⑤⑥而学术组织变革的方向也都凸显了实践性、应用型和理论研究相结合。⑦⑧在组织建设方向上，不约而同地都强调跨学科交叉、融合的战略，跨部门、跨院系的复合型人才培养，以及与企业和社会需求对接开展全方位合作等。⑨⑩

梳理模式Ⅰ知识生产向模式Ⅱ知识生产转型的相关研究可以发现，以模式Ⅱ知识生产相关理论框架的提出为起点，对学术组织变革的相关研究均沿着吉本斯等给出的模式Ⅱ知识生产区别于模式Ⅰ知识生产的5个特征展开。进而探讨在模式Ⅱ知识生产下，如何在组织层面促进跨学科交融和研究，以及在实践层面加快产学研融合等问题。已有研究重点关注跨学科、产学研结合、应用导向、创新组织架构等问题，在此基础上提出诸多针对性的建议和发展策略，属于理论指导下的实践研究。但此类演绎式的学术组织变革研究似乎无助于厘清学术组织变革的根本性问题：是否真的存在新的科学知识生产模式？也就是吉本斯所言之模式Ⅱ是知识生产的一种已经涌现的模式，还是对"洪堡模式"下传统

---

① 张伟.跨学科教育：普林斯顿大学本科人才培养案例研究[J].高等工程教育研究，2014（3）：118-125.

② 熊华军.大学虚拟跨学科组织的原则、特征和优势——以麻省理工学院CSBi运行机制为例[J].高等教育研究，2005（8）：95-101.

③ 周朝成.加州大学跨学科研究的组织结构与制度研究[J].高等工程教育研究，2009（3）：101-106.

④ 丁建洋，王运来.日本大学创新能力的历史建构研究：以"诺贝尔奖井喷现象"为切入点[J].高等教育研究，2017，38（10）：63.

⑤ 王顶明，许甜.我国研究型大学研究中心的特征及启示——以清华大学为例[J].大学教育科学，2012（5）：106-112.

⑥⑧⑨ 张宏岩.知识生产模式2对高校人才培养模式的影响———北京大学软件与微电子学院的案例分析[J].教育学术月刊，2013（3）：8-14.

⑦ 文东茅，沈文钦.知识生产的模式Ⅱ与教育研究——北京大学教育学院的案例分析[J].北京大学教育评论，2010，8（4）：65-74.

⑩ 许志娥.基于提升研究生科技创新能力的大学基层学术组织变革研究[D].武汉：武汉理工大学，2009.

知识生产模式的理念性反叛？如果跨学科研究是已出现的，并将成为学术研究在应用语境下的必然趋势，为何一项在瑞士高校中开展的针对学术从业者学术职业态度的调查显示，大约70%的学术从业者认为应当继续保持传统系科组织的领导地位，而跨学科组织应当在未来的组织形式中成为有益的补充而不是主要形式，乃至支持在院系外组建正式跨学科组织以取代传统院系组织的教授仅占5.2%？[①]从这项调查可以看出，受学科专业间深厚的壁垒、顽固的资源配置和管理模式，以及现有学术评价和晋升体制等方面的深刻影响，传统系科组织在学术界仍然占有重要的地位。

因此，有必要反思模式Ⅱ知识生产与当下知识生产形态的关系，以及模式Ⅱ知识生产的合理性和局限性，特别是知识生产组织形式转变会对社会发展产生什么样的影响等问题。只有这样才能深入理解模式Ⅱ知识生产在大学学术组织变革中的境遇。作为模式Ⅱ知识生产的组织形态，在中国语境下，跨学科研究组织的研究涉及组织设计、资源配给、学科文化协同、组织文化调适、学术评价体系等多方面问题，是对传统系科组织的全面突破。因此，研究跨学科组织变革所带来的一系列问题，是理解学术组织变革及其困境的理想场域。

（二）对大学跨学科研究概念、内涵和特征的研究

美国社会科学研究理事会在会议文件中使用跨学科研究的概念后，得益于科学研究本身的复杂性和多样性，以及社会对综合性解决方案的需求增加，跨学科研究已经变得愈发普遍和重要，也成为科学学和高等教育领域的重要议题，诸多研究者对交叉学科研究、跨学科研究等概念进行了大量界定。

自伍德沃斯公开使用"跨学科"概念以指代超越单一学科边界而涉及两个或两个以上学科的实践活动[②]以来，对"跨学科"概念的理解在学界存在不同看法。有研究者认为，正如伍德沃斯所言，早期的跨学科多为两个学科之间的交叉研究，更接近于学科交叉研究的概念，也有学者认为跨学科研究的概念应当以是否产生实质性的跨学科知识整合为判断标准。在我国，有学者认为，在1985年首届交叉科学学术讨论会举办之前，"interdisciplinary"一直被译为"跨学科"。[③]因此，在我国一直存在将交叉学科和跨学科概念混用的情况。

---

① Jan-Erik Lane. Academic profession in academic organization[J]. Higher Education，1985，14(3)：245.
② 刘仲林.交叉科学时代的交叉研究[J].科学学研究，1993（2）：9-17.
③ 李江."跨学科性"的概念框架与测度[J].图书情报知识，2014（3）：87-93.

总的来说，关于跨学科研究的概念、内涵和特征的研究主要起源于美国。20世纪后半叶，Klein和Newell及经济合作与发展组织（OECD）等先后对跨学科研究进行了界定。作为率先对跨学科研究的概念和历史进行系统研究的学者，Klein和Newell认为，跨学科研究是指通过整合不同学科的观点，建构一个更加综合的观点来回答或解决一个由单一学科或专业无法解决的宽泛、复杂的问题的行为。[1]1972年，OECD出版了系统介绍跨学科研究的报告，认为跨学科是一个相对概念，与其相伴随的概念还有"多学科""复杂学科""超学科"等。OECD在其报告中以跨学科整合程度的差异为依据，将上述概念划分为"多学科-复杂学科-跨学科-超学科"四个层级。[2]在此基础上，美国国家科学院（NAS）、美国大学协会（AAU）等组织将跨学科研究界定为一种团队或个人研究类型。这种研究从两个或两个以上的学科或知识领域内整合信息、数据、技术、工具和理论，在超越单一学科领域的实践活动中整合信息和解决实践问题的能力。其认为真正的跨学科研究不只是跨越两门学科拼凑出新的"产品"，而要对不同学科的思想与方法进行综合[3]，特别是对不同学科的概念、方法、程序、认识论、术语，以及问题解决过程进行整合。[4]有研究者认为，学科的深层次汇聚和融合意味着不同学科的研究者从知识层面的认同上升到认知图式和价值观层面的认同。[5]

需要指出的是，我国关于跨学科和交叉学科的研究出现的时间明显晚于西方国家。我国交叉学科和跨学科研究在20世纪80年代末才开始兴起。刘仲林首先认识到跨学科研究的重要性，认为跨学科是对那些处于典型学科之间的问题的一种研究。[6]随着科技革命的浪潮不断席卷，越来越多的国内学者意识到大学跨学科研究将成为一种新的科研组织模式。在此背景下，诸多学者对跨学科学、交叉学科等概念进行了研究，还有研究者对跨学科学研究的现状和对策进行了

---

[1] Klein J T, Newell W. Interdisciplinary studies[M]. San Francisco: Jossey Bass, 1996.

[2] OECD.Interdisciplinary: problems of teaching and research in university[M]. Paris: OECD publications, 1972.

[3] Committee on Facilitating Interdisciplinary Research. Facilitating interdisciplinary research [M]. Washington D. C.: National Academy Press, 2004.

[4] Aram J D. Concepts of interdisciplinarity: configurations of knowledge and action[J]. Human Relations, 2004, 57 (4): 57.

[5] 刘仲林.中国交叉学科：第二卷[M]. 北京：科学出版社，2008.

[6] 刘仲林.跨学科学[J]. 未来与发展，1985 (1): 50-52.

较为系统的分析梳理。①总体来说，已有研究遵循了OECD和NAS对跨学科研究的概念界定，认为跨学科研究是学科跨越活动中的一个发展阶段，跨学科研究的关键在于整合。Klein认为，这种整合包括了独特的跨学科研究方法、理论。随之出现的大量研究则认为，跨学科研究是以团队或个人的研究方式，使用信息、数据、技术、工具或理论，以两个或更多学科知识去推动理论研究或解决超越学科边界和单一研究领域的复杂问题的研究实践活动。②

不同于简单借用不同学科科研方法和理论从事本学科研究活动的研究行为，以及虽然研究者来自不同学科领域，甚至共享研究设备和资源，却处于条块分割状态，按学科专业"分包"的多学科交叉研究。已有研究普遍认为较高的整合程度是跨学科研究的核心要义和基本内涵。Klein总结认为，从多学科到超学科，意味着知识、概念、方法、技术和问题解决方案的整合程度的不断深入。相对于多学科、交叉学科等，跨学科研究往往意味着不同学科在知识层面的整合③，以及概念、方法、程序、认识论甚至术语等层面的整合，特别是问题解决过程的整合。④

（三）跨学科性及对学科交叉和跨学科研究测度的研究

自跨学科研究勃兴以来，在世界范围内形成了数次大规模的跨学科研究运动。Klein认为，跨学科研究运动大体经历了三个时期：第一个时期是第一次世界大战到第二次世界大战期间，这一时期跨学科研究在大学中零星出现并引发了学界对跨学科研究相关问题的关注；第二个时期是第二次世界大战后到20世纪60年代末，这一时期大学跨学科研究有了广泛而显著的发展；第三个时期是20世纪60年代末到现在，专门化、职业化的跨学科研究逐渐兴起。⑤特别是20世纪80年代美国《拜杜法案》的颁布实施，极大地促进了美国大学跨学科研究的发展，并对全球范围内跨学科研究运动的兴起产生了直接影响。进入21世纪

---

① 吴玥.我国跨学科学研究的现状与对策分析——基于CNKI文献的动态分析[J].科技传播，2022，14（18）：5-9.

② Committee on Facilitating Interdisciplinary Research. Facilitating interdisciplinary research [M]. Washington D. C.：National Academy Press，2004.

③ Peter C Jones，J. Quentin Merritt.Critical thinking and interdisciplinarity in environmental higher education：the case for epistemological and values awareness[J].Joural of Geography in Higher Education，1999，23（3）：349.

④ John D. Aram.Concepts of interdisciplinarity：configurations of knowledge and action[J].Human Relations，2004，57（4）：57.

⑤ 刘仲林.《跨学科分析和研究》评介[J].科学学与科学技术管理，1991（3）：48.

后，促进跨学科研究已成为全球大学的共识。有相当多的学者尝试从学科交叉程度的引文分析指标和学科交叉度计量入手，研究学科交叉的类型、学科交叉动力并尝试对学科交叉性进行指标化测度。①相关研究主要集中于以下几个方面。

首先是对跨学科性展开的研究。跨学科性指跨学科研究的学科多样性，实质上是一个发展的概念，常可以由论文的作者、机构或参考文献的学科属性来测量。②有研究者认为应该将跨学科研究和跨学科性的概念进行明确区分，跨学科性是跨学科研究的跨学科特征，也就是各学科知识交叉的广度与强度、知识跨学科分布与扩散的特征等。跨学科发文和跨学科引用是测度跨学科性强弱的两项重要指标③，其包含跨学科研究的多样性、均衡性、差异性等要素，以尽可能反映跨学科研究的变化程度。④

其次，在跨学科研究日渐勃兴的背景下，对跨学科研究发展趋势的研究也成为文献计量学的重要方向。有研究使用 Leinster-Cobbold 多样性指数（LCDiv）和单项跨学科指标（丰富性、均衡性和差异度）分析跨学科研究的变化趋势⑤，从而对学科交叉的资助方向等进行预测。在这一研究方法带动下，诸多学科以本学科领域相关研究成果、高被引论文等为研究材料进行了大量以跨学科性为主题的测度研究。还有研究以跨学科科研团队为研究对象，测度团队大小和团队人员结构和科研提案的通过率与绩效指标的关系。⑥也有研究将单一或同类型高校科研结构图谱作为研究对象，探索潜在的学科交叉领域，为学校层面厘定协同创新方向、制定激励机制提供测度依据。⑦

（四）促进大学跨学科研究的动力机制

跨越自然科学、社会科学和人文学科的跨学科研究正在全球范围内兴起，成为众多大学的核心议题。而跨学科研究的驱动力来自以下四个方面：自然与社会问题的固有的复杂性；通过交叉学科研究对知识版图中的学科边缘地带和

---

① 许海云，尹春晓，郭婷，等.学科交叉研究综述[J].图书情报工作，2015，59（5）：119-127.

②⑤ 陈仕吉，康温和，江文森.跨学科研究在科学研究中越来越重要？[J].科学学研究，2018，36（7）：1153-1160，1195.

③ 李江."跨学科性"的概念框架与测度[J].图书情报知识，2014（3）：87-93.

④ Rafols I, Meyer M.Diversity and network coherence as indicators of interdisciplinarity: case studies in Bion Ano Science[J]. Scientometrics, 2010, 82（2）: 263-287.

⑥ 兰赛，袁慧佳.跨学科团队创新绩效的影响因素——基于美国综合性大学的实证研究[J].科学与管理，2014，34（2）：3-11.

⑦ 唐琳.北京大学科研结构与学科交叉研究[J].科研管理研究，2018，38（7）：260-266.

未知领域进行探索的渴望；现代社会和人类问题的日益复杂性对跨学科研究的需求；新技术的力量。①学科和跨学科的兴起都受到知识创新和资源竞争逻辑的驱动，二者的发展是知识主体在不同历史条件下为促进知识制度化而选择不同策略的产物。②Lyall认为，研究委员会构成了促进交叉学科研究的重要驱动力，其在资助形成及长期影响方面起着非常重要的作用。③

具体到不同国家和类型大学跨学科研究的动力机制，美国大学跨学科研究的发起是复杂社会环境下知识生产模式转变，联邦政府及资助机构的跨学科研究引导，大学高层管理人员对内外推力的回应与整合等内生动力、外部推力及大学自身助力三者综合作用的结果。④大学跨学科知识共享存在的主要影响因素有三种：跨学科社会网络影响因素、跨学科知识沟通影响因素和跨学科环境影响因素。⑤因此，大学跨学科研究的合作关系必须建立在特定的跨学科知识共享基础上，才能有效提升跨学科研究的效用。袁同成运用量化考评制度对44名学术人知识生产实践和观念影响的考察认为，由于我国的"期刊承认"并未得到大部分学术人的真正认同，也未成为"共同体承认"的有机组成部分，所以，"期刊承认"与"共同体承认"之间的冲突导致我国学术知识生产动机机制失灵。⑥

在我国，促进大学跨学科研究的动力机制表现出"自上而下"和"由外而内"两个维度传导的逻辑，并呈现如下特点。一是大学跨学科研究往往以"自上而下"的"国家行动"的形式推进，如"985"科技创新平台、前沿科学中心等跨学科研究平台，均在《前沿科学中心建设方案（试行）》等国家政策指导下自上而下、由外而内地推动建设。二是资源配置多以竞争性项目的形式展开，跨学科研究从满足国家重大科技战略需求的视角展开。例如，国家重大科技专项等交叉创新研究项目均以中央部委立项的形式展开。从教育、研发、创新

---

① Committee on Facilitating Interdisciplinary Research. Facilitating interdisciplinary research [M]. Washington D. C.: National Academy Press, 2004.

② 蔺亚琼.重识学科与跨学科：来自知识社会学的启示[M]//褚宏启.中国教育管理评论：第9卷.北京：教育科学出版社，2014.

③ 龚轶，王峥.交叉学科及其研究资助的五个关键问题[J].科学学研究，2015, 33 (9): 1293-1304, 1339.

④ 焦磊，谢安邦.美国研究型大学跨学科研究发展的动因、困境及策略探究[J].国家教育行政学院学报, 2016 (10): 89-95.

⑤ 杨英杰，黄超.大学跨学科研究合作的动力机制与政策影响[J].高教探索, 2013 (2): 16-22.

⑥ 袁同成."期刊承认"与"共同体承认"：我国学术知识生产动力机制的"悖论"[J].清华大学教育研究, 2010, 31 (1): 26-31.

"知识三角"生态系统探讨大学跨学科研究动力机制的研究认为，应当是三者的相互融合创新产生的内外部需求推动大学学术体系和科研从业者做出回应，跨学科团队发展的动力因素分为内生动力因素和外源性动力因素两种，内生动力因素包括跨学科集聚效应、跨学科团队社会资本和跨学科知识整合能力，外源性动力因素包括政府推动力、高校拉动力和企业助推力。[1]只有在知识创新生态链的驱动下，大学跨学科研究组织内部的知识生产、知识传播和知识转移功能才能得到实现。[2]

（五）跨学科研究的外部支持及其不足

Rhoten认为，资助机构和研究领导力等位于三角形顶端的外部支持与关注，对跨学科研究起到外部支撑作用。陈艾华认为，国家层面的战略支持和跨学科研究政策保障机制两个相互作用的变量是影响跨学科研究的主要外部因素。[3]诸多研究认为，当前我国跨学科研究的外部支持与关注在资源投入和跨学科科研领导力两个方面存在不足。

一是跨学科研究资源投入强度不足，投入方式不合理。大学的资源形态表现为财力资源、人力资源和物力资源等，充足的资源投入是跨学科研究和学科交叉工作持续开展的保障。对跨学科研究来说，其资源获取的途径至少包括院校、政府和社会三个相互作用的方面。在我国，是否拥有充足的外部资源对跨学科研究项目的推进具有决定性作用。当前的大学外部资源投入面临交叉学科研究资源不足，学术市场的学科化以及更宽泛的同行评议和研究基金环境通常不青睐交叉学科项目等制度性挑战。[4]亦有研究者认为应当在国家层面完善顶层设计，建立健全促进跨学科研究资源投入的机制，包括设立非竞争性的跨学科性专项基金，加大创新科学中心建设和投入等。同时，大学也应当在战略层面研判未来科技创新的生长点，通过设立种子基金等方式促进跨学科研究。

二是跨学科科研领导力不足影响跨学科研究绩效。这里的跨学科科研领导力主要包括政府、大学等高等教育主管、主办部门对跨学科研究的治理能力。Webber在其研究中指出，领导力是成功的跨学科研究项目的首要特点，院校管

---

[1] 曹瀚文.高校跨学科团队发展动力机制研究[D].哈尔滨：哈尔滨工业大学，2021.
[2] 毕颖，明炬.基于知识三角的大学跨学科研究组织协同创新动力模型构建[J].科技进步与对策，2015，32（9）：136-140.
[3] 陈艾华，邹晓东，陈婵.跨学科研究发展的体系构建[J].高等工程教育研究，2013（2）：143-147.
[4] 龚轶，王峥.交叉学科及其研究资助的五个关键问题[J].科学学研究，2015，33（9）：1297-1304，1339.

理者必须谨慎选择领导团队，确保能够驾驭复杂的跨学科项目运行过程。①Gray则认为跨学科组织领导力分别涉及跨学科研究的意义和目标建构，跨学科学术项目和组织的管理、合作以及信息交换等具体的领导行为。②

诸多研究者对美国大学支持跨学科研究的中央管理系统③，以及德国大学促进跨学科研究的外部支持政策进行了系统的案例研究。特别是对亚利桑那州立大学的"新美国大学运动"，亚琛工业大学的跨学科研究战略④，柏林工业大学推动跨学科组织发展的战略⑤等外部支持体系进行了详细的比较研究。认为与美国大学外部支持以院校和社会层面支持为主不同，我国大学的制度架构和运行体系与社会高度同构，跨学科研究的外部支持几乎全部来自政府，呈现出对政府制度、政策和资金高度依赖的特征。但当前存在较为突出的跨学科研究顶层设计不足，跨学科研究运行保障体系不完备，政府对跨学科研究的组织和制度建设、政策引导、专项资金投入等方面强度不够、效率不高等问题。⑥其重要原因是跨学科制度环境缺失⑦，资源共享机制效率偏低⑧，与国家配套政策相关的制度建设滞后⑨等。

因此，应当在国家层面进一步完善跨学科研究的顶层设计，构建跨学科研究组织运行保障体系。特别是政府应当从根本上加大对跨学科研究的支持力度，在组织和制度建设、政策引导、专项资金投入等方面保持高强度和高效率。⑩

---

① Webber M.The character of interdisciplinary research: examined through a sample of socio-environmental research projects[R]. Report for the Australian Council of Learned Academies，2013.

② Gray B.Enhancing transdisciplinary research through collaborative leadership[J]. American Journal of Preventive，2008，35（2）：S124-S132.

③ 刘凡丰，项伟央，李文静.美国研究型大学促进跨学科研究的组织策略[J].中国高等教育，2010（2）：61-62.

④ 张炜，钟雨婷.亚琛工业大学的跨学科战略实践及其变革[J].高等工程教育研究，2017（5）：120-124.

⑤ 张炜.德国柏林工业大学的跨学科学术组织[J].比较教育研究，2003（9）：59-61.

⑥ 龙献忠，王静.研究型大学跨学科组织运行的保障体系[J].高等教育研究，2010，31（2）：32-36.

⑦ 张伟，赵玉麟.大学跨学科研究系统建构及其对我国大学的启示[J].浙江大学学报（人文社会科学版），2011，41（6）：47-58.

⑧ 陈何芳.论我国大学跨学科研究的三重障碍及其突破[J].复旦教育论坛，2011，9（1）：67-71.

⑨ 杨连生，文少保，方运纪.跨学科研究组织发展的现实困境与突破路径[J].中国高等教育，2011（7）：52-54.

⑩ 龙献忠，王静.研究型大学跨学科组织运行的保障体系[J].高等教育研究，2010，31（2）：32-36.

（六）大学跨学科研究的组织模式及其效用

"变化的三角形"模型认为影响组织运行效果的最重要的因素来自横向的体系实施，也就是组织本身的变革模式和资源配置体系。对大学交叉学科研究和跨学科研究来说，横向的体系实施包括跨学科研究项目的组织模式、横向院系组织体系以及科研机制等。Rhoten认为，横跨多个学科的跨学科研究项目意味着对大学传统的资源配置、研究生招录和成果评价体系的挑战。因此，跨学科研究的横向组织体系与传统系科间存在较大差异甚至冲突。如何解决横向学术组织和项目间围绕资源配置、研究生招录和成果评价体系等产生的发展困境和冲突，是提升大学跨学科研究效能的关键因素。诸多研究认为，横向跨学科支持体系的冲突问题是当前大学开展大规模跨学科研究的主要障碍。这些冲突突出表现为学科制度成为学校跨学科研究的基本障碍，特别是"学科-院系"的结构确立后，成为难以跨越的"院系堡垒"，使跨学科研究容易陷入合法性危机。[①]

如何打造创新性的大学科研组织体系以回应跨学科研究的趋势？学界普遍认为，僵化的科研机制，传统的直线式的行政管理模式等，对强调打破学科壁垒的跨学科研究造成较大困扰。[②]据此，研究者分别从大学跨学科研究的管理体系变革、资源配置优化等方面展开了研究。认为传统的以系科为基础的直线职能制结构造成了大学学术组织的"碎片化"治理状态，而大学跨学科项目和组织充满反馈回路，存在难以预料的协作关系。因此，应当针对不同层面的大学科研组织体系进行矩阵式的结构重组，使大学科研组织体系既能在纵向上与各职能部门联系，又能够通过横跨各职能部门和院系的矩阵式组织体系协调行政流和学术流之间的矛盾[③]，进而构建完善的跨学科合作网络[④]，以打破学科之间的壁垒，促进知识共享和交流，推动学科交叉创新和跨学科平台建设。

在科研组织体系变革的基础上，如何进一步优化资源配置，形成跨学科协同创新效应，也是研究者关注的重点。由于使命、历史和组织文化价值的差异，

---

① 刘凡丰，徐晓创，周辉，等.高校促进跨学科研究的组织设计策略[J].清华大学教育研究，2017，38（5）：75-83.

② 郭中华，黄召，邹晓东，等.高校跨学科组织实施中存在的问题及对策[J].科技进步与对策，2008（1）：183-186.

③ 刘欣.大学跨学科组织的发展研究——以E大学研究院为个案[D].上海：华东师范大学，2007.

④ Kenny J T. The university in service to state and local government[J]. New Directions for Higher Education, 1988（63）：51.

学院组织表现出较强的合成性和向心性，而跨学科组织则表现出更多的离心性。因此，跨学科组织和传统系科组织间存在不可避免的紧张关系。[①]主要表现在围绕资源争取，在全职教师、科研空间、实验设备、研究设施和声望等方面的冲突[②]，以及以系科为基础的直线职能制结构造成的学术组织"碎片化"。随着跨学科研究成为大学科研活动的重要组织形式和载体，如何在校级层面协调横向的体系实施的冲突成为亟待解决的难题。

（七）跨学科研究的内外部冲突

加拿大管理学家明茨伯格认为，来自组织底部"软化"力量的增强，能够显著提升组织变革的整合度和丰富度。对大学跨学科研究来说，跨学科研究团队构成和文化、价值是影响跨学科研究能否顺利开展的主要"软化"力量。团队成员是否基于科研需要组建，团队成员的学科、职称结构是否合理，科研团队的凝聚力和参与度等，对大学跨学科研究能否成功有重要影响。但是，由于不同学科领域在学科文化价值和研究范式上的鸿沟，特别是来自不同学科的研究者被卷入其中，研究结构可能归属于不同的研究系统，水平参差不齐，大小也不一样[③]，导致跨学科合作研究中信任文化缺失、跨学科研究目标和主体不明确。特别是对于当前的重大科技项目联合攻关来说，研究人员可能来自不同的机构、领域乃至不同的国家和地区，如果缺乏足够完善的评价机制和实施保障体系建设，极易导致一些形式化现象。

一方面，文化与价值冲突降低甚至瓦解了跨学科合作研究的信任。学科是一个个相对独立的学术部落，不同学科在形成和发展过程中积累的语言、价值标准、伦理规范、思维和行为方式等[④]，使不同学术部落间拥有不同的学科文化，具有被认可的身份和特别的文化属性。[⑤]学科文化是支撑组织顺畅运作的基

---

① Kenny J T. The university in service to state and local government[J]. New Directions for Higher Education，1988（63）：51.

② Dooris M J, Fairweather J S.Structure and culture in faculty work：implications for technology transfer[J].The Review of Higher Education.1994, 17（2）：161-177.

③ Stokols D, Fuqua J, Gress J.Evaluating transdisciplinary science[J]. Nicotine Tob res, 2003, 5（1S）：S21-S39.

④ 邹晓东.研究型大学学科组织创新研究[D].杭州：浙江大学，2003.

⑤ 托尼·比彻，保罗·特罗勒尔.学术部落及其领地：知识探索与学科文化[M].唐跃勤，蒲茂华，陈洪捷，译.北京：北京大学出版社，2008.

本要素[①]，也是形成特定学科学者共享的信念与行动准则的构成主体，各学科领域通过分享有关理论、方法论和技术，共同形塑了拥有一致"符号系统"[②]的学术共同体。弥漫在学术共同体内部的保守、封闭的学科文化和价值认知使跨学科研究中的信任文化严重缺失，影响跨学科研究的顺利开展。

另一方面，传统学术评价体系无法激发学者从事跨学科研究的热情。传统的学术评价模式以学科作为分类依据，学术共同体始终在学术评价话语体系中居于核心地位。虽然保证了学术研究评价的公正性，但随着跨学科研究的不断增多，学术评价的"不可通约性"逐渐成为常态，为跨学科研究成果评价寻找合适的"小同行"成为一件困难的事情。特别是跨学科研究中质量概念的相对性和跨学科研究环境的异质性使得寻找什么是好的跨学科研究或科研绩效的过程，以及如何促进学科间交融，包括在子项目中构建完善的跨学科合作网络[③]面临挑战。而跨学科研究评估对创新性、动态性和多元价值的强调，要求在跨学科研究评价中时刻关注不断变迁组合的利益相关者，与学科化、封闭化的评价体系存在冲突，极易造成成果评价和激励难题。在当前的资源配置模式下，跨学科研究多学科联合攻关的特征使资源使用和成果归属上存在难以调和的矛盾。

跨学科研究面临的内外冲突催生了一批在院校层面如何进行跨学科学术评价的策略性研究。特别是威斯康星大学、宾夕法尼亚州立大学以及密西根大学等美国大学促进跨学科研究的实施体系，在诸多研究中被多次提及。[④]以评价对象、评价目标、评价标准、评价方法和评价程序的差异为区分依据，有研究者将上述大学的跨学科成果评价模式分别命名为合约践行模式、目标达成模式和合二归一模式三种。[⑤]

（八）科研成果和奖励的归属与认定难题

科研成果和奖励的归属与认定难题主要表现在以下几个方面。一是难以确定同行专家。在跨学科合作中，精确匹配同行专家进行评议和合作面临诸多挑

[①] 伯顿·R.克拉克.高等教育系统——学术组织的跨国研究[M].王承绪，等译，杭州：杭州大学出版社，1994.

[②] 童蕊.大学跨学科学术组织的冲突问题研究[M].北京：中国社会科学出版社，2012.

[③] Klein J T.Evaluation of interdisciplinary and transdisciplinary research—a literature review[J]. American Journal of Preventive Medicine，2008，35（2S）：S120.

[④] Creso M Sá.Interdisciplinary strategies at research university[D]. Pennsylvania：Pennsylvania State University，2006.

[⑤] 余诗诗.高校跨学科平台及其教师的评价模式研究[D].上海：复旦大学，2013.

战，因为不同学科领域的研究方法和评价体系可能存在差异，使得高校在跨学科研究评价中，存在难以对学术成果进行客观评定和奖励的难题。二是以学科为基础的课题申报和评审制度对跨学科研究归属造成困扰。虽然国家自然科学基金委员会、国家社会科学基金委员会均专门设立了交叉学科项目组，国家自然科学基金委员会还专门设置了交叉学部，以统筹国家自然科学基金交叉学科领域整体资助工作，组织拟定跨学科领域的发展战略和资助政策，提出交叉学科优先资助方向，组织编写项目指南，负责受理、评审和管理跨学科、交叉学科领域项目等，但在当前的科研制度体系下，仍强调要找到主干依托学科，使跨学科研究课题申报存在定位不清的难题。三是"单位"体制下跨学科研究人员隶属关系单一造成成果归属和认定难题。此类难题在学科评估制度深度影响高校和院系办学导向的当下，显得更加突出和紧迫。四是当前的文献计量方式和期刊分类办法对跨学科研究具有消极影响。当前的跨学科研究缺少跨学科评价标准，与此类似，跨学科研究领域缺少有影响力的跨学科期刊。[1]上述难题出现的原因是，基于学科的"一贯制"的学术评价和职称晋升体系对高校科研工作者的学科化规制，造成青年科研人员从事跨学科研究成为一种高风险活动的困境。刚刚经历过博士阶段专业训练，创新性较强和科研精力旺盛的青年科研人员往往被认为是开启跨学科研究的重要群体。因此，应当高度关注进行跨学科研究对青年科研人员学术职业发展的影响。[2]

　　有学者认为，解决上述难题要从根本上改善跨学科研究科研成果和奖励的归属与认定难题，要进行灵活多样的组织设计和再造。应当摒弃刻板的组织设置和运行原则，结合跨学科交叉程度与生成规律，打造一个类型丰富、功能互补、多元化的混合型矩阵学术系统。[3]而同行评议制度的改进和文献计量原则的优化则被认为是可行之策。对跨学科研究的评论需要根据跨学科研究机构自身的目标和文化各自进行。对跨学科研究项目的评价来说，有目的、有计划地组

---

[1] 魏巍,刘仲林.国外跨学科评价理论新进展[J].科学学与科学技术管理,2011,32(4):20-25.
[2] 姚翔.跨学科研究对美国顶尖教育学院青年学者科研产出的影响[J].复旦教育论坛,2023,21(2):103-111.
[3] 茹宁,闫广芬.大学跨学科组织变革与运行策略探究[J].高校教育管理,2018,12(4):58-65.

建资助合作项目评价网络，通过培训等方式使评审专家增进对跨学科研究的了解程度，是可行之策。阿兰·波特认为跨学科研究成果定量评估应当与传统的科研评价指标有所区别，应当重视跨学科整合度（Integration，简称 I）和专业度（Specialization，简称 S）的评价。整合度"I"考察文献的扩展程度，是对研究者的专业知识或常规研究领域超越程度的度量。"S"指标则用来衡量文献中学科类别的分布。[①]也有研究者认为应当进一步完善成果认定、奖励和职称晋升体系，对从事跨学科研究人员的考核应当更加注重过程性，且选取适当的标准，建立系统、完善的考核机制也至关重要。[②]因此，应当围绕重大项目和重大研究问题组建学科群，主干学科引领发展方向，发挥凝聚辐射作用，各学科紧密联系、协同创新，避免简单地"搞平衡、铺摊子、拉郎配"。

有趣的是，有学者提出为什么学科化往往成为跨学科研究活动的最终归属的诘问：为什么在我国，许多跨学科领域的学者一再呼吁自身所处领域的学科化和建制化。甚至一旦跨学科研究项目组或跨学科研究平台组织化和实体化，便开始模仿学科组织的运作模式，试图经过不断升级而逐渐发展为学科或取得与学科对等的地位。[③]有研究认为，学科与跨学科并非如进化论思维中的前后交替关系，而是彼此共存的关系。[④]不同学科之间并不存在固定边界，许多学科与跨学科之间的矛盾，与其说是知识演化逻辑之间的矛盾，不如说是资源和权力的争取与重新配置的矛盾。"专业-学科-实体性院系"的对应关系，使得跨学科研究行为往往只能在院系内部展开，而无法跨越多个实体性院系。因此，获取学科合法性成为跨学科研究关注的重点。跨学科研究能否顺利开展，往往依赖于强权人物对多个院系资源的调配和整合能力。在漫长、艰难的建设过程中，沿着"虚体跨学科研究项目—虚体跨学科组织—实体跨学科组织—学科建制化"的路线逐渐展开，最终被国家学科目录吸纳，成为较好的归宿。

---

① Porte A L, Cohen A S, Roessner J D, et al.Measuring researcher interdisciplinarity[J]. Scientometrics, 2007, 72（1）：133.
② 陈婵.高等学校跨学科组织的系统管理研究[D].杭州：浙江大学公共管理学院，2005.
③④ 蔺亚琼.重识学科与跨学科：来自知识社会学的启示[M]//褚宏启.中国教育管理评论：第9卷.北京：教育科学出版社，2014.

第三节　技术化的经验研究——对大学跨学科研究的反思

对国内外已有研究的梳理可见，当前研究已经有了一定数量和质量上的学术积累，但也存在以下三个值得注意的问题。一是研究层次有待深入。当前研究多是宏观经验研究，而缺乏中观、微观层面的案例探讨，导致研究深度不够。二是研究范式有待调整。已有研究多沿着"概念—演绎"的应然路径展开，导致思辨研究偏多、实证研究不足，研究方法的运用水平亟待提升。三是研究亟须本土化。当前研究中较少以我国大学跨学科组织为案例的本土性研究，使得相关研究对我国大学跨学科研究发展现状的把握不清晰、不深入。

系统的文献研究表明，当前关于大学跨学科研究的文献主要从知识分类、技术操作和内外部冲突三个维度对大学跨学科研究的发展现状进行解读。回答了大学跨学科研究是什么，以及当前大学跨学科组织面临的发展困境等问题。"变化的三角形"模型认为，横向的跨学科研究实施体系是影响大学跨学科研究开展的主要因素。纵观已有研究可以发现，当前对大学跨学科研究横向实施体系的研究存在诸多不足。无论是从知识分类、技术操作还是内外部冲突三个维度的解读，均无法回答大学跨学科研究为什么这么难的问题，也无法揭示大学跨学科研究的复杂性。原因是现有研究在问题域、研究视角和研究方法上尚存不足，使当前大学跨学科研究的探讨呈现技术化的经验研究的整体特征，阻碍了相关研究的进一步深入。

一、已有研究问题域与视角的缺失

基于"变化的三角形"模型提出的影响变量审视当前跨学科研究的问题域，发现相关议题主要集中在以下几个方面：一是对跨学科研究本体和跨学科研究内部动力的探析上，特别是对什么是跨学科研究、跨学科研究的内涵及特征的概念辨析上，大量研究集中在对多学科、交叉学科、跨学科、超学科等的概念辨析和界定上；二是在宏观层面就跨学科研究面临的人员聘任、组织形式、成果评价和认定等难题进行的研究，特别是从评价的视角对当前科研人员从事跨学科研究面临的体制性障碍进行的诸多实证研究；三是对跨学科研究的组织形式、管理体制、运行机制等横向体系的具体研究。跨学科研究的主要问题域及表现形式如表2-2所示。

表 2-2 跨学科研究的主要问题域及表现形式

问题域	问题表现形式（第Ⅰ级）	问题表现形式（第Ⅱ级）
跨学科研究的支持系统	跨学科研究机制冲突	跨学科组织、管理能力及现代化水平
		不合理的跨学科研究资助模式
		绩效导向的跨学科研究评价体系
	跨学科研究整体环境缺失	效率导向的跨学科研究实施体系
		国家层面跨学科研究整体规划缺失
横向跨学科研究体系建构	跨学科研究纵向冲突	校级层面跨学科研究顶层规划缺失
		学科化的资源配置模式阻碍跨学科体系构建
	跨学科研究横向冲突	院系间资源、人才和成果归属的竞争
		学术组织"碎片化"造成跨学科研究"失效"
内部动力与激励	跨学科研究动力机制不足	"自上而下"的跨学科研究实施路线
		外部需求驱动的跨学科研究动力
	跨学科研究内部优化不足	研究团队学科化和"拉郎配"现象
		组织内不同学科的文化与价值冲突
		学科化的成果评价、激励机制和跨学科的矛盾

由表 2-2 可以发现，当前关于大学跨学科发展的研究多以冲突和发展困境为主线，呈现跨学科研究内外部支持体系之间的矛盾。虽然组织间关系是理解跨学科研究发展困境的良好切入点，但是作为一种社会行为，跨学科研究本身就是政府、院校和跨学科组织等跨学科研究行动者共同建构的，对大学跨学科研究发展困境的认识也应当回到我国大学科研场域中进行系统解构。因此，未来研究应当走出单纯就实践问题和发展困境谈对策建议的思辨困境，借助组织社会学的相关理论工具和研究视角，深入回答大学跨学科研究为什么比较难，其背后究竟隐藏着什么样的逻辑等问题。

二、研究对象和方法尚显不足

研究视角和问题域的单一化导致已有研究对大学跨学科研究发展困境成因的复杂性缺乏解释力。当前大学跨学科研究多以宏观的概念辨析和思辨性研究为主，缺乏院校层面的中观研究和案例研究，特别是以大学跨学科研究项目组和跨学科组织为对象的个案研究的现状，造成我国大学跨学科研究表现出技术导向的经验研究的特征，使得全面、系统地认识大学跨学科研究发展现状存在困难。

（一）大学跨学科研究呈现宏观经验研究和微观技术探讨居多的现象

基于国内外文献的梳理可见，当前研究特别是国内学者的研究多处在国家和政府的宏观层面，以自上而下的视角对我国大学跨学科研究的问题进行对策性研究，缺乏中观层面的案例支持。虽然已有研究对德国、美国、日本等国大学，特别是对美国大学如何推进跨学科研究的相关做法进行了大量案例和组织研究，但对我国大学跨学科研究的本土性案例进行深入分析的研究并不多见，尤其是走进国内交叉学科团队科研场域，深入分析交叉学科科研面临哪些发展难题，跨学科团队在不同发展阶段需要哪些内外部支持的具体研究不足。中观、微观层面案例研究的缺失，使相关研究始终有"隔靴搔痒"之感，无法接近大学跨学科研究相关问题的全貌，遑论提出针对性较强的精准破解之策。

（二）大学跨学科研究理论和实践脱节现象突出

已有研究多以知识社会学为主要理论依据，沿着"学科—跨学科"次第发展的知识演化路径，探讨了跨学科研究、跨学科组织冲突与发展困境等概念和理论问题，尤其是基于知识生产模式转型视角探讨了大学跨学科组织变革的方向，并对知识生产模式转型问题进行了元思考。遗憾的是，当前关于大学跨学科研究发展的论述并未充分吸收上述理论成果，存在理论和实践"两张皮"现象。在"唯科学主义"的研究导向下，当前研究呈现出技术化治理的总体特征，提升大学跨学科研究的生产力往往被狭隘地理解为单纯的技术活动，而忽视了这些活动背后深藏的制度逻辑和冲突问题。这种技术化取向的研究范式往往借助复杂的模型对跨学科性、跨学科合作的网络等实践问题进行探讨，而不能在适当的理论指导下超越经验认识大学跨学科研究发展困境背后的实质，更无助于系统解决我国大学学科管理制度、科研组织模式等方面的诸多难题。

（三）实证研究方法匮乏

当前研究存在宏观理念探讨居多的问题，而缺乏基于案例和实证的科学研究进路。突出表现在以下几个方面。一是在方法论层面实证主义研究范式未能成为当前研究的主流,更多的研究局限于哲学思辨式的发展理念探讨和对如何促进跨学科研究顺利开展的碎片化反思,缺乏在大学治理理念、制度和变革的高度对如何促进跨学科研究的实证研究。二是在方法层面缺乏案例研究,特别是对国内大学跨学科组织运行的案例分析。当前已有研究主要集中于对国外特别是美国大学跨学科组织和项目运行情况的解读,但中美高校无论是所面临的内部治理体系、科研组织模式,还是外部的宏观制度环境和管理体制等均存在较大差异。要想深入探析我国高校跨学科研究面临的问题、成因及其破解策略,需要将研究场域拉回到国内高校之中,进行深入的案例研究。三是在研究的技术层面,由于思辨式研究占当前研究的主体,导致对大学跨学科研究发展存在哪些问题、原因是什么的分析均是"由内而外"的经验演绎,而缺乏运用问卷调查、深度访谈等量化、定性或混合研究方法对大学跨学科研究中的诸多问题进行实证剖析,进而进行理论提炼的研究。

第四节 如何进一步深化相关研究

一、进一步丰富研究视角和分析框架

当前研究多以组织间关系为切入点,解释大学跨学科研究合作中的矛盾与冲突,呼吁从文化和资源等方面入手对大学跨学科研究予以更多支持。这种研究范式往往关注大学跨学科研究的外部治理机制,却忽略了大学跨学科研究在研究导向、奖励制度等方面与基于系科的研究模式之间的内在差异。因此,未来研究应当在宏观和微观两个层面入手审视大学跨学科研究,在大学治理的视域下审视跨学科研究的发展困境。

(一)应当引入结构主义的视角

结构主义是一种重要的研究方法和理论框架,它注重对事物内部的结构和关系进行分析和解析,主张事物的意义和价值不是由其本身所固有的属性所决定的,而是由其所处的结构和关系所决定的。因此,结构主义侧重于关注大学组织之中法定的制度化权力,研究拥有决策权力的职位与结构、职位与机构之

间的权力分配关系，以及行使权力的程序等[①]，以揭示出它们的本质特征。韦伯指出，任何一种组织都必须以某种形式的权力为基础，才能实现其目标。在关于系科的研究中，诸多研究者认为，"单位制"作为一种理性、法定的权力，使学术共同体的权力彰显，以维系学术组织运行。而在大学跨学科研究中，导致跨学科研究冲突频仍而陷入发展困境的深层次原因，值得深入研究。

（二）应当尝试引入"权力-资源"分析框架

"权力-资源"分析框架认为，在社会结构和动态活动中，权力和资源居于核心作用。权力是能够影响他人行为或决策的能力，其来源于个体或组织的地位、职位、财富、知识或其他形式的资源。资源则是在社会活动中被赋予价值意义的各类物质和非物质要素，包括有形的土地、资本、技术，以及无形的知识、信息、社会关系等。在"权力-资源"视角下，社会现象被理解为权力和资源在特定社会结构中的分配和运用过程。拥有权力的人或组织通过控制或影响资源分配和使用过程对社会结构产生重要影响。但权力和资源的分配不仅受个体的行为和决策的影响，还受社会制度和文化规范的制约。因此，社会制度和文化规范往往塑造了权力和资源的分配方式，但这些分配方式也反过来影响了社会制度和文化规范的变迁。[②]罗伯特·伯恩鲍姆在《大学运行模式：大学组织与领导的控制系统》中提出："决策产生于利益集团的冲突中，在决策中，非正式的影响力、协调和谈判无处不在。"高校跨学科研究所关涉的正是围绕权力和资源而开展的学术运作过程，这种"自下而上"的权利和资源分配方式也反过来形塑了跨学科研究场域。因此，引入"权力-资源"视角有助于系统解释大学跨学科研究的具体过程。应当进一步围绕权力和资源配置，系统研究不同类型的利益相关者如何左右跨学科研究的资源配置过程等问题。

二、从技术化的经验研究走向中观案例研究

未来研究应当超越当下对大学跨学科研究的宏观探讨，将研究视角集中在组织、制度和文化冲突方面。研究视角的转变，要求在研究层次上摆脱从概念到概念的宏大经验分析，转而聚焦跨学科团队、平台和跨学科研究项目的冲突

[①] 郭卉.反思与建构：我国大学治理研究评析[J].现代大学教育，2006（3）：29-33.

[②] 李松有，黄克.探索不同经济情况下的村民自治有效实现形式——从村民自治"权力—资源"视角进行考察[J].重庆工商大学学报（社会科学版），2018，35（4）：59-64.

和发展困境等。要求未来研究建立在个案的基础上，无论对美国大学跨学科组织发展的经验借鉴，还是对我国大学交叉学科、跨学科及跨学科组织运行的研究，都应当将案例研究作为重要的研究方法，将有代表性的大学跨学科研究发展案例，特别是处于不同发展期的大学跨学科科研团队作为主要的研究对象。

第三章

大学跨学科组织的兴起、演化与比较分析

第一节 跨学科组织兴起的背景

作为一种学科专业化的产物的研究,跨学科研究在西方学术界的兴起始于20世纪初。跨学科研究的最初兴起正是在宏大的研究主题逐渐走向专业化的背景下,现代学科体系逐渐成熟的标志。[①]因此,在很长的时代背景中,跨学科研究都是作为学科体系现代化的衍生物出现的,是一种教授个人或集体的学科化行为,其归宿是学科体系的进一步分化。随着社会问题的日益复杂化,跨学科研究在全球进一步以一种外生于大学的学科互涉现象出现。[②]20世纪30年代风靡美国的"区域研究"就是早期社会科学跨学科研究的代表形式。[③]OECD的教学改革和发展中心在20世纪60年代发布的报告则认为,自然科学的发展、学生的需要、职业培训的需要、社会的基本需要和大学的功能与管理问题等五个方面,是跨学科研究兴起的源头。与之相似,NAS认为跨学科研究的源头包括:复杂的自然和社会问题,对超出单一学科解决能力的问题的探索,解决社会问题的需要,以及新的技术的推动。因此,跨学科研究在20世纪20年代以后不断兴起,是跨学科研究逐渐摆脱学科分化的知识论而演变为问题解决机制的过程。

---

① 陈亚玲.大学跨学科科研组织:起源、类型及运行策略[J].高校教育管理,2012,6(3):45-49.
② 朱丽·汤普森·克莱恩.跨越边界——知识 学科 学科互涉[M].姜智芹,译.南京:南京大学出版社,2005.
③ Tanya Augsburg.Becoming interdisciplinary:an introduction to interdisciplinary studies[M].New Jersey:Kendall/Hunt Publishing Company,2006.

其反映了现代大学在时代的推动中,逐渐演化为社会发展的引领者的角色变化过程。

一、跨学科研究兴起的知识背景:大学职能的时代演变

1. 知识自身的演化导致大学知识生产的快速变化

20世纪是一个急剧变革的世纪,特别是随着第二次世界大战开始以及冷战的持续发展,社会和政治的巨大动荡所激发的知识的大爆发,使得大学的实用性进一步增强。随着19世纪末以约翰斯·霍普金斯大学为代表的新型美国大学的建立,系科组织成为美国大学取代德国讲座教授的标准组织模式。学术性学科专业化成为大学科研组织的主要形式。但是,随着知识自身演化程度的不断加深,旧有的学科体系也在不断走向深化。例如物理和化学研究从宏观层面逐渐进入微观层面,特别是化学研究在20世纪早期从分子时代进入原子时代时,整个知识生产领域发生范式转型,与化学学科发展相关联的知识生产体系均发生变革。与知识生产范式转型相伴随的是,已经产生的学科体系无法容纳学者共同体对新知识的拓展。于是,在学科的边缘地带,一批使用新方法的学者不断开垦。因此,产生于传统的系科分类体系外的交叉研究领域不断产生。

因此,随着大学对知识生产的促进,知识密集地产生,对已有的学科分类体系进行不断深化,是跨学科研究得以产生的内在教育背景。

2. 大学职能的演化与大学走向社会中心

一部大学发展史,更是一部大学从"象牙塔"走向"社会中心",从单纯的教育机构也就是弗莱克斯纳笔下的"小村落"走向克拉克·克尔所谓之"城市"的过程。18世纪英国大学的改革则是大学正式从"修道院"体制走向社会的开始,但这一时期的英国大学依然以培养有教养的绅士为重点,不具有学术研究的功能。直到19世纪末期洪堡的改革,才有了"国家在整体上——不应就利益直接所关所系者,要求于大学"[①]。但是,这一纯粹知识的探索,显然无视社会中发现的实际问题,以柏林大学为代表的现代大学也未将社会及国家的发展系于一身。

而随着1862年《莫雷尔法案》及1890年《第二莫雷尔法案》的颁布实施,美国联邦政府通过提供大笔资金用于资助农工高等教育,大大刺激了公立和实科高等教育的发展。[②]1876年约翰斯·霍普金斯大学及其研究生院的建立,则是

---

① 陈洪捷. 德国古典大学观及其对中国大学的影响[M]. 北京:北京大学出版社,2002.
② 黄福涛. 外国高等教育史[M]. 上海:上海教育出版社,2003.

现代大学的开端，其促成了美国高等教育从"学院时代"到"大学时代"的转型。[①]在实用主义哲学思想的支配下，现代美国大学重新界定了"科学研究"的概念，并逐渐确立了"社会服务"在大学职能中的重要地位。现代大学正式从社会边缘走向中心，一系列与美国国家和社会发展息息相关的研究被赋予大学。而二战期间，"曼哈顿计划"等战时计划在大学中变为推动社会发展的推动力，则标志着现代大学教学、科研、社会服务职能的全面形成。知识密集型的世界已经越来越依赖现代大学，现代大学在知识生产过程中逐渐居于垄断地位。

因此，随着现代大学逐渐从以知识传递为主的"修道院"，走向纯粹学问探索的"象牙塔"，再到推动国家和社会发展的核心结构，其大学职能也逐渐丰富。特别是现代大学对于知识生产和创新的垄断地位，使得国家和社会问题的解决必须依赖大学的知识创新。科技和社会问题的日渐复杂性，则反过来进一步促进大学学科组织和结构的演化。在知识生产模式转型的背景下，基于学科并且将所谓"基础"和"应用"明确区分开来的知识生产模式，逐渐向"基础"与"应用"之间、理论与实践之间不断交互的知识生产模式转型。[②]因此，在20世纪中叶前后，不仅出现了针对跨学科的项目和计划，甚至出现了专门侧重于跨学科研究和教育的高校。例如，麻省理工学院的学术组织除包括5个学院22个学系外，还包括超过200个从事跨学科研究为主的研究单位。亚利桑那州立大学则以创造"新美国大学"为行动框架，在全校层面进行了跨学科组织变革，以适应知识生产模式转型所带来的跨学科研究的冲击。

可以说，正是现代大学在知识生产中的重要地位，促进了大学在保持传统系科组织活力的基础上，面对日益庞大的大科学需求以及社会问题的复杂性，需要加强跨学科研究。

二、跨学科研究兴起的社会背景：大科学工程、复杂问题与区域问题日益增多

跨学科研究之所以在20世纪20年代以后不断兴起，除了学术研究所面临的问题的复杂性日渐增加要求大学进行变革外，还在于整个社会层面，在技术革命推动下，知识经济时代来临。与此同时，市场化对大学也不断渗透。

---

① 马廷奇.大学转型：以制度建设为中心[M].北京：社会科学文献出版社，2007.
② 迈克尔·吉本斯，卡米耶·利摩日，黑尔佳·诺沃提斯，等.知识生产的新模式：当代社会科学与研究的动力学[M].陈洪捷，沈文钦，等译.北京：北京大学出版社，2011.

1. 大科学工程以及知识经济的发展对大学研究功能的再造

大学步入社会中心后，必须满足对教育、工商界的高质量产品及国家安全和医药卫生等方面的要求。政府关注的健康、教育、环境、能源、城市发展、国际关系、空间领域、经济竞争以及防御和国家安全等方面的问题，其解决之道都有赖于创造新的知识，由此依赖于大学的健康与活力。而信息技术的基础设施使知识的保存、发现、传播与转化方面有了革命性的进展，研究人员能够拓展更加广泛、深远的课题，如全球性变革、人类基因、宇宙起源等。[1]

大科学工程对大学从事跨学科研究产生重大影响的主要标志则是第二次世界大战中美国政府对大学学术研究的关心。由于大学的学术研究，特别是科学研究对战争的贡献越来越重要，这一时期，大学与联邦政府形成了特殊的科学研究资助模式，这一时期的大学学术研究也可以被称作"战争研究"。特别是战争对于雷达、无线引信、原子弹等技术的需求，使得科学研究与开发办公室依托美国大学建立了跨学科的国家实验室系统。通过签订长期合同，国家实验室系统与诸如约翰斯·霍普金斯大学、加州理工学院等实现了一体化运行。

由于科学研究的分工体系过于精细，在面对日益复杂的研究对象时，大量处于学科边界地带的横断学科、交叉学科研究行为就此产生。而科学研究所需要的仪器设备和信息支撑系统，特别是研发费用的急剧攀升，使得原子化的个体研究不再适用。科学家们被迫走上跨学科研究之路，正如狄拉克所言，在20世纪20年代前后的那些日子里，任何一个第二流的物理学家去做第一流的工作都是可以的。但自那以后，再没有出现过令人愉快的时期了。现在第一流的科学家去做第二流的工作都感到困难。例如，科学研究的复杂化在诸如南极臭氧洞研究、高性能加速器、核聚变实验装置等科学工程中表现得非常明显。人类基因组图谱研究计划就包括来自80多个国家20个不同学科的10000余名专家共同攻关研究。他们来自农业科学、考古学、化学、生物学、力学、气候学、生态学、经济学、环境历史学、地理学、地质学、水文学、数学、气象学、植物生理学、政治科学、物理海洋学、化学海洋学、遥感科学和社会学等学科领域。

区域问题的复杂化和人类社会发展的需求是促进跨学科研究兴起的另一个重要背景。20世纪20年代，国际上第一个独立的非营利性国际跨学科学术机构社会科学研究理事会（SSRC）正式成立，标志着全球性和跨国性问题研究的兴

---

[1] 詹姆斯·杜德斯达.21世纪的大学[M].刘彤，屈书杰，刘向荣，译.北京：北京大学出版社，2005.

起。从成立伊始，SSRC致力于推动社会科学领域的研究、政策分析和公共教育，鼓励跨学科的研究合作，支持学者之间的交流和合作，力图通过资助跨学科社会问题研究、组织学术会议、促进学者之间合作等方式，探讨和解决全球化、移民、种族与民族关系、性别平等、经济发展、环境保护等复杂的跨学科社会问题，为社会变革和发展做出贡献。如今，牛津大学全球与区域研究学院等全球问题研究机构已经遍布世界。这些机构在采用跨学科的研究方法深入研究气候变化、全球贫困、国际冲突、跨国犯罪、全球公共卫生等全球性问题并提出有效的解决方案的实践中发挥着重大影响力。

2.政府对高等教育研究形态的塑造

政府与大学的关系，市场与大学的关系，资助政策中跨学科资助项目的增加，是跨学科研究活动得以不断扩展的重要促进因素，体现了现代国家对于大学解决社会问题的重视。换言之，现代国家重塑了"政府—大学"之间的关系。而政府对大学研究的干预与促进的起源，则是罗斯福新政对于国家和科学之间关系的重新定义。面对危机中的美国，以鲍曼为代表的科学精英，呼吁政府向处于困境中的大学研究伸出援手，也认同科学应当为国家经济复苏和社会进步做出贡献。[1]通过美国科学研究与发展办公室（OSRD）制定的战时研究政策，OSRD代表联邦政府与诸多美国大学签订了大量的武器研发合同。源源不断的国会战争预算通过OSRD注入美国大学和工业试验室，并通过产品原型开发，填补了武器研究与政府购买之间的空缺。仅仅在设立于麻省理工学院的辐射实验室，战争期间通过OSRD获得的关于雷达研究的经费就超过15亿美元。更重要的是通过OSRD赋予的大型军事合同，各大学建立了跨学科合作的研究者网络。1945年V.布什等发布的题为《科学——没有止境的前沿》的报告则清晰地奠定了美国联邦政府促进大学跨学科研究的资金基础。该报告指出："我们没有国家的科学政策，政府仅仅开始在国家的福利政策中利用科学。政府内部没有负责系统地提出或执行科学政策的实体。国会里也没有致力于这一重要课题的常设委员会。科学已经站在舞台的边缘上，它应当被推到舞台的中央——因为科学是未来我们的希望之所在"。[2]之后，美国国家科学基金会正式成立，并形成了美国海军研究办公室、美国原子能委员会、美国国立卫生研究院等多元支持的局面。促进跨学科研究是联邦资助机构的重要目标。20世纪后半期以来，各国对跨学科研究的资金资助逐渐增多，如加拿大自然科学与工程研究委员会

---

[1] 龚旭.科学政策与同行评议：中美科学制度与政策比较研究[M].杭州：浙江大学出版社，2009.

[2] V.布什，等.科学——没有止境的前沿[M].范岱年，解道华，译.北京：商务印书馆，2004.

经过充分调研后开始对跨学科研究实施专项资助，英国国家科学与技术委员会也开始一系列资助计划。2007年，美国国立卫生研究院更是宣布给9个科学研究联合体提供2.1亿美元的研究经费，以资助它们开展多学科和跨学科的医学研究。我国国家自然科学基金委员会自1986年开始，以自然科学基金重大项目为载体，着力推动跨学科研究。"七五"至"十五"期间，我国国家自然科学基金委员会提供的跨科学重大项目资助金额占到全部经费的21.75%。①

3. 以市场化为核心的"学术资本主义"时代的到来对跨学科研究的推动

随着现代大学所需资金的不断增长，以及以市场化为核心的新自由主义意识形态的兴起和新公共管理运动对高等教育机构的重塑，源于私立部门的"竞争""经济""效率""效益"等新自由主义的核心理念及"分权化""市场化""管理主义""表现性"等②概念和运营模式被引入现代大学的管理体系。高等教育就不仅仅是一种教育活动，也演变成为直接的经济行为，并且是知识经济发展的重要组成部分。③在工业资本的推动下，如Ruttan的科学研究的四象限分类模型（见图3-1）所示，大量外部资金涌向大学。被称作巴斯德象限和爱迪生象限的应用激发的基础研究，以及应用研究与工业资助的技术开发，成为现代大学服务知识经济产业的重要表现。

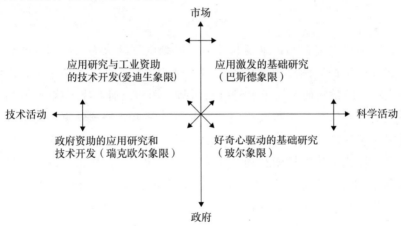

图3-1　Ruttan的科学研究的四象限分类模型④

---

①　朱蔚彤.国家自然科学基金委员会资助学科交叉研究模式分析[J].中国科学基金，2006（3）：184-189.

②　Ball S J.The teacher's soul and the terrors of performativity[J].Journal of Education Policy，2003，18（2）：215-228.

③　付八军.知识经济与高等教育的相关性探析[J].高等教育研究，2005（3）：12-16.

④　Ruttan V W.Technology，growth and development：an induced innovation perspective[M].Oxford：Oxford University Press，2001.

在政府资金的有力冲击下,虽然自上而下的直线式资源分配模式依然是大学采用的主要形式,但是,许多大学中,相当多的资源不再在学科间流动,而校外的资金机构也很少关注学科界限,它们倾向于支持交叉学科的研究。因此,学术资金往往在各学科间流动。[①]围绕以应用研究为主的学科领域,"新联盟"[②]不断建立。以"科技孵化器""大学科技园"等跨学科研究机构为载体,增进了学科间的合作,增强了解决问题的能力。[③]

总之,跨学科研究在20世纪20年代以来的兴起与发展,是知识进一步演化、大学职能不断扩展等内部原因,以及科技发展、社会变革、知识经济推动等外部原因共同作用的结果。因此,基于全球化背景下学术研究的"同质化"与"民族化"共存的特点,作为跨学科研究的组织载体,打破学科壁垒、创设跨学科组织成为不同国家和地区高等教育发展的重要政策话语,并不断转化为政策实践。

第二节 跨学科组织在发达国家的兴起与演化

随着跨学科研究在知识维度和社会发展维度逐渐成为大学的重要趋势,作为国家和院校层面试图跨越学科边界和障碍的政策实践,大学跨学科组织的出现顺理成章。跨学科研究要求组建研究团队,例如,研制原子弹的曼哈顿工程,以及涉及能源和法律的工程政策问题研究等,都需要物理学家、化学家、工程师和材料学家等的加入。从历史的维度来看,跨学科组织的兴起和发展经历了从科学家个体或集体的探索行动,到成为国家和大学的共识,进而引发全面组织变革的不同发展阶段。但是,由于各国发展阶段和政治制度所决定的"社会—大学"关系的差异,跨学科组织的发展在不同国家呈现出不同的形态。作为当前世界高等教育的重要组成部分,美国大学的跨学科组织发展类型正在全球化推动下不断传播和扩散。

---

① 詹姆斯·杜德斯达.21世纪的大学[M].刘彤,屈书杰,刘向荣,等译.北京:北京大学出版社,2005.

② Klein Julie Thompson.Interdisciplinarity:history theory & practice[M].Detroit:Wayne State university Press,1990.

③ Evans Colin. A cultural view of the discipline of modern languages[J].European Journal of Education,1990,25(3):82.

跨学科研究是伴随着学科的成熟而出现的，其在某种意义上是促进学科演化的重要推动力。以主要推动者及组织模式为区分维度，跨学科组织兴起、演化的过程可以分为三个阶段。

一、"原子化"的跨学科组织萌芽期

跨学科组织是19世纪末以来学科分化的产物。这一时期"德国的大学和法国的大院校不只为科学家提供就业和经济保障，更加鼓励他们以自己的专业而不是整个科学家群体来互相认同"[①]。在理性主义和经验主义研究范式的影响下，从本质上说，科学活动的专业化反映了同一学科内部不同知识子领域之间在分析方法和技术上的基本一致性，以及专门术语的科学表达和概念逻辑体系确立的必然性。[②]因此，以学科分化为基础，19世纪末，形成了一系列学者共同体。学者共同体的形成，使得以知识领域为天然边界，形成了以系科组织为代表的知识生产单位。

然而，随着专业化程度的不断提升，学科必将进一步分化。这是因为，专业化是自我扩张的，沿着"专业化—碎片化—混杂化"的过程，学科分化并组成新的专业，成为知识增长的主要形式。[③]中世纪大学以来的学科发展历程，就是随着知识积累和科技发展而产生的学科专业分化和整合过程。例如，自然科学从哲学中分离出来，进而分化为物理学、化学、生物学等独立学科。社会科学也经历了类似的过程，从历史学、哲学等综合学科中逐渐分化出经济学、政治学、社会学等专业领域。而当复杂社会和科技问题不断涌现，单一学科难以支撑重大问题研究时，学科分化在整合不同领域知识和方法的基础上不断走向跨学科融合。因此，学科专业化反过来是日益增加的边界跨越和学科互涉活动的主要原因。由于以学者共同体为中心的系科力量的规训作用，20世纪前期的跨学科组织以突破旧有的知识领域而产生新的知识领域作为目的。因此，这一时期的跨学科组织更多的是在传统学科内部及学科专业之间的模糊地带进行知识领域的拓展，以确立身份和空间。而其典型结构是项目、中心、计划，而不是系科、学院和独立的机构。[④]

---

① 华勒斯坦，等.开放社会科学[M].刘锋，译.北京：生活·读书·新知三联书店，1997.
② 贾莉莉.基于学科的大学学术组织研究[D].上海：华东师范大学，2008.
③ Scott Peter.The crisis of the university[M].London：Croom Helm Press，1984.
④ 朱丽·汤普森·克莱恩.跨越边界——知识 学科 学科互涉[M].姜智芹，译.南京：南京大学出版社，2005.

因此，在整个19世纪末期，以及20世纪前20年，以知识领域的不断拓展和分化为动力，跨学科组织以不断丰富的系科组织、研究项目和研究中心为载体进行扩展。总体来说，这一时期跨学科组织的产生更多的是知识自然演化的结果，是一种以学者共同体为主体的"原子化"的新知识领域探索行为，其动力机制更多来源于知识演进和内在研究兴趣的驱使。

二、"有组织"干预下的跨学科组织生成期

20世纪20年代以后，随着科学主义和实用主义的广泛传播，以及美国社会的进步和经济的快速发展，人才培养提出了新的要求。以约翰斯·霍普金斯大学的创立和发展为标志，美国高等教育逐渐超越效仿欧洲的教育体制的发展阶段，提出了具有开创新价值的大学办学使命：推动知识的发展和传播，培养研究生和进行高水平的科学研究。[①]特别是随着越来越多的自然资源和经济发展问题取得进展，学者必须与本地大学的其他农学院，甚至与外地大学的农学院实施跨学科计划。[②]但是，总体来说，一战之前的美国大学还处于"象牙塔"状态，与社会实践相连的跨学科研究计划也仅在几个有限的领域开展。而一战的爆发间接促进了现代大学的建立与跨学科组织的发展。自一战之后直到冷战结束，大学与国家的关系几经变化，这一时期的跨学科研究表现出强烈的问题驱动特征，并以服务国家利益作为跨学科组织建立与研究工作开展的重要目标。因此，这一时期跨学科组织的生成与发展表现出强烈的国家干预的总体特征。

1. 外部力量直接参与大学跨学科组织的建立

20世纪30年代，为促进社会科学的跨学科研究，美国社会科学研究委员会（SSRC）建立。同年代，芝加哥大学社会科学学院成立，标志着美国大学跨学科组织的逐渐兴起。而从历史维度来看，从二战开始直到冷战结束，政府直接干预大学跨学科研究与组织建立是这一时期的重要特征。特别是到第二次世界大战结束时，整个美国——在决策圈、国会、科研机构和大学领导中——已经达成一个重要共识：联邦政府应在支持战后的科学研究中扮演一个至关重要的角色。[③]联邦政府对美国大学跨学科组织的直接干预达到前所未有的强度。

在美国，战争对科学技术的需求，使得联邦政府通过海军研究办公室、陆

---

① 威廉·布罗迪，王晓阳.美国研究型大学的使命与管理——约翰·霍普金斯大学校长布罗迪访谈录[J].清华大学教育研究，2009，30（1）：1-7.
② 文少保.美国大学跨学科研究组织变迁与运行治理研究[D].大连：大连理工大学，2011.
③ 丽贝卡·S.洛温.创建冷战大学：斯坦福大学的转型[M].叶斌桂，罗燕，译.清华大学出版社，2007.

军研究办公室等机构,在大学中直接干预了诸多系科和跨学科组织的生成。而冷战时期与苏联全球争霸的需求,则促使美国能源部、美国航空航天局等建立了以美国大学为依托的庞大的国家实验室系统。

20世纪80年代,美国工程研究中心(ERC)建立,是国家直接参与大学跨学科研究的另一种模式。1985年,美国国家科学基金会批准在8所大学建立首批6个工程研究中心。①并分别给予为期11年、连续3期、每期250万~400万美元的研究资助。以求这些国家工程研究中心依托大学的人才优势,在系统工程、电信、智能制造系统、先进材料研究等跨学科研究项目中取得突破,并巩固和加强与产业界的联系。

美国联邦政府在不同的发展时期基于军事发展及应对新型工业体冲击的需要而采用加强与大学联系的措施,随后扩展到中国等新兴工业化国家。例如,中国国家自然科学基金委员会的建立,以及科技部支持的国家实验室系统和国家工程技术研究中心的建立,都是对发达国家政策学习和本土化的结果。

2.大量外部资助合同改变了大学学术组织结构

二战的爆发,使得军方对雷达、反潜等军事技术的需求空前加强,因此,二战时期的大学为国家服务的动机意识自然而然地获得了更高的合法性。②这一时期的教授和科学家个体及分散的研究,在项目下被逐渐组织起来。在联邦政府的间接组织和协调下,组织化的跨学科合作还走出大学校园,进一步扩展到政府研究机构、工业研究机构等组织。而其手段就是通过合同、项目分配联邦科研经费,并成立专门协调机构进行人力资源调配。③这一时期,大量的研究成果被用于实现国家利益的需要。仅1941年至1945年的4年间,美国大学用于研究和开发的经费至少有30亿美元,其中80%以上的资金来自联邦政府。

二战结束后,随着联邦政府对高等教育直接干预政策的终结,如何尽最大可能实现尖端军事科技的民用化,如何保持联邦政府和大学在科学研究上的紧密关系,以帮助公立和私立大学继续保持在消除疾病、促进科技和社会进步④等问题上的科研竞争力,促使《科学——没有止境的前沿》报告的出台。以美国

---

① 柳春,夏迪,王健.美国工程研究中心发展及模式分析[J].科技管理研究,2014,34(16):27-31,35.

② 丽贝卡·S.洛温.创建冷战大学:斯坦福大学的转型[M].叶斌桂,罗燕,译.清华大学出版社,2007.

③ 沈红.美国研究型大学形成与发展[M].武汉:华中科技大学出版社,1999.

④ V.布什,等.科学——没有止境的前沿[M].范岱年,解道华,等译.北京:商务印书馆,2004.

国家科学基金会和美国国立卫生研究所为代表，对美国大学基于科技进步和问题聚焦的跨学科研究进行了大力资助。到20世纪50年代末，军方对电子研究资助的经费已占到斯坦福研究所合同总经费的25%。[①]正如当时斯坦福大学副校长特曼所说："我们的教育机构不再是象牙塔。"由于军方合同的大量介入，大学跨学科组织从事与战争相关的研究几乎成为主要职能。而以科南特为代表的大学领导者，直接参与美国联邦机构的运行，并为美国大学带来跨学科研究合同。以斯坦福大学为代表，在大量联邦资助和军事合同的强劲带动下，斯坦福大学发起发展尖端科技运动。特曼对斯坦福大学矿学院、冶金学院、生物系等进行以大科学研究为主的"工学院模式"改造，促进了跨学科研究的开展。

3. 私人基金会的资助政策改变了社会科学研究的组织形态

政府层面对跨学科组织的形塑主要发生在自然科学领域，特别是随着冷战拉开大幕，大量的联邦经费被拨付用于自然科学研究。而用于社会科学研究的联邦资助则与之存在较大差距（见表3-1）。回顾整个历史时期，私人基金会对社会问题的关注，则在社会科学研究领域促进了跨学科组织的生成和发展。

表3-1 1964财年联邦经费用于研究的拨款[①]

学科分类	拨款数量/百万美元	占比（%）
自然科学（总量）	4276	74
社会科学（总量）	106	2

社会科学与自然科学在联邦经费来源上存在较大差距。这与国家安全研究、行为科学研究、地区研究、发展研究等方面的较大需求存在矛盾。毫无疑问，基础科学研究和战争研究所需要的巨额资金使得私人基金会无力涉足。在此情况下，私人基金会独辟蹊径，将政府和产业界较少涉及的"额外维度"作为资助的重点领域，以打造差异化竞争力。[②]因此，这一时期的私人基金会将支持以社会、人类问题为核心的跨学科研究作为"战略慈善事业"阶段[③]的重要方向。在一个"地区研究"被美国一流大学当作一项重要的创新而接受下来的时代，这一时期的私人基金会为社会科学研究，特别是行为主义和科学主义倾向的研

---

① 丽贝卡·S.洛温.创建冷战大学：斯坦福大学的转型[M].叶斌桂，罗燕，译.清华大学出版社，2007.

② Brian O'connell.Philanthropy in action[M]. New York：Foundation Center, 1987.

③ 龚旭.美国私人基金会及其支持科学事业的考察[J].自然辩证法通讯，2003（4）：45-54，111.

究提供了大量资金。①尤其是对亚洲问题和中东问题研究的持续兴趣,促使美国大学建立了大批中国和俄罗斯问题研究中心,并直接促使诸如发展经济学、比较政治学、发展社会学等研究现代化理论的社会学科群的出现。

三、多元化的大学跨学科组织变革

在二战之后福利国家的大背景下,强调"小市场、大政府"的凯恩斯主义主导了20世纪30年代至70年代许多西方国家的经济、社会政策和实践。②而这一时期各国政府不断增加高等教育公共投入,大学科研经费拨付体系的变化,甚至政府直接干预研究的行为,直接影响了大学的知识生产方式和研究组织形态。这一变化导致,从经济基础来看,美国大学运行经费的一半依赖联邦政府的资助。③总体上来说,全球大学的学科研究正处于由学术自由主义时代转向学术资本主义时代的前夜。但是,在当今这个知识弥散的社会,大学只是政府、产业界和大学三螺旋中的一个组成部分,为了增强大学系统解决环境、卫生、社会发展问题的能力,高等教育需要系统变革。④随着冷战的终结,以及经济危机对欧美国家经济的沉重打击,以市场化为核心的新自由主义不断扩散。以"竞争""效率"等为核心的新公共管理运动导致国家高等教育经费持续减少。同时,政府高等教育干预政策面临遭责联邦资助者扭曲了不同学科之间内容和平衡的"谁来控制大学"⑤的内部质疑。这对大学来说,既是一个新的社会形态,也是进行跨学科变革的全新契机。因此,20世纪末期以来,全球大学逐渐将突破学科壁垒、建立跨学科研究联盟作为融入知识经济、促进大学全面变革的战略方向。

(一)构建跨学科组织体系成为大学的共识

随着全球问题的日益复杂化,进入21世纪的大学似乎准备投入更多的思想和人力资源解决21世纪面临的挑战。⑥当前问题领域中的社会科学和人类问题

---

①⑤ 丽贝卡·S.洛温.创建冷战大学:斯坦福大学的转型[M].叶斌桂,罗燕,译.清华大学出版社,2007.

② 戴晓霞,莫家豪,谢安邦.高等教育市场化[M].北京:北京大学出版社,2004.

③ 奥尔特加·加塞特.大学的使命[M].徐小洲,陈军,译.杭州:浙江教育出版社,2001.

④⑥ Robert Frodeman, Julie Thompson Klein, Carl Mitcham, et al.The Oxford handbook of interdisciplinarity[M].Oxford:Oxford University Press,2010.

研究太少，那些全球环境变化、科技政策等问题的研究者正面临传统系科组织的束缚。因此，进行全校层面的学术组织变革，成为全球大学的共识。

1. 促进跨学科研究成为体系化的"院校行动"

过去的跨学科组织主要在院系层面开展，而这一时期，各大学成立了专门的行政机构促进跨学科研究。建立全校范围内的跨学科组织，成为大学的共识。跨学科研究虽然在美国大学呈现出不同的发展态势，但是"自上而下"的系统管理逐渐成为全球大学的主要形态。打破学科壁垒，创建开放型的学习社区，成为全球大学的共识。在加州大学系统，按照隶属关系的不同，以及单个分校内部进行整合的跨学科组织，还是服务于加州大学系统整体变革的区别，[①]这些"组织化的研究部门"分别被命名为"ORU"或"MRU"，并分别向分校校长或总校校长负责（见图3-2），以整体管理大学内出现的越来越多的跨学科和多学科研究项目。

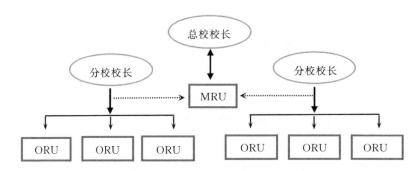

图3-2　加州大学跨学科组织管理体系

在知识生产模式转型背景下，单一学科向跨学科的转变不仅是遵循学科发展规律的理论要求，更是解决重大复杂社会问题的现实需要。[②]因此，这种在全校层面对跨学科组织进行整体规划的模式，在21世纪迅速在全球范围内向伊利诺伊大学、密西根大学、麻省理工学院、慕尼黑工业大学等大学传播。以美国为例，一方面，大学的跨学科研究中心、跨学科实验室的数量剧增，例如：斯坦福大学设立了18个独立实验室、研究中心和研究所，共涉及5个跨学科领域；宾夕法尼亚大学设有7个大型的跨学科研究所；杜克大学设有11个超越院系的、

---

① 周朝成.加州大学跨学科研究的组织结构与制度研究[J].高等工程教育研究，2009（3）：101-106.

② 裴兆斌，邵宏润，刘洋.美国研究型大学跨学科研究生培养的模式分析与经验启示[J].江苏高教，2023（10）：62-69.

全校性的跨学科研究所、研究组织和研究中心[①]；麻省理工学院的计算机科学与人工智能实验室创建了智能科学与工程的新领域。另一方面，大学纷纷成立校级层面的管理组织，促进跨学科集成。例如，杜克大学于1998年建立了全美第一个负责跨学科研究的副教务长办公室，统筹大学的跨学科研究活动。[②]哈佛大学创建了一个全校范围的委员会——哈佛大学科学与工程委员会来指导跨学科建设。美国大学还完善了跨学科教师聘任、晋升制度。威斯康星大学麦迪逊分校实施集群聘任计划，学校建立了若干个跨学科知识领域，即"集群"，所聘任的教师被分配到不同集群中。[③]集群是一个虚拟实体，不属于任何管理或组织框架，平行于院系，且有自主权，集群教师岗位由学校直接管理。[④]

亚利桑那州立大学（ASU）提出与复制成功大学经验和进行渐进轨迹变革完全不同的第三条道路——创建新美国大学。ASU放弃复制和追随战略，转而采取差异化发展模式，将建成创业型大学和从事跨学科研究作为该模式的战略准则。[⑤]在这一准则的指引下，ASU在校长和创业型大学设计小组[⑥]的带领下，建立中心学院模型，将全校的系科组织根据不同校区，重新组合为21个独特的跨学科学院组成的联盟。同时，也产生了众多的系、研究机构和中心以及多样化的国际性学术团体等。[⑦]通过对学术部门的重新定义，ASU在全校范围内建立了16个全新的跨学科学院，包括以探索为课题的地球与空间探索学院，以及包含12个小学院和7个系部的科学与文理学院等。而自2004年实施全校层面的跨学科组织变革以来，ASU获得的联邦科研经费及科研产出的数量均快速增长。2012财年，ASU获得的联邦政府资助项目相比2003财年增加了162%，远远超过其他15所公立大学，学校在科研和教育领域的跨学科合作

[①] 于珈懿,于洪波.美国研究型大学跨学科建设：动因、策略与启示[J].黑龙江高教研究,2023,41(12)：1-7.

[②] Holley K A. Interdisciplinary strategies as transformative change in higher education[J]. Innovative Higher Education, 2009, 34: 331-344.

[③] 蒋家琼,张玲.美国一流大学跨学科集群教师管理制度及启示——以威斯康星大学麦迪逊分校为例[J].湖南师范大学教育科学学报,2020,19（4）：119-124.

[④] 毕朝霞.美国研究型大学跨学科研究生培养机制研究——以密歇根大学为例[D].长春：东北师范大学,2023.

[⑤] Office Of The President.University in many places：transitional design to 21 century excellence[R].ASU,2004：8

[⑥] 黄扬杰,邹晓东,吴伟.新美国大学的自定义式跨学科组织述评[J].高等工程教育研究,2013（5）：85-88.

[⑦] 黄扬杰,邹晓东."新美国大学"框架下的ASU创业实践[J].高等工程教育研究,2011（6）：30-33,106.

也快速增加。①

2.设置种子基金,支持跨学科研究项目的开展

作为跨领域探索的项目,是否给予种子基金,以及给予种子基金的规模,对促进跨学科组织成长具有重要作用。②2004年,美国国家科学院在全美62所大学开展的一项关于跨学科研究中心是否设立跨学科种子基金及获得的种子基金规模的调查显示,在接受调查的423名跨学科组织负责人中,超过90%表示接受了1~2年的学校种子基金或者各类政府科研管理机构的资助,且大部分超过10000美元。

在校级层面提供促进跨学科研究的种子基金的做法,在20世纪晚期逐渐转化为大学的集体行为。这一时期,诸多大学均设立了为期1~3年的跨学科项目种子基金,以刺激项目负责人向联邦基金等外部组织寻求配套经费。而种子基金的另一个重要来源是私人基金会。在斯坦福大学超过122个独立的跨学科研究机构中,其卡夫里粒子天体物理学与宇宙学研究所(KIPAC)就使用来源于卡夫里基金会的赠款,作为基础设施建设启动金。而以从事跨学科应用技术研究为主的斯坦福教学改革研究中心的主建筑Wallenberg Hall大楼,以及Bio-X计划的Clark研究中心大楼同样都由国内外的基金会支持建设。③

(二)国家层面对大学跨学科研究的间接介入

科学与技术中心(STC)和工程研究中心(ERC)的建立及其在全球范围内的扩散,则是20世纪末以来增强高校与产业界联系的另外一种"国家行动"。在1986年提交给里根总统的报告《白宫科学委员会评议组关于美国学院和大学健康发展的报告》中,白宫科学委员会委员阿兰·布罗姆利和戴维·帕卡德认为,按目前情况,大学不能顺利地容纳跨学科的研究。所以,由联邦政府提供经费加强大学中的跨学科研究活动就显得十分重要。④在这份报告的指引下,以美国国家科学基金会(NSF)为委托人,基于"委托-代理"关系的STC和ERC项目在全美启动。

---

① Josh Flschman.Arizona's big bet:the research rethink[J].Nature,2014,514(10):292-294.

② Robert Frodeman,Julie Thompson Klein,Carl Mitcham,et al.The Oxford handbook of interdisciplinarity[M].Oxford:Oxford University Press,2010.

③ 付瑶瑶.从斯坦福大学看美国研究型大学中独立科研机构的发展[J].清华大学教育研究,2005(3):16-22.

④ 文少保,朴钟鹤.组织设置变迁与学科资助的跨学科研究发展战略——以美国NSF资助的科学和技术中心为例[J].全球科技经济瞭望,2013,28(4)19-24.

1. 科学与技术中心的设立

1987年，以从事高质量跨学科研究为目的的科学与技术中心（STC）开始设立。1988年，第一批25所STC成立，并在随后的二十余年间不断调整和增加。STC项目将基于重大现实需求的复杂跨学科问题解决作为中心建立的目标，并将考核退出机制纳入其中。根据不同时期的科技发展需求与挑战，NSF不断调整STC的资助重点。通过对15个遍布美国大学的STC项目的研究，美国科学促进会（AAAS）认为，STC项目的实施，促进了一大批新科技的转化，进一步强化了跨学科协同研究，培养了一大批科技人才。同时，进一步增进了研究人员的多元化程度。

2. 工程研究中心的设立

与STC的设立和扩散的过程类似，工程研究中心（ERC）则是跨学科研究成为"国家行动"的又一种产物。这种以促进学术界、产业界间联系，提升产学研合作水平，增强美国工业全球竞争力和技术创新水平为目的的国家科技计划始于20世纪80年代后期。①与STC项目的遴选、资助、评估机制相似，ERC项目也采用竞争遴选机制。但与STC项目聚焦基础科学研究领域的跨学科研究不同的是，ERC将目光聚焦在"适应工程技术的不断发展造成的多学科交叉发展的趋势"②。截至2011年，正在运行的ERC项目共有17个，分布在生物技术与卫生，先进制造，能源、可持续发展与基础设施，以及微电子、感应和信息技术等交叉领域。

（三）国家实验室与大学关系的演变

作为重要的跨学科组织，国家实验室和国家科学与技术中心等"大科学装置"在跨学科研究活动中居于重要地位，尤其是美国能源部所属、依托大学运行的诸多美国国家实验室。如前文所述，这些"曼哈顿工程"诞生以来逐步建立的国家实验室，集中于基础科学、能源以及武器研究等"大科学工程"，为推动科技进步做出了较大贡献。

冷战结束后，美国国家实验室也必须进一步聚焦到推动美国科技创新上来，以"成为能源部在基础科学、能源、环境、国家安全等方面研究的主力军"。但是随着军事研究任务的逐渐减少，过于偏重国家重大军事需求的美国国家实验

---

① 柳春，夏迪，王健.美国工程研究中心发展及模式分析[J].科技管理研究，2014，34（16）：27-31，35.

② Robert M White. Guidelines for engineering research centers: a report for the national science foundation[R].Washington D. C.: National Academy of Engineering, 1983.

室与追求多样化科研的美国大学之间在研究需求、运作模式等方面渐行渐远，[1]导致大学与国家实验室的关系逐渐疏离。在这样的背景下，"政府所有，合同管理"的国家实验室与大学"一体化"运行的合同管理模式面临挑战。作为"大科学工程"跨学科组织代表的国家实验室正发生系统变革，主要表现在以下两个方面。

1. 从一体化到混合治理结构：美国国家实验室与大学关系重构

在新公共管理主义的背景下，随着美国国家实验室职能的演变，国家实验室日益从实现国家军事和科技职能的研究机构演变成为"经济资产"。美国国家实验室开始实行全面基于绩效而非政策的绩效管理体系。在强大的绩效压力下，美国能源部开始重新考虑国家实验室系统和其关联大学之间科研组织模式不相容所带来的"交易成本"问题。[2]

而国家实验室和美国大学关系转换的起点就是管理合同的重新竞标。那些曾经依托大学的国家实验室正纷纷从大学独立出去，而依托第三方的"边界组织"与大学就相关的跨学科研究问题展开合作。例如，1998年，布鲁克海文国家实验室的合同依托方从大学演变为布鲁克海文科学联盟有限责任公司。2007年，劳伦斯伯克利国家实验室的合同方由加利福尼亚大学伯克利分校变为劳伦斯国家安全有限责任公司。美国大学与国家实验室的关系从"依托关系"转换为"利益攸关方"。大量公司化运作的"边界组织"成为沟通大学与国家实验室关系的中介组织。围绕推动美国科技创新的任务，两者之间的关系正日益变成一种混合治理模式。这种新的混合治理模式的主要特点，则是逐渐减少大学科学研究模式对国家实验室科研模式的"资源吸纳"[3]作用，通过建立"桥接机制"，走向组织边界互不干涉。[4]

2. 面向产业和地区的美国国家实验室职能转型

在新公共管理运动的影响下，"管理权竞标制度"带来的绩效压力，使得美国国家实验室面临"顶层战略缺失、中小企业被边缘化、缺少激励机制及财政体系"等方面的新挑战。要求其必须从"联邦资助的研发中心"，成为与区域技术集群相融合的科研和技术转化机构。

---

[1][3] 丁云龙，黄振羽.制度吸纳资源：国家实验室与大学关系治理走向[J].公共管理学报，2015，12(3)：105-116，159.

[2] 黄振羽，丁云龙.美国大学与国家实验室关系的演化研究——从一体化到混合的治理结构变迁与启示[J].科学学研究，2015，33（6）：815-823.

[4] 黄振羽，丁云龙.激励结构冲突、历史机遇与制度变革——美国依托大学建立国家实验室的启示[J].科技进步与对策，2015，32（2）：30-34.

首先，赋予国家实验室促进区域经济发展的使命。正如进入21世纪以来的美国国家实验室纷纷和大学脱钩一样，通过建立切实可靠、资金充足的商业基金，对国家实验室进行商业化，实现国家实验室促进区域经济发展的使命，同样是国家实验室重要的转变方向。而国家实验室的商业化主要通过实验室、企业和大学的三方合作，以及知识产权转让活动来实现。例如，在2011年，基于合作研发协议，美国能源部下属的国家实验室与大学、企业进行了700多项合作。

其次，增加实验室系统与所在地方和都市集群的关联性。历史上，由于美国国家实验室从事的科研任务的性质，以及安全需求的限制。国家实验室系统主要与依托大学从事基础研究的科研人员进行单向合作，而未融入所在都市圈的经济和产业发展。美国《2005年国家能源政策法案》提出鼓励区域性合作，并全面实施基于绩效而非规则的管理模式。此后，基于混合治理模式，美国国家实验室通过设立"微实验室"，建立简单、高效的实验室协议，推动商业化技术协议等途径，建立与所在区域中小型企业和大学的新型合作关系，从而成功将技术从实验室里拉出来，增加了与所在地方和都市集群的关联性。

总之，后冷战时代的跨学科组织正逐渐摆脱国家层面直接干预的模式，而进入一个多元化发展的时代。这个时代的主要特征有四：第一，跨学科组织发展的目标从满足国家需求，到知识创新、国家需求、社会发展齐头并进；第二，国家层面对大学跨学科组织的发展从直接干预到间接资助，外部力量和大学本身构成协同关系；第三，虽然跨学科研究逐渐引起了全球大学的共同关注，但是在大学内部，直线式的系科组织模式和矩阵式的跨学科组织体系还将在较长时期内共生、共存；第四，大量"边界组织"的涌现，使得国家实验室系统、大学、所在都市群之间形成一种新的混合发展模式。大学科研组织模式的发展在上述多种力量的驱动下，正处于全面变革的前夜。

四、跨学科组织在中国的创始与扩散

现代大学科学研究的制度化，起源于1892年柏林洪堡大学对"纯粹学问"探究的理想，并历经美国实用主义哲学的改造而成为社会发展的重要组成部分。现代大学的雏形，则是1876年建立的约翰斯·霍普金斯大学，其按照学科分类进行研究生培养的功能设定，使得学术研究成为大学较重要的职能之一。而一批设有研究生院的大学的建立，标志着大学对知识生产垄断地位的形成。与西方大学的百年发展不同，中国大学的科学研究职能则以1949年新中国成立为分野，经历了学术职能的剥离与发展、学术研究的扩展和大学成为科学创新主力军等三个阶段,学术组织的变革在我国大学也经历了从萌芽到渐次兴起,再到成为院校集体行动的历程。

(一)改革开放前的高校科研工作

1949年新中国成立后,面对羸弱的科研局面,从一开始就形成了"集中力量、形成拳头、进行突破"的科学研究系统组建原则。形成了科学院系统、中央部委直属科研院所、地方所属科研机构,以及国防研究机构"条块分割"的科学研究体系。1949年《中华人民共和国中央人民政府组织法》规定,科学院是国家最高科学机关。1956年,国务院科学规划委员会在其制定的《1956—1967年科学技术发展远景规划纲要(修正草案)》中提出,用最大力量来加强中国科学院,使它成为领导全国提高科学水平,培养新生力量的火车头。①这标志着在全面学习苏联模式下,国家正式确立了科学院系统作为国家各行各业科研工作的主要力量。与此相对应,1949年12月16日,中央人民政府政务院第十一次政务会议通过了《关于成立中国人民大学的决定》,指出:新国家的伟大建设工作已经开端。为适应国家建设需要,中央人民政府政务院决定设立中国人民大学,接受苏联先进的建设经验,并聘请苏联教授,有计划、有步骤地培养新国家的各种建设干部。"②这也标志着新中国高等院被定位于培养具有马克思列宁主义素养和专业知识的新中国的建设人才,并从事面向生产的实践研究的教学单位,科学研究的功能较为薄弱。在这一阶段,虽然部分重点大学进行了少量的科学研究工作,但总体来说,科学院系统成为新中国科学研究的主要载体。

(二)改革开放后大学科研功能的归复

1977年8月,邓小平主持召开科学和教育工作座谈会,指出:高等院校,特别是重点高等院校,应当是科研的一个重要方面军,这一点要定下来。它们有这个能力,有这方面的人才。事实上,高等院校过去也承担了不少科研任务。随着高等院校的整顿,学生质量的提高,学校的科研能力会逐步增强,科研的任务还要加重。朝这个方向走,我们的科学事业的发展就可以快一些。这标志着经历了新中国成立以来大学的科研功能长期被剥离后,科学研究正式成为中国大学特别是重点大学的重要功能。

---

① 殷朝晖.国家科研体制建设与研究型大学发展[M].青岛:中国海洋大学出版社,2007.
② https://www.ruc.edu.cn/cn/history/510.html.

1985年中共中央颁布的《关于科学技术体制改革的决定》与《关于教育体制改革的决定》，正式宣告高等学校承担着培养高级专门人才和发展科学技术文化的双重任务，大学自然地既是教育中心，又是科学研究中心。特别是1986年国家自然科学基金委员会成立以来，用于高等院校科研的经费一路走高。第二次全国科学研究与试验发展（R&D）资源清查主要数据公报（第四号）显示，2009年全国高等院校R&D经费总额达468.2亿元，2000年以来年平均增长率达到了22.3%。在所有R&D经费中，来自政府的资金达到262.2亿元，占比超过56.0%；按项目来源分，国家科技项目经费154.3亿元，占32.9%。截至2022年，我国R&D经费投入首次突破30000亿元，达到30870亿元。R&D经费总额比上年增长10.4%，按不变价计算，R&D经费增长8.0%。R&D经费与国内生产总值（GDP）之比达到2.55%，比上年提高0.12个百分点。其中，国家财政科学技术支出11128.4亿元，比上年增加361.7亿元，增长3.4%。可见，改革开放后我国高等院校的R&D经费不断增长，且财政科学技术支出占比在逐年下降，政府资金在高校科研经费中始终占据重要份额，高校对国家层面的科技项目表现出较高的依赖性。

（三）逐渐迈向学科交叉的大学科研工作

1995年，《"211工程"总体建设规划》明确了将大学重点学科建设作为重点投资方向，力图在全国范围内形成一批学科基础好、内在联系紧密、资源共享程度高的优势学科群和学科基地。在这一"面向21世纪教育振兴行动计划"的政策红利下，一批重点大学纷纷进行系科重组。科研经费的倾斜投入，促进了科学研究的进一步繁荣。而1998年开始实施的"985工程"，则正式拉开了创建"世界一流大学"的帷幕。经过1996年以来高等教育系统的持续高强度投入，这一时期大学科研体系建设的重点全面转向促进跨学科研究，以形成具有较高水平的重点学科体系。因此，2004年启动的"985工程"二期工程明确提出，结合国家创新体系建设，重点建设一批"985工程"科技创新平台和"985工程"哲学社会科学创新基地，促进一批世界一流学科的形成和推动学科建设。通过"985工程"科技创新平台和哲学社会科学创新基地的专项投入，促进了学科交叉，推动了资源共享，形成了一批科技创新成果，并推动一系列学科进入ESI（基本科学指标数据库）排名前1%。以此为导向，促进学科交叉和融合的跨学科组织完成"合法化"过程，并在大学中迅速扩散。随着"双一流"建设启动，学科建设被摆在了更加重要的地位。教育部、财政部、国家发展改革委于2022年1月联合印发的《关于深入推进世界一流大学和一流学科建设的若干意见》明确提出，对现有学科体系进行调整升级，打破学科专业壁垒，推进新工科、新医科、新农科、新文科建设，积极回应社会对高层次人才需求。布局交叉学科专业，培育学科增长点。推动大学跨学科研究。以问题为中心，建立交叉学科发展引导机制，搭建交叉学科的国家级平台。以跨学科高水平团队为依托，以国家科技创新基地、重大科技基础设施为支撑，加强资源供给和政策支持，建设交叉学科发展第一方阵。创新交叉融合机制，打破学科专业壁垒，促进自然科学之间、自然科学与人文社会科学之间交叉融合，围绕人工智能、国家安全、国家治理等领域培育新兴交叉学科。推动大学跨学科研究正式上升为国家建设一流大学和一流学科的核心意志。

  如果把这一时期跨学科组织的创设看作一场国家行动，则中央政府是这场国家科技创新行动的主导者。通过单向度的"外部干预"和资源竞争的"锦标赛体制"，在创建一流大学目标感召下，2003年，中央政府直接推动了以促进国家创新体系建设为重要任务，试点建设以跨领域交叉研究为主要特征的"国家实验室（筹）"建设。在科技部和教育部共同主导下，从2012年开始，以"科技突破先兆已经显现的科学前沿和学科交叉领域"为重点建设方向的"国家重大科学基础设施"工程等国家级科技创新平台建设工程相继落户大学。这种基于"委托—代理"关系的科研项目行政发包制度，以实现建设"创新型国家"为最高目标，以强大的资源配给制度为"政策工具"，直接改变了大学学术组织的构成形态。同时，也造成了大学之间"圈层效应"的进一步加剧。

  在行政力量的政策引导下，跨学科组织的创建逐渐上升为中国大学院校层面的"集体行动"。以"顶天立地，学科交叉"为目标，构建基础与应用相互促进，文理工农医多学科相互支撑、交叉渗透、协调发展的学科体系，成为几乎所有大学发展规划的重要内容。具体到大学的实践上，2004年以来，北京大学分子医学研究所、北京大学中国社会科学调查中心、清华大学-北京大学生命科学联合中心、北京大学国际量子材料科学中心等一批新体制单位和上海交通大学Bio-X研究院等跨学科组织相继成立。在高度同质化的发展环境下，跨学科组织在中国大学中迎来爆发式增长。而在组织形式上，中国大学跨学科组织表现为"学习"和"模仿"欧美大学，并逐渐出现较大程度的组织和制度创新。诸如"创新研究院""高等研究院"等一大批学习美国大学跨学科组织的交叉学科研究中心，以及以拔尖人才培养为目标的精英本科生学院等，几乎成为大学的"标准配置"。同时，部分高校大力推动学术组织整体性创新，通过创建国际教育科技创新园区、国际校区等形式撬动实体化学科交叉学部建设，实现学科集群发展。在不改变已有院系建制的前提下，围绕国家重大战略需求，和区域产业发展需求增设交叉学部或学科交叉平台，优选相关学科领域集群入驻。

第三节　趋同化与差异性：大学跨学科组织模式与制度的比较分析

一、共同的理念与目标：以"学科融合"作为知识生产的核心价值理念

20世纪20年代以来，随着学科壁垒所造成的学术研究的"原子化"现象愈加明显，大学在面对人类发展、科技进步和日益复杂的社会问题时，越发显得力不从心。特别是在全球化时代，全球化议题、技术障碍、社会发展困境等，对跨学科研究的需求不断增加。Kelin指出，当前有效回应全球议题，所面临的共同障碍，就是单一学科的壁垒。

可以说，无论哪个国家和地区，科技和人类面临的社会问题的全球化，使得发展到一定程度的大学都面临研究对象的"同质化"倾向。在旧有的严格分化的学科体系对复杂问题和前沿探索举步维艰的现实下，传统系科组织变革迫在眉睫。而"绩效主义"所带来的考核压力，则从另一方面进一步增加了大学学术组织变革的压力。大学内外部越来越多的利益相关者对于传统科研组织结构的怀疑，使得大学跨学科研究成为世界各国高等教育从业者的共同价值理念。而实现大学跨学科研究的共同策略，就是在制度、资金和组织上进行多重实践。

随着"大学跨学科研究"的价值理念进入实践层面，20世纪80年代以来，伴随"重塑政府运动"在欧美国家的兴盛，"小政府，大社会"的社会治理理念，迫使政府通过绩效拨款的方式间接引导大学聚焦前沿问题，组建跨学科研究团队。以保证科学研究能够始终为国家战略利益服务，并迎合大学运行的经济、效率、效益等"绩效主义"目标。正如前文所述，以竞争性基金为主要资助方式，NSF等联邦科研机构和私人基金会等，通过设立STC和ERC等跨学科组织，在欧美大学中践行大学跨学科研究的理念。在中国、日本、韩国等亚洲国家，面对国家战略研究与大学学科壁垒的冲突，几乎一致选择"一流大学"建设工程等直接介入措施，来推动学科集成。在中国，通过"985工程""双一流"建设等的深入实施及其在不同阶段的资源调整，中央政府成功建立了一大批强有力的跨学科组织，为解决重大前沿问题奠定了基础。几乎同一时期，韩国实施了"BK21计划"来实现创建世界一流大学的理想。无论是"985工程"

"BK21计划",还是日本创建一流大学的"COE计划",其赖以实现的基础都是学科的交叉与融合。换言之,在大学日益全球化的时代背景中,促进大学跨学科研究是提升大学教育和研究水平的共同选择。

二、"学习效应"下类似的组织架构与资助、管理制度

20世纪晚期,特别是21世纪以来,在大学跨学科研究理念的引导下,不同国家和地区都加快了促进大学跨学科研究的步伐,并表现出高度的相似性。围绕跨学科组织,与之相关的资助政策、聚焦的研究领域、学术组织制度与架构等均表现出以欧美发达国家为中心的外溢效应。

(一)促进大学跨学科研究成为国际共识

越来越多的国家将促进大学跨学科研究作为学术组织变革的方向,并实施一系列计划来保证大学跨学科研究的进行。例如,欧盟早在1984年就开始实施被称作"欧盟研发框架计划"的大规模科技创新政策。在2010年里斯本战略落幕后,欧盟启动了"地平线2020"计划,以支持卓越科研,提升产业领导力,并提高社会应对能力。在这份预计耗资770亿欧元的宏大计划中,开创新的研究领域,以及支持知识和创新群体,促进产学研联合,具有重要地位。在日本,2002年制定的《二十一世纪卓越中心计划》等直接将交叉学科及新领域,以及革新性学科领域作为五大重点资助的学科群之一。[①]在新加坡,由国家研究基金会出资,依托本地大学建设了五所"卓越研究中心",均以"未知领域的探索"作为三大目标之一。而其中由南洋理工大学和新加坡国立大学共同承担的新加坡环境生命学工程中心直接被定位为一个"校际合作层面的独立的跨学科研究组织",以促进新加坡在生命科学研究领域具备全球影响力。在中国,国家层面对大学跨学科研究的推动体现出较强的"自上而下"的组织特征,且无论范围还是资助强度都超过其他国家。自"211工程"启动以来,"985工程"创新平台建设、国家实验室系统建设、重大基础科学设施建设等相继实施。

可见,自20世纪末以来,无论是"盎格鲁-撒克逊传统"的大学,"罗马体系"的现代型大学,还是呈现出社会主义大学特征的大学,政府都不同程度地走向前台,在国家层面甚至国际层面推出促进科技创新和发展的计划。这些计划也都将探索未知领域、促进学科交叉作为重点内容。而在资金保障上,无一例外,这些计划都有赖于政府来保证行动的合法性、资金来源及计划的深入实

---

① 龚兴英.日本"21世纪COE计划"[D].重庆:西南大学硕士学位论文,2005.

施。因此，在"学习效应"下，无论采取什么样的具体形式，在全球范围内，大学跨学科研究日益变成多种利益相关者共同参与的联合行动，而政府在其中扮演着重要角色。

（二）发达国家向发展中国家的溢出效应

在保障跨学科组织运行的具体政策、制度及组织结构中，可以看到明显的由发达国家向发展中国家的溢出效应。换言之，也就是发展中国家跨学科组织结构及其运行的具体政策、制度表现出强烈的"模仿"特征。这种"模仿"特征突出表现在以下几个方面。

1. 相似的跨学科组织体系

自1986年美国国家科学基金会启动一系列工程研究中心和科学与技术中心以来，越来越多的国家将支持工程研究中心、科学与技术中心等作为凝聚研究力量、推动跨学科研究的重要载体。而组织形式方面最明显的"模仿"则是美国国家实验室系统的创新及其扩散，这种由国家科技机构主管，依托大学和科学研究机构运行的组织模式，影响了中国、德国等国的国家实验室系统建设工作。

2. 相似的跨学科研究项目资助政策

几无例外，所有政府层面对跨学科研究项目的支持，都采取了"竞争性合同"的策略。并且所有的院校和项目都需要在一定的周期内接受外部评估，[①]以作为是否提供后续资助的标准。早在冷战时期，美国就在联邦政府资助的科研项目中进行基于资金"竞争"的中期考核和末位淘汰的科研评价方式，以保障科学研究工作的效率。这种基于新公共管理主义"效率""效益"视角的科技管理模式，逐渐成为全球跨学科研究项目资助的主流模式。正是1995年以来，通过对美国、英国等国科学政策发展的最新动态"同行评议""绩效评估""研究预见"等政策的学习和了解，[②]我国国家自然科学基金委员会才确立了"把不同学科和层次的研究项目有机地组织在一个计划当中，形成（研究）网络，资助周期在5年甚至5年以上"[③]的重大科研项目资助政策。

3. 相似的跨学科组织制度和组织架构

矩阵式组织结构是大学跨学科组织的惯用结构。这种结构具有强烈的任务

---

① Thune C.The European systems of quality assurance：dimensions of harmoinisation and differentiation [J].Higher Education Management，1998，10（3）：9-25.
② 龚旭.科学政策与同行评议：中美科学制度与政策比较研究[M].杭州：浙江大学出版社，2009.
③ 陈佳洱.科学基金工作的发展思路和2000年几项重点工作[J].中国科学基金，2000（3）：129-131.

导向，根据职能和项目的不同分别进行组织设计，从而在纵向上形成沟通多层次职能部门的扁平结构，在横向上形成若干项目小组交叉并进的研究组织形态。[①]在跨学科组织的内部架构上，在顶层实行委员会负责制，由董事会、学术委员会、咨询委员会等构成决策体系。在中层以事业部为基层学术单元。而具体的研究单元则由首席研究员（PI）领导，各研究团队间以事业部为平台展开合作研究。如新加坡卓越研究中心采用董事会领导下的中心主任负责制，各中心下设数个研究方向，每个研究方向由世界知名科学家担任团队首席研究员，领导研究人员开展本方向学术活动。[②]

三、"总体性社会"下大学跨学科组织的实践逻辑

（一）外部需求导向的组织创建

1. "自上而下"的组织创建与管理模式

从大学内部权力配置与运行、大学与政府关系两个维度，可以把现代大学分为"盎格鲁-撒克逊"传统的大学、"罗马体系"的现代型大学和呈现出社会主义特征的大学。在"盎格鲁-撒克逊"传统的大学中，大学拥有高度自治权，跨学科研究的外部支持主要来自大学。"罗马体系"的现代型大学则模糊了政府优先和大学自治两者的边界，呈现出混合状态。在呈现出社会主义特征的大学中，跨学科研究的战略支持主要来自国家，特别是中央政府的政策支持。因此，不同于西方大学在历史演化中形成的模式，"国家办学"始终是贯穿我国高等教育的主体思想。有研究认为，我国大学从组织建制到资源配置，都呈现出高度依赖于政府的特征。中国大学内部的组织架构和管理机制，是按照行政权力和行政运作效率而建立起来的。[③]跨学科组织的设立、运行、评价等也是如此，跨学科研究项目竞争和成果评价，成为政府推进高等教育治理的重要工具和方式。

首先，当前中国大学跨学科组织"合法性"的获得，高度依赖于国家。通过对大学中一大批跨学科组织的考察可以发现，以国家政策为导向，由国家出面组建是惯常形态。依托大学创建的跨学科组织，往往能够获得实体化的组织建制，也就意味着能够优先完成组织的"合法化"过程。而学校自主设置的跨

---

① 周朝成.大学跨学科研究的组织结构与管理——兼析加州大学跨学科研究的个案[J].法学教育研究，2010，2（1）：59-79，388.

② 乌云其其格，何杰山.新加坡的"卓越研究中心"计划[J].全球科技经济瞭望，2013，28（7）：18-24.

③ 张应强.把大学作为学术组织来建设和管理[J].中国高等教育，2006（19）：16-18.

学科研究中心、跨学科研究所等，则往往难以获得实体组织建制层面的承认，不得不选择挂靠系科组织成长，通过政府明文规定的政策来推进学术组织创新并获得国家承认，是组织形成与运作的前提条件。

其次，以国家直接监管为主、自我监管为辅。监管机构或者直接由国家建立，或者由国家出资建立。[①]以协同创新中心创建为案例，从2012年开始，教育部联合财政部等开展四年一个周期的协同创新中心申报和认定工作。在强大的资源倾斜力度下，创建协同创新中心的热潮迅速席卷全国。"2011计划"实施方案提出，要创建面向科学前沿的协同创新中心、面向文化传承的协同创新中心、面向行业产业的协同创新中心和面向区域的协同创新中心等四大类型的国家级协同创新中心。在"国字头"学术组织政策示范效应下，省（区、市）级、校级协同创新中心的创建可谓轰轰烈烈，几乎每所大学都参与其中，再次显示了中央政府"自上而下"的强大动员能力。梳理协同创新政策的过程，可以看到，大学积极参与协同创新的行为，有极强的短期"逐利"倾向。虽然当前政府与大学的关系逐渐向强调大学自治转型，但是，当前发展"路径依赖"的总体特征，以及对"国家创新体系"总体目标的强调，使得国家必然试图运用越来越多的政策工具，通过设定研究导向、调整资源配置模式等手段，实现跨学科组织的政治目标。

2. "自上而下"的资源配置模式

一方面，国家行动下的学术创新，体现在大学跨学科组织的经费来源上。相关数据显示，2014年，中国国内研发经费达1.33万亿元，占国内生产总值（GDP）的2.1%，高等教育和公共研究机构获得了总研究经费的五分之一，但是其中大部分来自国家自然科学基金委员会、"973计划"和"863计划"等国家级科研基金，资金来源呈现高度单一化的总体特征。2014年中国高等院校科研经费来源也显示，在教育部直属高校610亿元的科研经费中，有368.9亿元来自政府的直接拨款，纵向科研经费占比超过60%。[②]其中，来自国家自然科学基金委员会、"973计划"和"863计划"的科研经费占有重要份额。

另一方面，纵向科研经费又呈现出"条块分割"的特征。我国公共财政支持的科研基金种类繁多，既有国家层面名目繁多的资助计划，也有各中央部委

---

① 顾昕，王旭.从国家主义到法团主义——中国市场转型过程中国家与专业团体关系的演变[J].社会学研究，2005（2）：155-175，245.
② 中华人民共和国教育部科学技术司.2014年高等学校科技统计资料汇编[M].北京：高等教育出版社，2015.

及地方政府部门设立的省部级课题和科技计划。①资金来源的多元化，意味着立项、评审、考核政出多门，分别由国家自然科学基金委员会、科技部、教育部等诸多部门单独实施。国家科研经费在资源配置上的条块分割，以及"自上而下"的项目考核式科研资助模式，在时间和强度两个维度上支撑以联合攻关和高度创新为特征的跨学科研究，特别是大型跨学科研究项目时，有可能造成资源利用效率较低的问题。

（二）作为"学术特区"而存在的跨学科组织

我国高校自20世纪50年代以来确立的校、系两级管理结构，至今未发生根本性改变。②这种基于系科的知识生产模式，建立在默顿规范基础上，被约翰·齐曼称为"学院科学"。"学院科学"下的知识生产，知识分子构成的学术共同体掌控知识生产和传播的话语权，却无法适应大科学时代知识生产中日益明显的"边界互涉"现象。为改变过度行政化的学术管理体制，"985工程"二期创新平台相关文件提出，必须从我国的国情、特色和创新人才工作的思路出发，必须进行体制、机制的改革和创新，突破现有的科研组织、管理办法和人才培养的模式。③《国家中长期人才发展规划纲要（2010—2020年）》指出，要改进人才管理方式，鼓励地方和行业结合自身实际建立与国际人才管理体系接轨的人才管理改革试验区。在一系列政策的影响下，高校纷纷加入国家级交叉创新平台和创新基地，以及国家实验室等各级各类科研平台的争取。试图"借船出海"，打破直线式的学术管理模式，探索矩阵组织架构。对国内高校跨学科组织建设总体情况的梳理可以发现，当前高校推动建设的高等研究院、交叉研究院、学科交叉平台等学科交叉组织，几乎都呈现出典型的增量型组织特征。也就是在不触动既有直线式学术组织架构及其制度的基础上，通过增设不同类型的跨学科组织，以满足跨学科研究和创新的需要。跨学科组织实际上呈现出"政策特区""人才特区"的总体特征。

1.跨学科组织建制特区化

跨学科组织在组织架构上普遍实行"虚实结合"的横向样态。正如前文所述，大学跨学科组织呈现的共同特点就是"向上办学"。跨学科组织往往由国家实验室、国家工程中心、国家重点实验室、2011协同创新中心等驱动。其在不

---

① 尚虎平,叶杰,赵盼盼.我国科学研究中的公共财政效率：低效与浪费——来自国家自然科学基金、社会科学基金项目产出的数据[J].科学学研究,2010,30（10）1476-1487,1475.
② 陈廷柱.我国高校院（系）数量膨胀现象探源[J].高等教育研究,2014,35（9）：8-15.
③ 赵希男,生奇志.我国大学研究院创新体系研究[J].科学管理研究,2007（6）：13-15.

减少传统院系数量的基础上,通过不同院系的科研人员参与其中而驱动其运行。因此,跨学科组织在大学中以并行于传统系科组织的模式出现。

2.跨学科组织内部结构特区化

与传统系科组织"校-院-系"三级管理模式不同,跨学科组织通常实行"理事会-实验平台-PI"三级管理架构。与传统院系组织相比,跨学科组织享有更大的资金分配、人事调配等权力,一些比较重要的跨学科组织还往往由分管副校长兼任领导职务。较高的职级配置,使得跨学科组织不会被强大的学科化管理体制所吸纳。可以发现,我国跨学科组织的内部架构和制度表现出较大差异性。

(三) 跨学科组织发展的制度化程度差异明显

尽管所在地区和国家存在差异,但随着全球化时代的来临,跨学科研究问题,比较一致地来自复杂社会问题的知识挑战、前沿问题探索,以及创新人才培养的现实需求等,在组织形式和组织结构上表现出高度的"趋同性"。然而,作为大学治理的重要议题,跨学科组织的制度化过程,受制于社会制度特征和复杂的高等教育实践。在美国这样的高等教育"净输出"地带,跨学科组织的探索行为,已经演化为大学和国家追求"技术环境"适应的自觉行为。通过适应不断提升的技术环境的要求,进而提升大学科研产出,成为学术组织变革和创新的原动力。跨学科组织表现出较高的制度化水平,并成为广泛共识。与之相对照,在中国等发展中国家,外部"制度环境"压力成为影响甚至主导跨学科组织产生的首要原因。这种外部"制度环境",通常以政策和资源倾斜与竞争为外显工具,以实现国家意志为目标,而以"运动式"的组织演化路径为发展模式。虽然在国家意志主导下,创建了种类繁多的跨学科组织,但是就大学本身来说,并未完全将跨学科组织的培育、创建、发展等内化为自主的创新实践。高度繁荣的跨学科组织创建行为与有待提升的制度化进程并行,或许是当前中国大学跨学科组织创建的真实写照。

满足国家不同时期的教育政策的整体目标,以及获得更多的顶级学术资源和平台,以保持本校在资源争取"锦标赛"中获得良好位次,成为大学跨学科组织创建的主要动机。而这种外部力量主导的跨学科组织创建行为,往往与知识演化的逻辑存在一定的矛盾之处。这在一定程度上对应组织研究的新制度主义关于"制度同形"理论的相关假设:组织要摆脱技术环境和制度环境的冲突,必须实现组织结构和组织行为的脱离,也就是"脱耦"。

第四节 小结与启示

如何解决日益复杂的科学问题，成为世界范围内大学所面对的共同难题，跨学科研究也由此演变为学科成熟和社会发展的必然需求。但是，不同于20世纪20年代与学科建制化相伴而生的"原子化"跨学科行为，如今的跨学科研究表现出更强烈的外部需求导向。因此，与其说当下的跨学科研究是知识演化和发展的自然过程，不如说是在全球化背景下，大学寻求社会和发展问题的解决方案所导致的必然结果。当大学成为能够解决当前复杂科学和社会问题的重要组织机构时，大学就不再是一座"象牙塔"。围绕在大学四周的利益相关者，正与大学结成"联盟"，试图通过将更多学科和地区的研究者连接起来，共同应对上述问题。因此，建立跨学科组织并将其制度化，似乎成为自然的应对之策。在全球化背景下，跨学科组织甚至成为不同国家和地区国家意志的角力场。

从全球范围内不同国家和地区，甚至不同类型大学中跨学科组织发展的阶段和趋势来看，可以大致将跨学科组织的发展分为自发原子化跨学科组织、国家行动导向的跨学科组织和多元化的跨学科组织等三个变革阶段。20世纪以来的大部分时期，跨学科组织的模式都处于"国家行动导向"阶段，这是由于特殊的政府和大学关系所导致的。当前跨学科组织更多地以一种院校层面学术创新的面貌出现，并伴随着发展中国家对发达国家高等教育体系的模仿，而在组织形式、内部架构、资助方案和评估手段等方面快速向发展中国家传播。

因此，在系科组织依然是大学的主要学术组织的背景下，当前跨学科组织面临着相似却又各具本土特征的发展困难和障碍：

（1）"新-旧"组织架构和管理体制之间的矛盾；

（2）与同级院系组织在资源配置和合作方面的障碍；

（3）组织内部不同学科文化的冲突与融合的障碍；

（4）在竞争制的资源配置方案中，通过不断提升科研产出效率，完成和保持组织合法性的困境。

这些困难和障碍大致可从学科、组织和资源三个维度来进行划分，其以种种冲突形式，向我们呈现了传统系科组织所不曾面对的问题，这些问题需要通过制度和组织创新进行化解。因此，从欧美国家跨学科组织发展的历史经验来看，建立全校范围内的跨学科组织管理体系，建立扁平化的学术组织结构，实行经费竞争策略并规定资助年限以促进跨学科组织的生产效率，修改并进一步完善同行评议制度以促进跨学科研究顺利展开等，成为跨学科组织革新的共同选择。

如果将中国大学跨学科组织兴起、演化的历程及其实践逻辑放置在跨学科组织发展的历程中，则可以发现，中国的跨学科组织除具有外部需求导向的总体特征外，同样带有诸多典型的中国特征，其是在外部需求导向的学术创新体系和"单位制度"等多重制度逻辑规制下生长的跨学科组织。

因此，虽然存在解决复杂社会和科技问题的共同组织目标，但是外部制度环境和大学内部组织架构与制度两个维度的较大差异，使得中国跨学科组织的发展面临与西方国家截然不同的冲突问题。了解这些冲突问题"是什么""为什么出现"，是理解中国大学跨学科组织"是什么""怎么办"的学术前提。

涂又光先生曾提出过这样的问题：中国所办的大学应该办成"在"中国的大学还是中国"的"大学？[1]其背后寓意是中国大学的建设应当基于中国的文化和环境。我们可以将涂又光先生提出的这个问题作为本研究的逻辑起点，也就是基于中国情境，在实践层面对我国大学跨学科组织冲突问题的类型及其运作逻辑进行分析，建立冲突问题的模型体系。在实践分析的基础上，尝试在理论层面提出导致我国大学跨学科组织冲突问题的原因，最后提出可能的创新路径。

---

[1] 涂又光.涂又光文存[M].武汉：华中科技大学出版社，2009.

第四章

大学跨学科组织的发展困境：冲突的视角

第一节 冲突与大学跨学科组织发展困境的关系

一、冲突理论在本书中的适用性

19世纪末期以来，冲突理论的发展经历了由消除冲突到接纳冲突再到维持冲突的理论发展过程。诸多社会学研究者对冲突的概念进行了研究，已有研究主要将冲突分为两类。一是按照冲突的感受进行分类，主要代表人物是 K. Boulding、C.F.Fink、Raven 和 Jones 等。他们认为冲突是一种心理的感知，是一种由于现有或者潜在的对立而产生的行为主体或群体之间的不兼容。二是按照冲突的过程进行分类，主要代表人物包括 Mack & Snyde、Thomas、Wall & Nolan、Wall & Callister、Robbins 等。他们认为冲突是行为主体或群体因为目标或价值观的不可调而和产生的阻挠、抵制、侵犯他人或群体的过程。[①]冲突理论认为，冲突是不同事物之间存在的一种不协调的状况。

20世纪60年代后期，社会冲突理论逐渐引起西方社会学界的重视，并由齐美尔等发扬光大而逐渐成为理解社会发展的主流理论。在其有机功能理论中，齐美尔认为冲突是社会互动交往的一种形式，冲突是普遍存在也是不可避免的，冲突既是社会各利益相关者利益冲突的反映，也是社会行动者本能的反应。[②]他

[①] 刘力钢，浦佳.高管团队冲突理论研究与展望[J].辽宁大学学报（哲学社会科学版），2013，41(2)：98-105.

[②] 张卫.当代西方社会冲突理论的形成及发展[J].世界经济与政治论坛，2007(5)：117-121.

还开创性地认为冲突虽然会造成利益相关者的紧张，但冲突并不意味着社会走向崩塌。在某种意义上，社会冲突甚至是促进社会有机体团结和统一、保持社会系统完整的过程。20世纪60年代以后，当代西方社会冲突理论的代表性论述主要有达伦多夫的"辩证冲突论"、柯林思的"冲突根源论"、李普塞特的"冲突一致论"、寇舍的"冲突功能论"以及科塞的冲突功能主义与"安全阀"理论等。[①]这一时期的社会冲突理论学者纷纷打破帕森斯结构功能主义将社会视作稳态系统而试图避免甚至消弭冲突的旧论，认为社会体系本就处于非稳固状态，冲突是客观存在的。特别是科塞认为冲突是一把双刃剑，冲突既对社会具有破坏性作用，又对社会具有整合作用，形成社会运行的"安全阀"。[②]冲突还在两个方面发挥正向功能：一是冲突可以在群体和其他人际关系中承担部分决定性的功能，有助于族群和社会的整合；[③]二是在社会制度重建过程中，冲突可以扮演激发器的角色，激发新的规则、规范和制度的创立。

近年来，冲突理论逐渐进入管理学、教育学等学科领域，并在城市规划冲突[④]、舆情研究[⑤]、课程改革[⑥]、公司治理[⑦]，以及公共卫生和群体性事件[⑧]等研究领域中被广泛使用。科塞认为，可以权且将冲突看作是有关价值、对稀有地位的要求、权力和资源的斗争，在这种斗争中，对立双方的目的是要破坏以至伤害对方。他将冲突划分为群体间冲突与群体内冲突、现实冲突与非现实冲突等不同类型，对分析社会各利益群体的冲突行为具有较强的借鉴意义。

大学跨学科研究沿着知识论和实践论两条相互作用又互相分离的路径展开。作为一种新的科学研究组织模式，大学跨学科研究在知识逻辑上与已有学科存在方法和范式上的矛盾。在资源配置和组织模式上，大学交叉学科和跨学科研

[①] 张卫.当代西方社会冲突理论的形成及发展[J].世界经济与政治论坛，2007（5）：117-121.

[②] 陈成文，高妮妮.从科塞的冲突理论看我国社会建设[J].社会科学论坛（学术研究卷），2009（4）：46-50.

[③] L.科塞.社会冲突的功能[M].孙立平，等译.北京：华夏出版社，1989.

[④] 杨保军，陈鹏.社会冲突理论视角下的规划变革[J].城市规划学刊，2015（1）：24-31.

[⑤] 李玉娟.社会冲突理论视阈下的网络突发事件的发生机理及治理创新[J].西南民族大学学报（人文社科版），2015，36（5）：170-174.

[⑥] 刘茂军，孟凡杰.冲突理论视域下的课程改革话语冲突分析[J].课程·教材·教法，2015，35（10）：25-32.

[⑦] 刘力钢，浦佳.高管团队冲突理论研究与展望[J].辽宁大学学报（哲学社会科学版），2013，41（2）：98-105.

[⑧] 董幼鸿."邻避冲突"理论及其对邻避型群体性事件治理的启示[J].上海行政学院学报，2013，14（2）：21-30.

究项目往往以增量式的矩阵组织出现，以"学术特区"为常见形态。这种矩阵组织与基于系科、直线式的组织架构并存的资源配置模式，意味着跨学科组织在人员配置、组织架构、制度建设、政策支持甚至研究生招录等方面均享受"特权"。在科层化的资源配置模式不变的背景下，大学跨学科研究的开展必然面临诸多横向利益冲突。

从组织和制度方面来说，我国大学跨学科组织是政府、院校、学术从业者等诸多利益相关者在大学这个场域中共同构建的，但从根本上来说，大学跨学科研究呈现较为突出的自上而下的"国家行动"特征。在单位制的制度逻辑下，大学的运行和社会的运作逻辑高度同构，社会各阶层、各利益群体的冲突特征、起因、功能等也投射到大学治理场域中。以科塞和达伦多夫为代表的社会冲突理论对冲突的起因、功能等进行了系统研究，并对如何找到化解矛盾的正确途径和有效方法，以及如何形成处理矛盾、冲突的机制，以更好地促进社会建设进行了深入分析。[①]因此，在冲突理论视域下对大学跨学科组织面临的多层逻辑及其成因展开研究，并探讨平衡和化解冲突的策略，或许是促进大学跨学科研究更好发展的新视角。

二、冲突问题是理解大学跨学科组织发展困境的钥匙

近年来，为适应世界范围内交叉学科和跨学科研究迅猛发展的趋势，我国大学设立了诸多跨学科组织。交叉学科研究院、跨学科创新研究院、产学研合作与开发机构以及国家实验室等跨学科组织大量涌现。通过学科交叉改造传统学科，促进跨学科发展和成果转化，提升跨学科组织的科研生产力，成为大学学术治理的重要议题。但"国家行动"的实践逻辑，传统的"单位制"思维，以及学科文化的差异，使得我国大学跨学科组织发展面临着以权力和利益为核心的一系列冲突问题。对我国大学跨学科组织面临的冲突问题及其成因展开分析，能够深入认识我国大学跨学科组织发展困境的"本土性"特征，并提出相应的治理之策。

（一）外生型政策规制是我国大学跨学科组织运行的主要特征

与美国大学跨学科研究以院校层面推动为主，发展路径呈现出自主性强，

---

① 陈成文，高妮妮.从科塞的冲突理论看我国社会建设[J].社会科学论坛（学术研究卷），2009（4）：46-50.

在组织变迁过程中强制性制度变迁和诱致性制度变迁并行的特征不同，[①]我国大学的跨学科研究虽然有知识演化的自然逻辑的推动，但从总体上说，大学跨学科组织的运行呈现以强制性变迁和外生型政策规制为主的特征。突出表现在，大学跨学科研究项目和跨学科组织的创设与不同时期政府对科教创新战略的推动相契合。大学跨学科研究的浪潮也紧随"985工程"三期、"2011计划"、国家实验室以及国家重大科学基础设施建设等不同的交叉学科重点项目进行布局。服务国家科技发展战略是大学跨学科研究的重要职能，自发的大学跨学科研究则往往难以获得大规模的资源支持，面向国家或区域发展战略进行创新而非知识演化的逻辑成为首要推动力。在具体运作中，将项目制这种经济社会领域的资源配置方式移植到大学跨学科研究中，以竞争性项目制和层层发包为重要特征。可以说，外部力量主导和"自上而下"运行，是大学跨学科研究得以兴起的基本特征，表现出跨越知识和学科自然演化逻辑，更加关注外部需求的总体逻辑。

（二）学术特区是大学跨学科组织的基本载体

大学跨学科研究的发展是与20世纪90年代以来我国政府实行的国家实验室、"211工程"、"985工程"、高校人文社会科学重点研究基地等一系列高等教育重点建设政策镶嵌在一起的。在一系列交叉学科创新和大学重点建设的投入体制下，大学以项目竞争的方式增设了诸多不同类型的中心、基地、实验室等，而"学术特区"是这些交叉学科组织的主要特征。大学跨学科组织的特区化突出表现在三个方面。一是资源投入方式和渠道的特区化。这些政策、计划通过专项化的资源倾斜和经费投入模式对有关高校和学科进行重点投资和建设，而非从整体上改变"综合定额加专项补助"的资源配置模式。[②]二是组织形态和管理模式特区化。一方面，大学跨学科组织普遍学习西方进行科研管理体制创新，引入管理委员会、学术委员会等制度；另一方面，打破事业单位编制管理，实行以年薪制为主的灵活聘用模式。三是管理权限特区化。部分大学跨学科组织获得了比院系更多的管理权限，在部分高校，往往还伴以研究生招生指标单列等政策倾斜。

有学者对我国高校有组织科研的现有模式进行了归纳，认为高校有组织科

---

① 文少保.美国大学跨学科研究组织变迁与运行治理研究[D].大连：大连理工大学，2011.
② 包海芹.教育资源配置中的政府与高校——国家学科基地政策案例的分析[J].高教探索，2008(1)：50-53.

研现有九种组织模式，如建设重大科研平台、成立新型科研机构、建立跨学科研究中心、实施科技创新计划等，①这九种组织模式几乎都以增量发展为主。可见，当前我国大学中实际存在基于传统系科的单位制和特区化的大学跨学科组织两条并行的科研组织模式，且以基于系科的单位制的资源配置模式为主。这种增量发展的跨学科研究组织模式意味着跨学科组织需要在政府和院校两个层面与传统系科组织进行资源竞争。

（三）在学科专业目录化管理体制下，大学跨学科组织面临合法性危机

在美国，设置学科、教学专业和实体性学术组织的权力主要在大学一级，②因此，各大学可以依据知识发展和社会需求来决定学科专业的废立，学科是架构较弱的知识分类。但在我国，学科作为强架构的知识分类出现。我国的学科专业目录不仅仅是知识分类和教育统计的手段，更是一种知识管理和层级管理的手段③作为国家进行学位授权审核与学科专业管理、学位授予单位开展学位授予与人才培养工作的基本依据，《授予博士、硕士学位和培养研究生的学科、专业目录》（以下简称《学科、专业目录》）自1997年以来经历多次大的调整和更新。2020年8月，"交叉学科"被正式纳入《学科、专业目录》，成为继哲学、经济学、法学、教育学、文学、历史学、理学、工学、农学、医学、军事学、管理学和艺术学之后的第14个学科门类。交叉学科门类的设置体现了国家对大学跨学科研究作为未来科学发展的必然趋势，加速科技创新的重要驱动力的高度重视。但当前，交叉学科仅作为一个学科门类有限设立。由于大学进行知识生产和教育所需的各类资源，包括专业设置、招生指标、学位授予、科研资源配置等，均以《学科、专业目录》为层级管理的标准层层分配。大学院系组织的设置往往也需要依托一级学科进行，但专业设置、调整的权力几乎完全被教育主管部门掌握，作为办学主体的大学在学科专业调整中话语权不足。正如沈文钦所言，学科专业目录直接规定了学科、学位体系的内容和秩序，更通过行政力量和研究资助的双重规制，规定了知识生产和知识管理的方式。④然而，大

---

① 陈霞玲.高校开展有组织科研的组织模式、经验特征与问题对策[J].国家教育行政学院学报[J].2023（7）：78-87.

② 褚宏启.中国教育管理评论：第9卷[M].北京：教育科学出版社，2014.

③ 沈文钦，刘子瑜.层级管理与横向交叉：知识发展对学科目录管理的挑战[J].北京大学教育评论，2011，9（2）：25-37，188-189.

④ 沈文钦，刘子瑜.层级管理与横向交叉：知识发展对学科目录管理的挑战[J].北京大学教育评论，2011，9（2）：29.

学跨学科研究所关涉的领域往往处于学科专业的交叉地带，生产出来的知识也往往在低制度化的层面存在，这类知识难以在大学中设立以此为基础的教育专业，在学科化的学术组织模式下也难以获得持续的合法性和资源。[①]当一个个新兴的跨学科研究中心建立时，作为一种学科制度的"跨学科"本身并没有建立。[②]其必然结果是大学跨学科研究学科化的冲动，开放性的大学跨学科研究为构筑学科"护城河"而不断尝试学科化，阻碍了交叉学科创新。

（四）大学跨学科研究与学科间的不可通约性

大学跨学科研究存在与已有学科研究方法和范式的不可通约性，以及学科文化和价值等冲突。托马斯·库恩在其著作《科学革命的结构》中提出"不可通约性"的概念，认为科学是达尔文式的，一个物种分裂为两个，或是一个物种本身不变，却衍生出另一个独立的变种，追随着它的轨迹。随着新的学科分支的发展，不同学科分支中的研究者愈来愈难以理解其他学科做的是什么。[③]大学作为一个底部下沉的学术组织，在一个强制度、弱技术的环境中运行，大学跨学科研究的有效性也高度依赖学者们的学科认同以及在此基础上设立的制度和规则。遗憾的是，不同学科专业在研究方法、研究范式等方面的不可通约性使跨学科研究在学科认同等方面存在天然劣势。学科差异所导致的文化和价值冲突，使大学跨学科研究的有效性面临严峻考验。有学者认为不可通约性所导致的大学跨学科研究的文化价值冲突，主要体现在组织内学者价值观的异质、学科文化信念认同度迥异，以及学科话语权的争取等方面。[④]只有进一步开放学科领地，推动不同学科间文化的对话和交流，进一步增进跨学科合作研究的信任感，才能消弭大学跨学科研究冲突，促进学科交叉创新。

大学跨学科组织发展困境之所以产生，在于其对旧有的学科范式、科研制度和秩序的挑战，也必然在发展过程中与不同的利益相关者产生各类矛盾和冲突。因此，在冲突视域下审视大学跨学科研究，能够在政府、院校和跨学科学术研究行动等不同层面认识大学跨学科组织发展困境。在冲突的视角下从"横向-纵向"和"内部-外部"四个维度阐释大学跨学科研究为什么这么难，是理解

---

① 褚宏启.中国教育管理评论：第9卷[M].北京：教育科学出版社，2014.
② 沈文钦，刘子瑜.层级管理与横向交叉：知识发展对学科目录管理的挑战[J].北京大学教育评论，2011，9（2）：25-37，188-189.
③ 托马斯·库恩.科学革命的结构：第四版[M].金吾伦，胡新和，译.2版.北京：北京大学出版社，2012.
④ 童蕊.大学跨学科学术组织的学科文化冲突分析——基于组织分析的新制度主义视角[J].教育发展研究，2011，21（Z）：82-88.

大学跨学科组织发展困境的钥匙。

通过对中外跨学科组织兴起、演化历史的梳理，我们可以发现中国大学跨学科组织在发展过程中存在独特的冲突问题。促进跨学科组织有序运行，以不断提升跨学科学术生产力，是中国大学跨学科组织面临的共同难题。跨学科学术生产力的提升有赖于对跨学科组织冲突与障碍的系统认识。

基于此，本章在已有冲突问题研究成果的基础上，重点考察在中国场域下，影响跨学科组织的冲突问题及其类型。具体来说，本章以初步识别跨学科组织冲突问题为总体目标，以国内大学跨学科组织为研究对象，围绕如下问题展开：①我国大学跨学科组织在发展中存在哪些难题？②不同类型的大学，不同发展阶段和类型的跨学科组织，所呈现出的冲突问题是否有所不同，有何不同？③能否生成跨学科组织冲突问题的初步理论模型？下面将运用基于质性研究的"连续比较法"作为研究工具，对上述问题做出解答。

第二节　"连续比较法"及其适切性

一、"连续比较法"

作为质性研究的重要实施路径，"连续比较法"强调编码，也就是通过将事件与事件、事件与概念、概念与概念之间进行连续比较，对资料进行概念化，以形成类属及其属性。[①]而编码的过程以开放性编码、轴向编码、选择性编码三级登录为具体步骤。强调研究过程的预设"悬置"，资料收集、资料分析和理论生成同时进行。经过40余年，发展出了分析归纳法、"连续比较法"、类型比较法、拓展个案法等研究策略。作为质性研究的重要资料分析技术，"连续比较法"在中国教育问题的分析中具有独特的价值。

这种独特的价值，及其在中国教育问题分析中的适切性来源于其基本逻辑。[②]其基本逻辑包括这一策略如何设置假设及其规则，研究策略宝库的要素和采取的步骤。试图呈现这种策略从质性资料中提炼什么理论，为何与如何提炼，以及这一理论所具有的可推广性[③]等问题。具体来说，"连续比较法"的运用遵

---

① 陈向明.扎根理论在中国教育研究中的运用探索[J].北京大学教育评论，2015，13（1）：2-15，188.

②③ 王富伟.质性研究的推论策略：概括与推广[J].北京大学教育评论，2015，13（1）：40-55，189.

循以下逻辑和原则。

（1）预设"悬置"，也就是在研究者进入情境收集资料前，并不带有个人假设、判断和偏见。①

（2）在案例分析过程中逐步生成研究的类属，并确定属性，通过新的案例进行理论抽样，强调后一个案例的选择有助于发现不同于上一个案例的类属的新属性，通过"滚雪球抽样"，逐渐达到理论饱和。

（3）有意识地寻找上述同一类属的反例，通过对反例类属和属性的研究，确定研究的理论边界，最终到达"理论饱和"。也就是获得了研究的每一种类属，并详细地说出了它的属性和维度，包括变化形式。②

"连续比较法"的研究路径如图4-1所示。

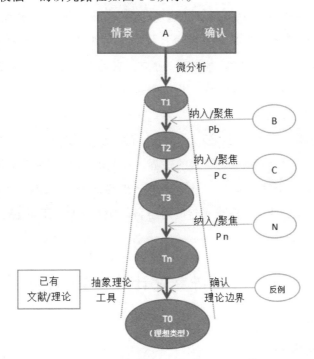

图4-1　"连续比较法"的研究路径③

---

① 林小英.分析归纳法和连续比较法：质性研究的路径探析[J].北京大学教育评论，2015，13（1）：16-39，188.

② 朱丽叶·M.科宾，安塞尔姆·L.施特劳斯.质性研究的基础：形成扎根理论的程序与方法：第3版[M].朱光明，译.重庆：重庆大学出版社，2015：122.

③ 根据林小英在《北京大学教育评论》2015年第1期上发表的《分析归纳法和连续比较法：质性研究的路径探析》一文绘制而成。A、B、C等指待研究案例，T1、T2、Tn为每一案例连续比较后对上一理论模型的重新修正。

二、"连续比较"法在本研究中的适切性

第一,"悬置"问题假设的研究策略,有助于深入挖掘冲突问题。"连续比较法""悬置"假设的研究策略,能够最大程度保证在质性研究材料获得过程中,研究者不会受到先入为主的假设的限制,以便深入研究情境。对当前中国大学跨学科组织冲突问题的初步识别,其基础是基于中国情境生成冲突问题的类属和属性。

第二,"连续比较法"对"微分析"开放性编码方式的强调和运用,有助于在研究起始阶段对"冲突问题"理论模型的洞见。有助于在研究的初始阶段,通过对随机研究对象的资料分析,建构起"冲突问题"的初步属性。

第三,"连续比较法"通过"理论性抽样"寻找与初步的理论描述不符合的个案。[1]这种强调偶发事件的"随机"访谈,有助于在T1冲突问题理论模型的基础上,不断提供新的焦点类属,并按照逻辑,不断生成更完整的冲突问题理论模型。

第四,"连续比较法"对相反个案和已有文献、理论研究的后期参与,有助于进一步明晰跨学科组织冲突问题的边界。特别是对跨学科学术场域之外的传统院系组织的相反个案的研究,有助于进一步确证跨学科组织冲突问题的"核心类属",厘清理论边界,构建完善的跨学科组织冲突问题理论模型。

第三节 研究设计与研究路线

一、研究设计

(一)研究方法:半结构化访谈

访谈法作为双方相互作用、共同建构"事实"和"行为"的过程,能够对研究对象获得比较广阔、整体性的视野,从多重角度对事件的过程进行比较深

---

[1] 林小英.分析归纳法和连续比较法:质性研究的路径探析[J].北京大学教育评论,2015,13(1):16-39,188.

入、细致的描述。①依照"访谈结构"的分类维度，本研究将"半结构化访谈"作为获取质性资料的主要手段。这是因为，作为一种相对"开放型访谈"和"封闭型访谈"来说在控制程度上适中的研究手段，"半结构化访谈"使得研究者对访谈的节奏和结构能够有所控制。同时，不会影响受访者对"事实"和"行为"的积极建构。

具体到本研究的研究过程，研究者分别与单个访谈对象接触，采用半结构化方式进行正规访谈，以获取跨学科组织冲突问题的相关资料和数据。随后，对获取的研究资料进行整理，并运用"连续比较法"进行分析整理，生成冲突问题的初始理论模型。

(二) 访谈提纲

在研究的开始，根据相关文献中提炼出来的影响跨学科组织发展的障碍要素的关键词，相关人员的设想，以及访谈对象类型的不同（PI、学术组织管理者、学术组织建设和管理的决策者等），研究者拟定了3个板块包含20道题目的访谈提纲，分别涉及跨学科组织的管理问题、资金问题以及跨学科研究的文化问题。在大的问题下，每个问题包括数量不等的子问题。以"试误"的态度，试图囊括跨学科组织的发展问题。然而，研究者带着访谈提纲对G国家实验室跨学科课题组中的A副教授和实验室高层领导B的访谈发现，由于访谈对象在跨学科组织中"角色定位"的差异，每一个访谈对象仅能从跨学科组织运行和跨学科研究障碍两个相互交叉的维度提供信息，且侧重点不同。同样因为访谈对象在跨学科研究和跨学科组织管理两个方面的解释差异，访谈对象并不能对研究者拟定的3个板块的访谈提纲做出全面的回应。

因此，总结预备访谈的经验教训后，研究者将访谈提纲粗线条化，围绕研究的整体逻辑，包含以下4个问题：

(1) 请您谈谈参与跨学科组织研究（管理）的经历；
(2) 您认为当前跨学科组织是否面临"冲突问题"；
(3) 您认为是什么原因导致了这些冲突问题；
(4) 您认为应当如何解决上述问题。

在具体研究中发现，只要切入跨学科组织面临的冲突问题这个主题，甚至不需研究者进行太多的引导，访谈对象就自己熟悉的问题域自有一套对跨学科

---

① 陈向明.质的研究方法与社会科学研究[M].北京：教育科学出版社，2000.

组织冲突问题的看法和认识。而访谈者要做的就是适时抓取访谈中的关键信息，特别是对"冲突问题"访谈中直接捕捉到的关键信息进行适度的追问，力求将冲突问题立体化。当然，面对经验事实的不对称，通过大量的前期文献研究，在知识高度上使研究者成为跨学科研究问题的"专家"，是访谈得以顺利展开的关键。

二、基于"连续比较法"的研究路线图

基于"连续比较法"的研究路径，以及预备访谈的经验，本研究沿着理论抽样、开放性编码等步骤逐步展开，直至生成跨学科组织冲突问题的初步理论模型（见图4-2）。

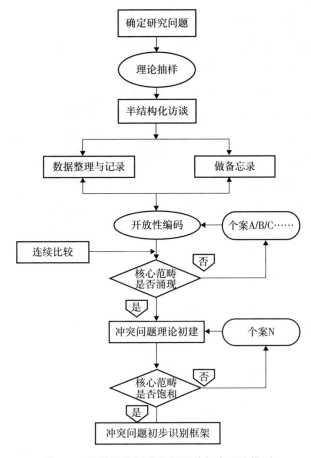

图4-2 跨学科组织冲突问题的初步理论模型

第四节　大学跨学科组织冲突特征识别

一、初始分析框架的建立——对个案L的微分析

（一）分析方法和抽样手段

在质性研究的研究逻辑中，当确认了研究主题后，接下来就是进入现场进行数据收集。在质性研究中，"连续比较法"对于研究对象也就是个案的选择并不强调第一个个案对于研究的典型性。在本研究的实践中发现，虽然要求在进入现场以及研究过程中保持高度的客观性，理论和概念应当由相关分析"生长"而来，但是第一个个案资料所提供的信息的丰富性和典型性，在很大程度上能够激活研究者的"理论敏感性"。因此，研究者力图根据前期文献研究理解的跨学科研究、跨学科组织发展等问题在现实中的表象，使得寻找具有足够典型性的研究对象变得至为关键。

按照最大目的抽样原则，根据对大学跨学科组织的分类，以及对跨学科组织制度建设和研究合作进展情况的了解，本研究将研究对象首先锁定在G国家实验室。本着寻找对跨学科组织筹建和运行起关键作用的人物的原则，研究者选择了G国家实验室初创时期的主任助理、后担任主要领导的L老师作为第一个调研对象。

概念/主题是分析的基础，代表了研究者对经历、语言、行为、互动、问题以及参与者的议题中所表达出来的东西的印象主义理解，是解释研究发现的"锚定点"。[①]对于第一个个案分析维度的建立和概念的生成，本研究采用微分析的形式。微分析实际上是一种更加详细的开放性编码类型，其将资料拆分开，以思考各种可能的意义，就像使用高倍显微镜去更加近距离地审查每份资料。[②]因此，微分析更适合在研究开始的个案中使用，以帮助研究者建立登录框架。

[①][②] 朱丽叶·M.科宾，安塞尔姆·L.施特劳斯.质性研究的基础：形成扎根理论的程序与方法：第3版[M].朱光明，译.重庆：重庆大学出版社，2015.

（二）建立分析维度表

当研究者带着"跨学科研究为什么这么难？"这个疑问和访谈提纲中的四个问题对L老师进行半结构化、近似开放式的访谈后，如何在被访者展示的材料和本研究想要解答的问题之间建立关系，成为一个重要问题。本研究选择分析维度表这种直观的分析框架呈现两者之间的关联。按照质性研究案例描述或理论生产的分析步骤，本研究要建立的分析维度表包含"维度—属性—类属"三级编码。

而在初始阶段的微访谈研究中，为尽可能从模糊的访谈材料中抽离出研究的相关维度，研究者需要遵循"保持开放、贴近数据、保留行动，给其他分析留下可能的空间"①的开放性编码原则，对访谈材料进行反复阅读，并对访谈材料进行切割，摒弃研究之初文献和经验的干扰，发挥想象，分析每一个可能出现的维度。以维度生成的方式刺激初始概念和类属的生成，并以备忘录的形式呈现思考的过程。研究者应当尝试为每一个备忘录生成初步的概念作为标签，而无须顾及概念生成的精确性。前期的概念提取和属性生成，将为接下来研究问题属性的丰富和理论的生成提供研究的起点。

依照上述方法，对材料1进行反复阅读，为每一段文字生成意义维度，并尝试建立初步的属性。当我们尝试在"类属"层面上进行冲突问题归类时，可以建立如表4-1所示的初步的"维度—属性"表。

表4-1　初步的"维度—属性"表：基于个案L的微分析

序号	原始资料	维度	属性
1	人从哪里来？从各个院系调进来	白手起家—同级抽调	资源、人才冲突
2	校长挂帅，克服阻力，调动各方积极性	校级推动—临时拼凑	领导核心的作用
3	国家重视跨学科研究就会有相应的政策大力支持	高层倡导—缺乏支持	高层的推动
4	说穿了，现行的体制是不鼓励大团队作战的	成果共享—个体导向	科技奖励体制
5	跨学科的成果归属哪个学科	依托学科—超越学科	学科评估政策

---

① 凯西·卡麦兹.建构扎根理论：质性研究实践指南[M].边国英，译.重庆：重庆大学出版社，2009.

续表

序号	原始资料	维度	属性
6	拿到国家基金是衡量研究水平的入门条件	基础研究—创新探索	职称晋升体系
7	是拿小成果评副教授,还是埋头交叉创新的前沿领域	拿到饭碗—追求创新	目标与现实
8	各学科搞自己的,非常割裂	松散联合—密切协作	组织架构
9	信任感的建立,我想是很好的事情	价值冲突—协同共进	信任的文化
10	有人认真抓一个团队,还是能取得显著效果的	有带头人—缺乏核心	战略科学家的整合
11	第一个要有规划,第二个要有支持,政策和资金的支持	整体规划—无一致方向	规划使之形成气候

在建立初步的"维度—属性"表后,研究者可以尝试采用开放性编码的方式,对跨学科组织冲突问题的类属进行头脑风暴,以使"冲突问题"进一步"聚焦"。据此,可以将表4-1中的维度和属性,进一步抽象为如下的类属。

1. 跨学科组织发展资源获取与支持的冲突

近年来,随着国家层面对大科学工程和交叉学科研究的重视,院校也开始重视跨学科研究,并在组织建制上设立各种类型的跨学科组织。建设"学术特区"是跨学科组织创建的通常做法。但是,"学术特区"的建立实际上是对原有院系学术资源的虹吸,在向上办学的跨学科组织创建中,为增加获取"国字头"项目的砝码,相关院校往往选择从已有相关院系中抽调精干研究人员,组成新的跨学科院系,使得跨学科组织发展面临资源获取和支持上的冲突。

"本身是没有这个组织结构的,那么组建这样的组织,人从哪里来?从各个院系调进来组建团队。但选拔式的抽调对其他院系来说,意味着这么多年培养的精锐,就被你抽调走,剩下的是不好的,院系会有很多的不乐意,也会和我们有很多的矛盾。"(L-1)

L老师从资源稀缺的角度提出,优质的研究资源是稀缺的,跨学科组织的虹吸效应会造成院系的"不乐意"。当被追问这种"不乐意"体现在哪些方面的时候,L老师谈到"学科评估和考核"对院系的压力。

"综合改革后,4年一次的考核,对院系目标有要求,院系目标必须依靠PI

或者院系的精干研究人员才能实现,所以,在'考核的指挥棒'的影响下,院系当然不愿意这些人被抽走进入跨学科组织。"(L-2)

可以看到,L老师认为,跨学科组织从一开始就面临和同级院系组织的冲突。首先,跨学科组织的成立导致院系科研力量的减少。其次,科研团队被挖走,带来的直接结果是在基于系科的评价制度中,科研人员流失,意味着相关科研成果不再属于该院系,使得院系在学科评估和考核中面临较大风险。所以,按照"白手起家—同级抽调"的分析维度,我们可以初步提出"同级学术组织之间的冲突"这样一个类属概念,其包含学科评估、人才资源等方面。

2. 跨学科组织架构的冲突

在田野研究中,我们注意到一个事实,就是L老师所在的G国家实验室在2003年建立的时候,是一个"虚体"的跨学科组织,由实验室层面提供跨学科研究的方向和平台,而不具体进行人事管理。2012年以后,G国家实验室进行了实体化改革,对所有研究人员进行定岗定编管理。G国家实验室为什么要进行"实体化"呢?

"H主任最早提出'实体化'这个问题,假如G国家实验室是菜市场,我们几个就是菜市场的管理员。别人还收摊位费,我们摊位费都不收,还给他钱。长此以往,就没办法指挥他,让他做实验室想做的事情。"(L-3)

"这里一个很大的方面是出于承接一些大的项目的要求,像以前,相关的人事关系在哪个单位,考核就在哪个单位,相当于你的指挥棒没法落实。"(L-4)

L老师所谈的G国家实验室"实体化"的过程,反映了当前大学中跨学科组织所面临的发展困境。本研究初步将其维度认定为"虚体跨学科组织—实体跨学科组织",其反映的组织架构背后的问题是:当人事考核的"指挥棒"不在跨学科组织手中时,如何实现组织拟定的跨学科创新目标?从L老师的话中可以得出,当跨学科组织是"虚拟"的矩阵组织,组织架构松散,无法组织真正意义上的跨学科研究团队,更谈不上跨学科联合攻关。当跨学科组织主要是由兼职人员组成时,对所获得的跨学科科研项目进行"打包—发包"的层层切割式科研在所难免。我们可以将其认定为"组织架构不合理导致的冲突"。但是,实体化运作后的G国家实验室是否成功避免了行政发包制度的产生?

"把这些人转进来,现在我们人也不多,也就110多个研究人员。所以说,发展还是比较慢,就是有很多限制。"(L-5)

"限制"这个词指向了跨学科组织实体化之外的更深层次的矛盾,可以看到,从"虚体"的组织架构向实体的组织架构转型后,"组织架构不合理导致的冲突"问题并没有随之消失。这是否与跨学科研究本身所要求的不同于"精英化的单位制度"的组织架构相关?还有哪些因素导致"发展比较慢"?从L老师的回答中无法得到答案,需要在接下来的研究中深入探讨。

3.跨学科研究中文化融合和信任的缺失

有研究者指出,大学处于相对强的制度环境,但在相对弱的技术环境中运行。因此,学术研究依赖学者的学科认同及在此基础上所设立的制度。①大学科研的图景也是由不同学科规训、学科文化信念认同和价值体系下形成的"学术部落"构成的,呈现出资产专用性低,缺乏明确组织目标和运行绩效较差的组织特征。②

"大学科研给他们的感觉就是'分散格局',各个学科自己搞自己的,各个学科之间也非常割裂,我搞的这一块你不要想拿走,你别想把手伸进来。"(Y-1)

"很多东西是有边界的,但是学术研究的边界是交融的,但是在当前的体制下,边界被区分得很清楚,所以很不容易组织跨学科的团队进行联合攻关和研究。"(L-6)

学科化建制的结果就是学科交叉地带新的知识的产生和"再学科化"。由于不同学科研究者在学科文化和价值体系,以及符号体系之间的鸿沟,"我们跨学科研究的成果以谁为主,依托于哪一个学科"(L-7)等在研究项目的进程计划和技术方法的选择、资源的获取,以及结果的评判中,③强势学科和弱势学科在资源分配和秩序稳定与重构的冲突中逐渐失去信任感,"跨学科研究的文化无从建立"(L-8)。L老师认为阻碍跨学科组织顺畅运行的文化冲突是"信任缺失"。

---

①② 童蕊.大学跨学科学术组织的学科文化冲突分析——基于组织分析的新制度主义视角[J].教育发展研究,2011,31(Z1):82-88.

③ 丁云龙,黄振羽.制度吸纳资源:国家实验室与大学关系治理走向[J].公共管理学报,2015,12(3):105-116,159.

"现在我们很多老师去承接大的项目，是他们自己在下面去沟通的。信任感的建立是比较长的过程，很多的利益需要协调。在Q校长的团队内，有七八个学科，包括光电、生物、材料、计算机、医科等来进行合作。所以，他们都是根据'需要'来组建这样的团队。"（L-9）

"在下面去沟通""需要"这些词语，更体现了跨学科组织中不同学科研究者合作和沟通的"非制度化"特征。从L老师的话里，可以发现"价值冲突—协同共进"的跨学科融合维度，进而可以将跨学科融合矛盾的类属初步提炼为"学科文化与价值的冲突"。而在L老师口中，Q校长的团队就是跨学科文化冲突得以消解、多学科成员实现良好攻关的范例。那么，学科文化与价值冲突在中国大学的跨学科组织中包含哪些观念和类型？Q校长所在的跨学科团队，如何跨越"信任"的鸿沟走向跨学科融合？很显然，这并不是L老师提出的"信任感"的维度所能解释的。

4.是否有战略科学家进行整合

一个理想的科研梯队组织有四层：一个学术带头人在顶层，负责确定梯队的发展方向；一个到两个主要学术副手在第二层，负责执行学术带头人的意图；被他们领导的一批教师在第三层，具体负责各个研究项目；由他们领导的一批研究生在第四层，协助教师们完成各种研究工作。"[①]"梯队"的科研组织模式，始终是系科制度下大学科研的重要组织模式。马克斯·韦伯指出，任何一种组织都必须以某种形式的权力为基础，才能实现其目标。系科单位内的学术带头人是学术权力和单位赋予的"理性的、法定的权力"的结合体，以此保障学术组织的顺利发展。那么，在跨学科组织中，是什么样的权力左右组织的发展？

"为什么Q的团队能够成功，有领导力的科学家提出需求，虽然都是比较难的研究问题，但是能够站得很高，领导人比较厉害，Q的领导力很强，在研究上看得很远，也能够不断地拿到大的项目，让团队围绕这个目标不断地维系下去。"（L-10）

从L老师的谈话中可以提炼出跨学科组织发展的重要影响因素——"战略

---

① 赵炬明.精英主义与单位制度——对中国大学组织与管理的案例研究[J].北京大学教育评论，2006(1)：173-191.

科学家"。可以看到，在跨学科组织中，与学术权力及"理性的、法定的权力"相结合的学术带头人类似，战略科学家也对团队的发展起到引领作用。不同于梯队通常由一个学术单元的成员组成，尤其是梯队核心成员，[①]超越学科的战略科学家对学科交叉领域的洞察力，显然是超越了系科组织和基于学科的学术权力所赋予的"理性、法定的权力"范畴的。因此，是否可以在某种意义上将跨学科组织的战略科学家被赋予的权力称为"超凡的权力"，而将战略科学家称之为"卡里斯马型"领导者？据此，我们将其类属初步抽象为"卡里斯马型"战略科学家。

"卡里斯马型"战略科学家所拥有的"超凡的学术权力"使得其能够在研究方向和资源整合上凝聚不同学科背景研究者的研究力量。但这里还面临一个核心问题：在不同学科协作的跨学科研究团队中，战略科学家来自哪一个学科？L老师提到了跨学科实验室的另外一种情况。

"有的大课题组，有几个学术带头人，他们之间可能影响力差不多，他们之间的互动可能并不够多，不能明确是否真的进行了紧密的协作互动研究。如果这方面的动作不够的话，则可能对大目标的完成是有影响的。"(L-11)

这从反面进一步印证了，在跨学科组织中，赋予战略科学家权力的不是"理性的、法定的权力"，而是来自战略科学家因自身学术成就和资源获取能力所获得的"超凡的权力"。当一个组织中不存在能够起到统摄作用的强大的战略科学家，或者跨学科团队中两个或者数个学术带头人实力相当，互相掣肘，不同学科背景的学术带头人所具有的学术权力有可能无法实现融合互动，从而降低整个跨学科团队的科研生产力。

据此，本研究可以将"有带头人—缺乏核心"作为描述性维度，在此基础上初步建立的冲突属性是：战略科学家对跨学科合作的影响。

5.高层的重视和政策支持是否到位

跨学科研究如何开展，需要获得哪些必备的发展支持？在校级层面推动"集群聘任"制度，建立完整的"双管齐下，合二归一"的跨学科组织和资助体

[①] 赵炬明.精英主义与单位制度——对中国大学组织与管理的案例研究[J].北京大学教育评论，2006(1)：173-191.

系，[1][2]已被证明是公立大学跨学科组织急需的高层支持。在关于G国家实验室跨学科课题组实体化的问题上，L老师谈到学校领导很重视的重要意义。

"高层很支持，学校领导很重视，和相关院系进行沟通，主要是从学科的层面进行沟通，就是做了很多的协商和争取工作。学校领导也发挥了行政权力的作用，算是把这些人转进来了。"（L-12）

"学校领导对跨学科研究很重视，最开始提出'工医结合'时就列出了很多跨学科的项目，老师们可以去申请。后来P校长成立创新研究院，这是个跨学科的学术组织，给了很多研究生指标，支持大家做跨学科的项目。"（L-13）

在L老师的谈话中，作为大学的基层学术单元，跨学科组织能否快速发展，以及如何处理与同级学术组织之间的冲突，需要得到校级层面的支持。这种支持主要表现在：首先，需要有校级领导调解跨学科组织和同级院系之间的成果分配、奖励、学科评估、资金等资源冲突；其次，支持的形式还包括提供科研项目、提供研究生指标、主持成立跨学科组织等。

那么当前H大学校级层面的支持对跨学科组织的发展起到了什么样的效果？

"一个跨学科组织的存在，需要很多方面的支撑。但是当前并不是方方面面都改了，你好比我刚才说的人事方面，奖励方面等，以及研究生管理方面，我认为目前的改变还是不够的。"（L-14）

科研体系牢牢构筑在学科的基础之上。在直线职能式的行政管理体系牢不可破的背景下，大学中的跨学科组织如果无法获得校级层面的政策，以及强有力领导的推动，将不可持续。跨学科组织"学术特区"地位的获取，必须以校级层面支持为基石。据此，我们可以将跨学科组织"学术特区"地位维护的校级层面因素抽象为"高层倡导—缺乏支持"维度，从而可以初步提炼出"学术特区"地位与学科化资源配置之间的冲突的属性。

---

[1] 刘凡丰，项伟央，谢盛艳.美国威斯康星大学麦迪逊分校集群聘任模式剖析[J].清华大学教育研究，2011, 32（1）: 102-107.

[2] 刘凡丰，董金华.促进高校跨学科研究发展的治理机制[J].科学学与科学技术管理，2010, 31（1）: 98-102, 111.

6. 当前科研机制对跨学科组织的阻碍

在本个案研究的开始，L老师首先提出"我觉得你这个研究，还是要从管理学的角度来进行探讨和支撑"（L-15）。在研究中，L老师提到最多的就是"机制的问题"。其认为当前跨学科组织运行不畅，从根本上是当下"学科化"的科研机制和条块分割的管理模式对于大科学研究的阻碍。

"我说，为什么这些问题要算在管理问题里，因为很多问题是由机制决定的。所以，这个问题，实际上是一些'边界条件'、限制条件造成的。"（L-16）

那么，什么是科研机制？有研究者按照类型不同，将其分为管理机体制、拨款机制以及评价激励机制和成果产出与转化机制等不同的类型。[①] L老师则形象地将其比喻为"指挥棒"。其包括两个层面：一是科技部等所制定的职称晋升、课题申请和奖励等制度，是以个人成绩为主的，并不利于支持大的跨学科课题组的运行；二是学校对院系的考核机制，也就是分资源、"切蛋糕"。以学科作为标准，在当前的考核体系里，并没有专项的支持跨学科组织运行的考核机制。

L老师的话让我们思考两个不同的概念——职称晋升和项目申请。对教师个人来说，获得重要职衔，是其事业发展的重要保障。而对学术组织来说，在当前单位制的资源分配体制下，拿到项目和奖励是保障学术组织地位的重要手段。这种学科本位的科研管理机制，造成了一些意外后果和失范现象。

"从老师的角度讲，发几篇小文章，牵头去拿一些小项目，再去接几个横向课题，发几篇A和B，提个副教授没问题吧。现在的机制逼着老师们去做这些和G国家实验室目标和使命冲突的事情，有关部门希望能够去承接大的项目，实现战略目标。那么这些方面都是些限制条件。"（L-17）

可以看到，在这种难以改变的、以效率为主要特征的科研文化和管理机制下，在面对跨学科研究时，其并没有对促进学科交叉创新起到有效的促进作用，而在某种意义上对学术从业者进行"规训"。使其在"拿到饭碗—追求创新"维度中选择"拿到饭碗"。研究风险程度的降低，则从另一方面反映了科研活动中

---

① 谢安邦，罗尧成.关于我国大学科研体制特征及改革的研究[J].教育研究，2006（3）：54-59.

创新性的降低。

事实上，更让人担忧的是，长期以来形成的竞争性的科研经费拨款和管理机制，以及学科化的项目评审和考核机制，已经在一些学术从业者心中造成了一种急功近利的学术文化。

"如果说你的考核指挥棒、规章制度是有利于跨学科组织和跨学科重大成果产生的，那么跨学科的学术组织才比较有利于生存和成长。但是现在恰恰一些资源分配和考核机制是学科化和个人化的，所以，我们很多的项目考核，还有老师在评职称的时候就很尴尬。"（L-18）

学术制度建构过程中带有的外部逻辑主导（追求外部认可）的特征，造成了学术界的一些乱象。譬如追求论文发表数量、对"短平快"项目的追求、对学术团体中权力和身份的追逐等。[①]在这种外部逻辑主导的学术评价"指挥棒"下，跨学科研究从业者面临"拿到饭碗—追求创新"的价值选择和冲突。因此，可以将其抽象为：科研机制的阻碍。科研机制的阻碍背后是被规训的科研文化。效率优先的科研文化，直接造成跨学科组织中创新研究的形式化。

（三）冲突问题理论模型构建

运用微分析的方法，将 L 老师提供的关于跨学科组织冲突问题的信息进行初步的开放性编码后，进一步对表 4-1 进行抽象和匹配，研究者得到理论模型 T1：跨学科组织冲突问题的初始类属（见图 4-3）。

在图 4-3 中，我们将跨学科组织冲突问题作为类属，在前文中六种冲突类型的基础上，进一步将其抽象为 A1 至 A5 五种概念，作为类属下的属性。对于每一个属性的内涵，笔者分别使用编码进行表示，作为反映属性的维度。当然，依据个案 L 的分析建立的初步的理论模型 T1，所获取的属性还存在如下问题。第一，当前资料及在此基础上生成的属性之间存在较大的模糊性，属性的生成没有经过仔细的支持和论证。第二，当前所呈现出的作为属性的概念，也存在模糊性的问题。例如，A3-1 中的职称评审制度的冲突。职称评审制度在哪些方面对跨学科组织的发展形成障碍，还需要在当前属性的基础上，通过后面个案的分析，进行进一步的丰富和细化。第三，资料和属性之间逻辑关系的错乱和

---

① 阎光才.精神的牧放与规训：学术活动的制度化与学术人的生态[M].北京：教育科学出版社，2011.

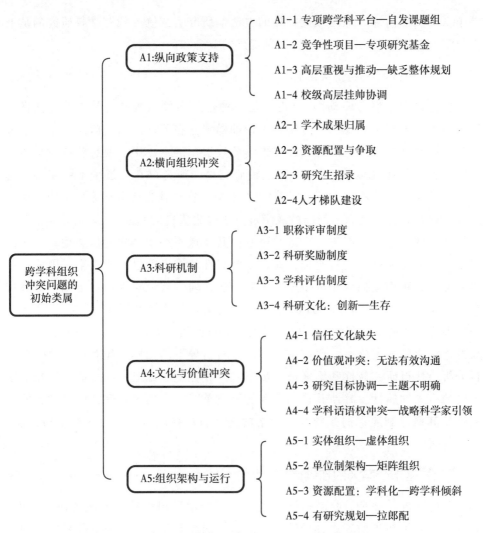

图 4-3 理论模型 T1：跨学科组织冲突问题的初始类属

较大的鸿沟，以及当前属性的模糊性，也反映出通过个案 L 得出的理论模型的不完善性。需要在此基础上，通过理论抽样，对理论模型 T1 进行修正和完善。

二、框架修正——基于多案例的连续比较

前文通过对个案 L 的分析，研究者获取了跨学科组织的维度和属性。但是，可以发现，个案 L 所能提供的维度和属性之间的关联存在明显的"断裂地带"，只是初步的类属的罗列，而无法形成更为抽象的理论。因此，需要通过更多的个案进行深入研究。带着从个案 L 那里得来的初步的类属和维度，以及诸多需

要丰富的属性内涵，运用理论抽样的方法，研究者继续寻找跨学科研究的从业者与管理者，以进一步丰富研究问题提出的概念和研究属性。

（一）抽样方法与个案选择

理论抽样是概念驱动的，①也就是一种建立在概念或维度基础上的抽样方法。因此，不同于其他抽样方法，理论抽样建立在不同的研究阶段对于当前资料的回应的基础之上。因为，在"连续比较法"的运用中，要想获得对整体的理解，就需要研究多种声音。②在这种研究里，研究是在行进中不断完善的过程，并且强调的是发现，而非证实。③在对第一次访谈进行分析之后，源于访谈的概念和有关这些概念的问题就成了进一步收集资料的基础。④理论抽样就是一种围绕这些概念和维度进行丰富的过程。其重点不在于寻找近似类型，对于已经生成的概念和维度进行验证，而在于对属性和维度的进一步丰富。因此，在本研究中，将理论抽样作为主要的研究方法，通过有针对性地对更多个案进行深入研究，不断丰富从初始理论模型T1中提炼出的维度和属性。

理论抽样的步骤很简单：研究者循着分析的轨迹就可以了。⑤因此，在接下来的连续比较的实施中，研究者将遵循分析引导下的抽样路径对不同的个案进行分析，使得研究属性和维度进一步丰富。并在此基础上，寻找能够不断丰富不同的概念和属性，并使其达到饱和的研究个案。当然，为保证研究过程的一致性及其概念和属性的系统性，个案的选择将严格限定在"大学跨学科组织"这个范围内。

（二）基于个案X的连续比较

在前面的个案中，L老师已经谈及大学跨学科组织冲突问题的诸多方面，并据此建立了初步的理论分析维度。但是，回顾基于L老师个案研究生成的理论模型T1，可以发现，其理论的完善性存在不足。特别是对跨学科研究为什么开展得这么少的问题，分析得还不够。L老师是跨学科组织的管理者，而不是跨学科研究的从业者。那么，是不是跨学科组织中的每一个老师都如L老师给出的维度那样思考呢？根据理论抽样的原则，研究者基于理论模型T1的理论框架去寻找下一个研究对象，担任G国家实验室副主任和J跨学科功能实验室负责

---

①②④⑤　朱丽叶·M.科宾，安塞尔姆·L.施特劳斯.质性研究的基础：形成扎根理论的程序与方法：第3版[M].朱光明，译.重庆：重庆大学出版社，2015.

③　林小英.分析归纳法和连续比较法：质性研究的路径探析[J].北京大学教育评论，2015（1）：16-39，188.

人的 X 主任就进入了研究者的视野。

对 X 主任的个案分析，研究者同样尝试采用开放性编码的方式，对"维度—属性—类属"进行三级登录。开放性编码是在原始资料基础上进行的逐字逐句的编码、添加标签、登录等，以从原始资料中产生初始概念，从而进一步发现概念范畴。研究者首先尝试对个案 X 的访谈材料进行开放性编码，以产生初始概念并发现概念范畴（见表 4-2）。在此基础上，与理论模型 T1 进行对比。

表 4-2　基于个案 X 的开放性编码范畴化

序号	原始资料（初始概念）	属性（范畴）
1	实验室没有竞争性的项目，都需要找项目（非竞争项目缺乏） 你要有一个跨学科的项目，才能增加多学科的黏性（跨学科项目） 有关部门没课题，大家都去争竞争性的项目（有关部门资助不够）	项目资助体系
2	学科带头人很重要，要把握住全部方向（战略科学家号召力） 要有首席科学家这种，来组织协调（领导者的作用） 团队呢，几个老师带几个学生，这个形式比较微观（团队规模影响）	跨学科研究团队形态
3	要有共同的研究兴趣，才能真正合作（跨学科合作的基础） 刚好他们在一个大楼里，人员交流就比较容易（合作的条件） 恰好因为这个项目，我们两个实验室结合在一起（需求牵引） 生物医学光子学比较多，这是学科性质决定的（学科属性）	跨学科研究的基础条件
4	科技部这个模式，不能促进交叉的大项目研究（科研模式） 我们的科研模式还是大学模式，很分散（科研管理体制） 这就是机制，或者说设计的问题（科研组织模式） 我们整个架构和二级院系差不多（架构不合理）	大学科研组织模式
5	创立和初期阶段，这个时候学校层面是要支持的（学校支持到位） 你弄一个交叉基金，大家随便申报，就成了"拉郎配"（学校支持失效）	学科支持政策
6	很多东西就是为了拿到钱就完事了（缺乏有效的评估） 学校要能够甄别和筛选，真正选出跨学科的研究（筛选机制有效）	跨学科评估政策
7	科技部也没太想好，并没有给予太多的支持（高层支持不够） 现在没有大型的任务，怎么进行跨学科研究（定位不清）	跨学科组织定位

续表

序号	原始资料（初始概念）	属性（范畴）
8	考核、人事都在原来的院系，管理上很难到位（跨学科组织形式） 学校的考核机制，一个是科研经费，一个是成果署名，人事编制在这里，考核才有力度（考核"指挥棒"）	对组织架构的认识

与基于个案 L 生成的理论模型 T1 进行对比，可以发现，基于个案 X 生成的初始概念和范畴，与个案 L 所提供的维度和属性能够重合的很少。而个案 X 的功能更多的是对理论模型 T1 中的"纵向政策支持"和"组织架构与运行"两个属性的进一步放大和聚焦。

1. 项目资助体系与跨学科研究需求的冲突

使用关联式登录的方法，可以发现范畴项目资助体系与理论模型 T1 中"竞争性项目—专项研究基金"之间存在逻辑关联。但是，项目资助体系是对 T1 的进一步发展。X 主任多次提到"非竞争性项目"这个概念。那么非竞争性项目意味着什么呢？

"国家实验室还没有非竞争性项目，都需要各个专业去找项目。很少有一个项目能够增加多学科的黏性，来牵引不同学科的人来协同攻关。"（X-1）

"目前这种需要交叉研究的课题还不够多，缺乏一些多学科交叉的项目，特别是缺乏国家型的大的非竞争性项目，都是竞争性项目，大家就不同的学科临时凑在一起去争。"（X-2）

我们从中可以提取出"非竞争性项目""黏性"等概念。这进一步丰富了 A1"纵向政策支持"的概念。而其背后隐藏的事实则是当前 G 国家实验室在跨学科研究合作中的"拉郎配"现象。对 X 主任的访谈内容进行多次阅读，可以发现，在"纵向政策支持"这个属性下，"非竞争性项目""国家设计课题""国家性质的大的非竞争性项目""国家的指令性任务"等概念多次出现。这些概念都指向了纵向的资助体系与跨学科研究的需求之间的矛盾与冲突，极易产生跨学科研究中"拉郎配"的现象。在 X 主任看来，"需要交叉研究的课题还不够多"。X主任反复提到"我觉得我们应该学六院①的模式，那才是真的大科学项目跨学科攻关"，反映了在X主任看来，当前大学的科研资助模式是倾向于小科学项目的，也就是持续高强度的跨学科研究资助还非常匮乏。据此，可以进一步生成跨学科组织冲突问题的类属A6：跨学科研究的资助体系。其维度包括：① 缺乏面向跨学科研究的项目；② 缺乏非竞争性项目；③ 资助体系扶植力度不够。

2. 跨学科研究团队构成与需求的矛盾

在A4-4中，研究者在学科话语冲突的维度上提炼了战略科学家引领的概念。X主任对什么是"带头人"的概念提出了自己的认识。

"带头人要能够把握住全部的方向，需要哪个专业的人，他可以调动，这样，他的强有力的组织也是保证学科交叉能够完成的重要的标志。比如首席科学家这种，来组织协调，他要对学科交叉总体有所理解，而且可以总体上把握这个研究课题的人。"（X-3）

罗宾斯认为，工作团队是由一些为了实现一个目标而相互依赖的个体组合而成的正式群体。②由表4-2的开放性编码可见，X主任提出的带头人的概念是就一个"跨学科研究团队"的层面而言的。因此，不同于理论模型T1中"学科话语权冲突—战略科学家引领"的类属聚焦于单一战略科学家和多个"带头人"对于跨学科组织的影响。X主任的话进一步丰富了这个范畴，其概念涵盖了团队的规模、学科跨度、战略科学家的号召力等几个从属指标要素。据此，研究者可以对T1模型中生成的概念进行修改，结合表4-2的开放性编码，将其进一步抽象为A7：跨学科研究团队人员构成。其包括：① 战略科学家的学科整合力；② 多个带头人的冲突；③ 团队是否基于"需要"构建；④ 团队成员的学科、职称结构等。

3. 跨学科研究的基础条件

在理论模型T1中，研究者提炼出"专项跨学科平台—自发课题组"的概念，指向是否成立建制化的跨学科组织，作为促进跨学科研究的载体。在表4-2

---

① 六院，即航天推进技术研究院（中国航天科技集团公司第六研究院），是中国液体火箭发动机研制中心，是中国唯一的集运载火箭主动力系统、轨姿控动力系统及空间飞行器推进系统研究、设计、生产、试验为一体的专业研究院。

② 斯蒂芬·P.罗宾斯，玛丽·库尔特.管理学：第7版[M].孙健敏，黄卫伟，王凤彬，等译.北京：中国人民大学出版社，2004.

中，通过开放性编码，进一步丰富了这一属性。X主任认为，跨学科研究之所以能实现，主要受如下因素影响。第一，受到学科性质的影响。在X主任看来，有些学科是天然接近的，可以进行跨学科研究，而有些学科之间交叉点比较少。第二，跨学科研究还受到物质条件的影响，也就是"我们提供了很好的房子、设备，给你提供条件"等跨学科组织得以开展的场所、设备等硬件。第三，需要有跨学科的项目将跨学科组织连接起来，也就是组织从一开始就是围绕跨学科研究领域和问题才组建的。因此，表4-2的开放性编码实际上是对理论模型T1中"专项跨学科平台—自发课题组"内涵的丰富。将二者结合起来，可以得到更为丰富的属性A8：跨学科研究的基础条件。其包括：① 跨学科研究的硬件条件；② 相关学科的跨学科属性；③ 是否有跨学科的项目起到引导作用等。

4. 直线式的科研组织模式带来的冲突

科研组织模式是跨学科研究的载体，包括跨学科组织的宏观形态、组织结构体系和组织性质等。在理论模型T1中，研究者将相关概念归纳为A5：组织架构与运行。其包括"实体组织—虚体组织""单位制架构—矩阵组织"等概念维度。经过表4-2的开放性编码，可以发现，跨学科组织模式与架构概念的外延进一步扩展为，跨学科组织的性质（虚体—实体）、跨学科组织的架构（单位制—项目制），以及跨学科组织的科研考核模式（学科导向—跨学科导向）等范畴。那么，是不是实体化的跨学科组织形式就是促进跨学科学术生产力的组织形式？

"我们目前的一个机制，和大学的一个二级院系差不多。所以目前这种模式，和大学以系、研究所为基础的二级学院没有太大区别。其虽然是进行学科交叉的，但是总体上都比较小。"（X-4）

"几个老师带几个学生，组成跨学科的研究团队，这种形式是比较微观的。运行了几年后我们发现还是要调整管理结构，不能够说实验室层面直接管理到微观的课题组，而是分领域成立几个分部，也就是功能实验室，这样我们就大概能够集中在4个领域开展大的跨学科研究。"（X-5）

这里的"小"包括两个层面，一是在组织架构上，当前以课题组为主的跨学科组织在组织架构上与传统系科组织类同，导致其所容纳的学科的数量较少；二是在研究单元的规模上，以课题组为主要形式的研究模式，同样无法适应大型跨学科项目的需求。由此可见，在组织架构上，"跨学科组织—PI"的组织架构并不能促进大学跨学科研究的发展。而需要建立"跨学科组织—功能实验室—PI"三级组织架构，才能进一步推动大的交叉研究的发展。因此，综合表4-2开放性编码中大学科研组织模式和对组织架构的认识等跨学科组织内外两个范畴，可以对理论模型T1中的"组织架构与运行"进行修正，生成属性A9：跨学科科研组织模式。其包括如下几个方面的矛盾和冲突：① 虚体的科研组织模式；② 类单位制的科研组织架构；③ 学科化的资源配置模式；④ 单位化缺乏跨学科研究的顶层规划和领导等。

5. 跨学科组织支持与定位

在"学科化"的科研组织环境下，以国家实验室、国家重点实验室、协同创新中心等为主体，跨学科组织的创建表现出强烈的外部需求导向的组织特征。[①]这种外部需求导向的跨学科组织创建逻辑，表现在对X主任访谈的编码中。在表4-2中，研究者将其抽象为是否有清晰的学科支持政策和对跨学科组织架构的认识两个维度的理解上。

一方面，当前大学对跨学科研究的政策支持一定程度上出现了政策局部失效，学校对具有创新性的跨学科研究项目给予的支持尚显不足。X主任特别提到：

"创立和初期阶段，这个时候学校层面是要给予支持的。当然，项目组成长起来后，不需要太多的特别扶植了。但是，在探索时期，如果没有支持，很可能是存活不下去的。"（X-6）

另一方面，在X主任看来，当前H大学跨学科研究的组织模式出现了"形式化"现象。当前大学对跨学科研究的认识及其促进政策还停留在浅表阶段，不够深入。

"你比如说前几年我们提出'工医交叉'，设置一个开放的跨学科基金来申报，我想'工医交叉'搞了几年是没有成功的。"（X-7）

---

① 张洋磊.多重制度逻辑中的大学跨学科研究——从"外生性政策规制"到"内生性制度创新"[J].江苏高教，2016（1）：23-26.

而造成政策局部失效和跨学科研究形式化的重要原因，就是国家、校级层面对跨学科组织的定位不够清晰。在"985工程""双一流"建设以及协同创新中心等国家级工程的作用下，跨学科组织的数量、类型和层次都成为衡量学校科研水平的标签，诸多大学为了设立跨学科组织而增加组织建制。因此，国家、大学两个层面对跨学科组织存在"高层支持不够"和"定位不清"两个问题。

因此，将表4-2中"学科支持政策"和"跨学科组织定位"两个属性进行合并。同时，将其与理论模型T1中的"高层重视与推动—缺乏整体规划""校级高层挂帅协调"两个属性进行组合。可以生成属性A10：跨学科组织的支持与定位。其包括：① 跨学科研究支持政策局部失效；② 跨学科组织定位不明；③ 跨学科研究项目前期支持不足；④ 国家、校级层面跨学科组织支持不够等。

将理论模型T1与个案X经初步编码所得的表4-2对比，可以发现，个案X生产出来的属性并不能完全归入理论模型T1。而理论模型T1对个案X的解释力比较有限。因此，在对表4-2进行充分的初步编码的基础上，需要对T1的理论模型按照新的属性和维度进行修正和重新排列，使得新的理论模型能够容纳个案L和X中的类属和概念。据此，研究者尝试生成新的理论模型T2：跨学科组织冲突问题的初始类属（见图4-4）。

显然，由于个案X的纳入，理论模型T1的属性以及概念间的隶属关系发生了变化。通过对个案X的开放性编码，并与T1进行对比，研究者生成了理论模型T2。其涵盖了研究者据以分析的两个个案，却与两个个案都不同，解释力得到了很大的增强。在T2中，个案X的作用是帮助研究者生成A6、A7、A8、A9四个新的属性。同时，通过连续比较，在初步合并A10和A5两个属性的基础上，进一步修正了T1理论模型中的A1和A5两个属性。

值得注意的是，理论模型T2和理论模型T1一样以三级逻辑图的形式呈现。尚停留在初级编码层面，而没有进行轴向编码。逻辑图不发生质的变化，研究者就不能实现理论建构的研究目的。因此，在接下来基于个案W的连续比较中，研究者尝试对理论模型T3所属的不同范畴在概念层次上的相互关系和逻辑次序进行归类，[①]以发现各属性之间潜在的逻辑关系。

---

① 王建明，王俊豪.公众低碳消费模式的影响因素模型与政府管制政策——基于扎根理论的一个探索性研究[J].管理世界，2011（4）：58-68.

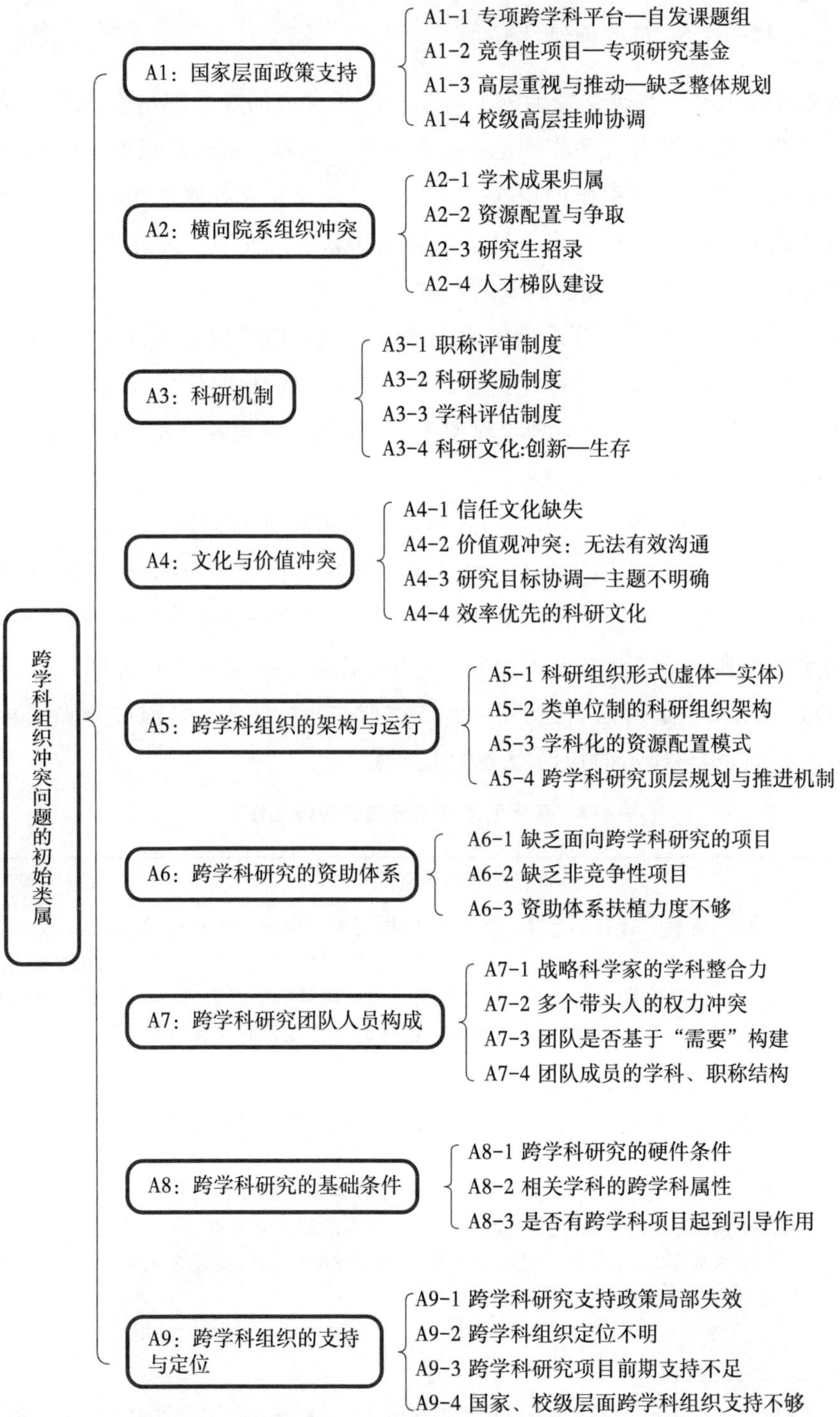

第四章 大学跨学科组织的发展困境：冲突的视角

跨学科组织冲突问题的初始类属
- A1：国家层面政策支持
  - A1-1 专项跨学科平台—自发课题组
  - A1-2 竞争性项目—专项研究基金
  - A1-3 高层重视与推动—缺乏整体规划
  - A1-4 校级高层挂帅协调
- A2：横向院系组织冲突
  - A2-1 学术成果归属
  - A2-2 资源配置与争取
  - A2-3 研究生招录
  - A2-4 人才梯队建设
- A3：科研机制
  - A3-1 职称评审制度
  - A3-2 科研奖励制度
  - A3-3 学科评估制度
  - A3-4 科研文化：创新—生存
- A4：文化与价值冲突
  - A4-1 信任文化缺失
  - A4-2 价值观冲突：无法有效沟通
  - A4-3 研究目标协调—主题不明确
  - A4-4 效率优先的科研文化
- A5：跨学科组织的架构与运行
  - A5-1 科研组织形式(虚体—实体)
  - A5-2 类单位制的科研组织架构
  - A5-3 学科化的资源配置模式
  - A5-4 跨学科研究顶层规划与推进机制
- A6：跨学科研究的资助体系
  - A6-1 缺乏面向跨学科研究的项目
  - A6-2 缺乏非竞争性项目
  - A6-3 资助体系扶植力度不够
- A7：跨学科研究团队人员构成
  - A7-1 战略科学家的学科整合力
  - A7-2 多个带头人的权力冲突
  - A7-3 团队是否基于"需要"构建
  - A7-4 团队成员的学科、职称结构
- A8：跨学科研究的基础条件
  - A8-1 跨学科研究的硬件条件
  - A8-2 相关学科的跨学科属性
  - A8-3 是否有跨学科项目起到引导作用
- A9：跨学科组织的支持与定位
  - A9-1 跨学科研究支持政策局部失效
  - A9-2 跨学科组织定位不明
  - A9-3 跨学科研究项目前期支持不足
  - A9-4 国家、校级层面跨学科组织支持不够

图 4-4　理论模型 T2：跨学科组织冲突问题的初始类属

(三) 基于个案W的连续比较

通过个案L和X，研究者生成了跨学科组织冲突问题的理论模型T2。而下一个个案的出现和纳入，要求研究者在进一步补充和丰富理论模型T1中的属性和维度之外，尝试提升编码的层次，从而尽可能地建立各属性间的关系，以进一步抽象出具有稳定结构的跨学科组织冲突问题理论模型。因此，基于个案W的连续比较应当包括两个相互关联的步骤。

首先，对个案W进行开放性编码，通过对原始访谈资料进行深入阅读，对其进行编码、增加标签，并进行登录。继而从原始资料中生成概念，并发现概念范畴。在此基础上，通过对理论模型T1、T2的相互比较，而进一步生成基于开放性编码的理论模型T3。

其次，在理论模型T1、T2、T3的基础上进行轴向编码，形成核心范畴。也就是发现和建立范畴之间的各种联系，以体现材料中各个部分之间的有机关联。轴向编码阶段一般运用"因果条件—现象—脉络—中介条件—行动/互动策略—结果"的典范模式生成核心范畴。[①]为保证提取概念的"新鲜度"，在概念提取阶段，删除与前期理论模型相一致或类似的初始概念后，通过开放性编码，研究者得到如表4-3所示的初始概念及其所属范畴。

表4-3 基于个案W的开放性编码范畴化

序号	原始资料（初始概念）	属性（范畴）
1	工科的思维、理科的思维、医科的思维是不一样的（学科思维差异） 后期的信任感建立之后，文化的冲突可以解决（信任感缺失） 我们需要一个促进跨学科的环境，包括创新的政策和文化（跨学科环境和文化）	思维和信任感导致的文化冲突
2	生物医学工程这个团队，本身就是比较多元化的（团队构成多元化） 把控者很关键，要掌握好大方向，从哪里入手，需要什么样的人合作。所以领导者需要坚定的信念（领导人的意志力和魅力） 在团队成员的选择上，应该是一个互相促进的作用（实现个人利益和研究理想结合）	跨学科研究团队形态

[①] 李文博.集群情景下大学衍生企业创业行为的关键影响因素——基于扎根理论的探索性研究[J].科学学研究，2013，31（1）：92-103.

续表

序号	原始资料（初始概念）	属性（范畴）
3	如果是需求驱动的话，就能促进跨学科研究（是否需求驱动） 跨学科研究需要跨学科教育的支撑（跨学科人才培养滞后） 研究人员的性质，专职研究人员不够（研究团队构成）	跨学科研究的基础条件
4	理事会是一个好的制度，是我们实验室的最高决策机构（委员会制的组织架构变革） 战略科学家组成的学术委员会进行研究方向把握（学术委员会制度） 对独立的跨学科中心的走访发现，建制上越独立的跨学科中心，其作用越强（是否实体机构）	大学科研组织模式
5	另外一个我想是项目，能不能拿到大的项目，让团队持续下去（是否有稳定的跨学科项目） 我们在设想一个内部的培育基金，进行前期的培育（内部培育基金）	学科支持政策
6	跨学科的发展规划只是一个设想，并不一定会实现，也没有严格执行（发展规划监督落实）	跨学科评估政策
7	我们叫作筹建，对我们的发展还没有指导性的文件（定位的作用） 我想领导人是不是看得很远，实验室的目标是不是一些比较难的问题（实验室的目标） 是否给予跨学科研究机构与传统院系同等对待（跨学科研究机构的待遇）	跨学科组织定位
8	研究组规模和学科结构太小，不能适应跨学科研究项目（学科化倾向）	对组织架构的认识
9	实验室需要制定详细规则，往跨学科上引（内部的跨学科导向）	内部的详细规划

由表4-3可知，正如高校管理实践者对跨学科交叉建设的论述：实施教师跨院系兼职制度，建立跨学科交叉研究论坛、学术沙龙，建立重大项目立项机制，是当前我国大学跨学科学术交往和学术组织创建的重要方向。因此，需要实现"渐进变革"和"系统变革"的有机结合。

通过表4-3提取的初步编码可见，对相关的概念类属进行的初步分类基本可以纳入理论模型T2的相关类属。但是，对个案W的发现也表现在两个方面：一方面，通过个案W，研究者进一步丰富了理论模型T1的类属，生成了"内部组织体系变革"的新属性；另一方面，通过个案W，对T1理论模型的部分属性和概念维度进行了修正和进一步丰富。通过对个案W的初步编码，研究者生成了如下新的范畴。

1. 内部组织体系变革

前期的研究中，研究者生成了跨学科组织架构与运行的属性。主要包含跨学科组织是虚体还是实体，是否类似单位体制，以及是否制定了跨学科研究的顶层规划等概念。而W老师则将该属性进一步深化，提出了C研究院缺乏详细发展规划的问题。

"我们定了一个很大的发展规划，但是这么说，我们的规划只是对发展的一个设想，并不一定能够实现。我想其他单位的跨学科规划也是这样的。"（W-1）

"我们的规划是很难实现的，实验室的架构还是没变，也没有一个更高的层面的整合。本身制定的时候就没有一个强大的推动力能促进目标实现，对执行过程也没有什么监督。"（W-2）

那么究竟是什么原因导致C研究院的规划难以实现，并最终导致其跨学科交叉研究的目标难以实现？反复体会W老师所提供的信息可以发现，W老师认为主要存在三个方面的原因。第一，缺乏理事会等委员会制度，对跨学科组织的机制问题进行把握。在W老师看来，一个跨学科组织，其交叉学科研究的目标属于"研究院发展的指导性方向"。因此，应当成立理事会，作为"最高的决策机构，你有什么新的体制机制，应当需要理事会来讨论通过"。并且跨学科组织的理事会不应当是一年开几次会那么简单，而是确实能够把握跨学科组织发展前沿方向的战略组织。第二，缺乏学术委员会对跨学科研究的方向进行把握。对学术委员会的重要性，W老师认为："学术委员会，应当邀请国内外的专家，组建类似于咨询委员会那样的组织，来从宏观上规定研究的创新领域和特点。"第三，缺乏对规划的详细的监督制度。"我们应当建立监督制度，开学术委员会，让研究团队每年汇报去年的研究进展，根据进展决定是加大还是减少资助"。

W老师实际上谈了一个跨学科组织形式化的问题，也就是说，虽然当前成立的跨学科组织，纷纷形成了理事会进行战略决策、学术委员会负责重大学术事务的决策机制。但是，由于跨学科组织内部组织模式和架构未发生根本变化，顶层战略规划和学术规划与跨学科研究的过程存在有效性难以达成的矛盾。据此，研究者可以提炼出一个在跨学科组织的架构和运行属性基础上发展起来的新的属性，可以将其称为A11：内部组织变革。其至少应当包含：①建立理事会作为战略机构；②成立学位委员会把握研究方向和团队运行；③成立功能平台，整合学科研究团队；④缺乏跨学科研究规划监督执行体系等。

2. 同行评议与跨学科研究项目申请和成果评价的冲突

在L老师的个案中，研究者提炼出"科研机制"的类属，并在宏观上探讨了科研机制所导致的研究的个体化、原子化现象。正如据此生成的概念维度所述，当前科研机制对跨学科组织在哪些方面形成了障碍？W老师反复谈到"同行评议"的问题。

同行评议是基于同行专家的科研评价模式，以同行间的学术范式和学术信任为依托，以"确保科学家对他们受到的公共资助负有责任；保护科学共同体的职业自治；证明科学和技术领域新成果的正确性"①为合法性基础。而在W老师看来，这种目前看来最富效率的学术评价模式，在面对跨学科研究的时候恰恰存在较大缺陷。

"国家自然科学基金委员会设的课题申请指南，有跨学科的，但是不多。我们要做的光电方面的课题，涉及光学、物理、化学、材料这些不同的学科，申请课题的时候肯定都要参与。你说是申请跨学科的课题？还是申请物理学、材料的课题？我觉得本身很多课题就是处于边缘地带的，所以同行评议有用没用？"（W-3）

"还有你说课题结题或者报奖的时候，我们做的跨学科的东西，还是要到每个学部里面去进行评审，就是由评议组的专家来决定做得好不好。但是，我觉得隔行如隔山，怎么保证能够评得好呢？"（W-4）

由于学科间研究范式的不可通约性，采用同行评议模式对跨学科研究项目的申请、评价进行"学科化"的操作，很可能造成跨学科组织的"学科化"现象。W老师指出的实际上是当前的同行评议模式与跨学科组织在项目申请和成果评价之间的矛盾。而在课题同行评议制度的背后，隐含的是被行政权力规训的"学科权力"。在国家的主导下，我国科研体系中建立了行政化的学科评议、课题评审委员会制度。科研体系的评价制度背后实际上是行政权力对学术评价的人为区隔。这从另一方面验证了当前行政权力主导下的同行评议制度与跨学科组织发展之间的障碍和冲突。

---

① 达里尔·E.楚宾，爱德华·J.哈克特.难有同行的科学：同行评议与美国科学政策[M].谭文华，曾国屏，译.北京：北京大学出版社，2011.

据此，研究者可以生成"同行评议制度—跨学科评审机制"作为描述性维度，在此基础上建立概念类属：同行评议制度与跨学科研究之间的冲突。其包含两个概念维度：一是同行评议制度与跨学科项目申请之间的冲突；二是同行评议制度与跨学科研究成果评定之间的冲突。

与此同时，对个案 W 的初步编码可以发现，理论模型 T1 中，相关的概念得以进一步丰富和拓展，主要体现在以下几个方面。

第一，纵向支持政策的层次化。

经过对纵向政策支持的进一步梳理，研究者发现，该类属已经近乎饱和。但是，从已经生成的概念可见，跨学科组织纵向政策支持的类属，可以进一步区分为国家层面政策支持和校级层面支持。且就不同层面政策支持的表现形式来说，存在较大差异（见图 4-5）。

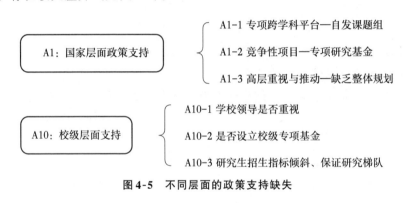

图 4-5 不同层面的政策支持缺失

从图 4-5 可见，国家层面的政策支持主要体现在当前跨学科研究，特别是"大科学工程"等战略性的研究，尚处于探索阶段。导致当前问题导向的跨学科组织在平台建设和组织架构上，无力承担大科学项目。因此，在国家层面，跨学科研究缺乏国家层面的规划，以及缺乏实体化的跨学科研究重大平台，是当前纵向支持政策在国家层面的冲突与欠缺。而具体到校级层面，相似的问题同样存在。

"建起来这个机构，但是给我们的只有基本的运行经费，而没有单独给我们很多的支持。所以，没有一个特别的支持政策，老师们还是要和其他院系的老师一样去竞争项目。"（W-5）

W 老师的话很清楚地指出了当前大学跨学科组织在完成实体化之后所面临

的困境：向上创办的跨学科组织。当前大学中的跨学科组织更多的是瞄准国家在某一时期提出的学科创新平台来申办的，往往是某类一流学科工程的"预备队"。因此，能不能申请上国家级的示范学院、重点实验室等，决定了跨学科组织的发展。

第二，对其他概念的修正和添加。

从W老师的访谈材料中，研究者尝试提取概念，对已有类属的概念进行进一步修正，使相关类属的概念进一步丰富。除将纵向支持进一步划分为国家层面和校级层面外，还可以进一步在以下几个方面对相关类属进行进一步修正。

首先，文化和价值冲突类属的进一步丰富。在访谈中，W老师提出"思维的差异"的概念。这个概念与前面的访谈对象重点聚焦于研究团队成员之间信任感缺失、学科文化和价值差异不同，其聚焦于"思维差异"这个新的概念，认为"工科的思维、理科的思维、医科的思维"之间存在较大的鸿沟。而思维方式的差异，则是导致跨学科研究团队冲突的重要原因。因此，可以在"A4：文化与价值冲突"的类属中添加新的概念维度"学科思维、方法的冲突"。

其次，对于跨学科组织的支持和定位，在之前的个案研究中，"现在的这种模式，其实是不兼容大科学研究的"等被多次提到。研究者据此得出跨学科研究组织定位不明、跨学科研究前期支持不够等概念。W老师明确指出：

"现在的科研环境主要强调产出和效率，不同方向的壁垒也挺坚固的，实际上目前我们需要一个整体上促进跨学科研究的环境，包括政策和文化上，都应当能够整体推进。"（W-6）

科研环境，是影响科研组织运行的重要因素。因此，学科化、效率优先的科研环境与跨学科组织运行所需要的开放、创新的文化是存在冲突的。据此，研究者尝试在"A9：跨学科组织的支持与定位"类属下生成新的概念维度"跨学科研究整体环境缺失"。

再次，对于跨学科组织的支持和定位，被访者还提到了"缺乏内部培育基金"。

"跨学科研究是创新性和前景不确定性的研究，很多研究开始做的时候，我们都不知道会做成什么样子，我觉得国家或者学校应当设立一个前期的探索基金，支持我们去尝试。"（W-7）

研究者在这里提出了一个新的冲突的概念维度：缺乏探索性的研究支持与跨学科研究前景的高度不确定性之间的矛盾。据此，研究者将其归入"A9：跨学科组织的支持与定位"的类属。

在此基础上，通过对个案 W 所生成的新的范畴的整合，以及对已有类属的修正和丰富，继续采用开放性编码的方式，研究者生成了理论模型 T3，如图 4-6 所示。

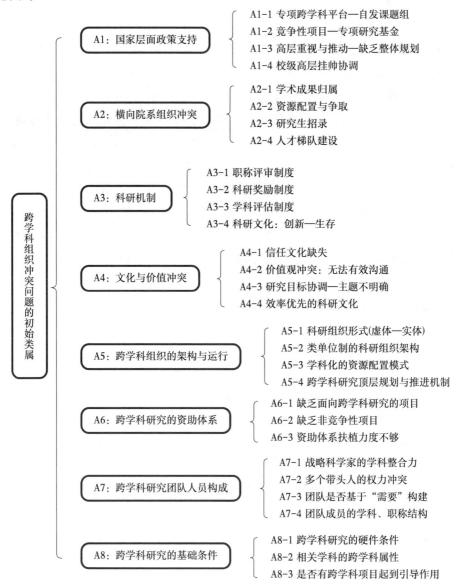

图 4-6　理论模型 T3：跨学科组织冲突问题的初始类属

| 112

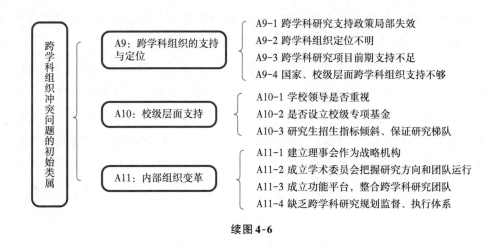

续图 4-6

（四）基于个案 Y、Z、P 的连续比较

反复审视理论模型 T3，可以发现当前模型的概念类属分别涉及以下几个方面：一是跨学科组织的外部支持，也就是跨学科组织发展的纵向支持体系的冲突和障碍，其进一步表现为国家层面的支持障碍和校级层面的支持不足两个方面；二是跨学科组织面临的横向冲突，包括与同级学术组织的资源冲突问题，以及作为大学二级学术组织的跨学科学术单元，在包括"虚体—实体"的二级机构等方面所面临的组织发展基础条件缺失等问题；三是跨学科组织所面临的内部组织架构的冲突；四是跨学科组织在开展跨学科研究中所面临的学科文化、价值，以及学术权力冲突等。

当研究者审视上述概念维度及其属性，可以发现，在对 T3 理论模型生成的概念维度和属性的理解中，跨学科组织被界定为"规则的结果"，也就是作为一种规则建构的结果而出现。因此，其当前衍生出的发展问题似乎均指向跨学科组织运行现有规则的不完备。作为规则体系的产物，跨学科组织的发展的好坏，似乎取决于纵向政策、制度体系、横向组织架构以及内部的体系、规则的完善程度。实际上，大学知识生产的"有组织的无序状态"，以及"松散的联合体状态"，将基于威权体制规则下的制度制定引向政策局部失效。由此可见，内外部规则和制度的完善并不能天然导致跨学科组织发展的进一步完善。跨学科研究组织中的人员为何做出当前的选择？当前跨学科组织发展是否在制度、规则体系的完备下，还面临着更深层次的文化与价值冲突？如果将研究的目光进一步聚焦到上述问题中，就会发现，理论模型 T3 所生成的概念维度及其所属类属，基本指向所谓"制度缺失与建构"的层面，而未将"非正式制度的缺失与建构"

纳入其中，那么跨学科研究面临的"非正式制度缺失"包括什么，需要研究者进行进一步的探讨。

据此，研究者将目光投向跨学科组织中的研究者，试图通过对不同学科、职称的跨学科组织研究者的研究，解答上述问题，并进一步丰富概念类属。循着这样的研究问题，进行理论抽样。研究者分别找到了T跨学科功能实验室中从事交叉学科研究的Y老师，C研究院的Z老师，以及J研究院的跨学科课题负责人P老师进行深入访谈。在获得资料的基础上，按照"维度—类属"的分析层次，对相关概念进行思考，①并进行初步编码。通过提取相关概念，生成新的范畴（见表4-4）。

表4-4 基于个案Y、Z、P的开放性编码范畴化

序号	原始资料（初始概念）	属性（范畴）
1	你要和对方有个长期的交流，仅仅碰几次面，比较难合作（信任感缺失） 要提供敢于冒险的环境，不要因为考核达不达标而操心，这是阻碍跨学科研究开展的一个环境障碍	思维和信任感导致的文化冲突
2	量化的考核机制，依靠同行评议？不能评估跨学科研究的	跨学科研究团队形态
3	大的平台可以用，但是落实到每个人手里没有感觉到特别的支持 科技部在支持体系上对大科学项目还是不明朗	跨学科研究的基础条件
4	我们还是需要"领军型人才"这种人才是非常难得的 大家需要围绕共同的目标来做	大学科研组织模式
5	现在整体感觉比较零散，我想这与功能实验室的架构有关系，从一开始是五湖四海的人聚集在一起，如果没有领军的人才则很难融合在一起	学科支持政策
6	项目的支持很重要，我们的文化是强调出成绩的。在我们的环境下，竞争压力非常大	跨学科评估政策

---

① 林小英.分析归纳法和连续比较法：质性研究的路径探析[J].北京大学教育评论，2015，13（1）：16-39，188.

续表

序号	原始资料（初始概念）	属性（范畴）
7	在跨学科合作中，采用终端项目淘汰制，才能比较良性地把项目做好	跨学科组织定位
8	研究组规模和学科结构太小，不能适应跨学科研究项目	对组织架构的认识
9	实验室需要制定详细规则，往跨学科上引（内部的跨学科导向）	内部的详细规划

基于个案 Y、Z、P 提供的初始概念，对资料反复切割和提炼，剔除前述个案所提供的相似信息后，研究者尝试生成表 4-4 中的概念和属性。将上述概念和属性与理论模型 T1、T2、T3 所提炼和修正的属性和概念进行比较分析，可以发现，通过"连续比较法"生成的理论模型 T3 已经在宏观上涵盖了跨学科组织冲突问题的基本类属。但是，研究者反复研读个案 Y、Z、P 所提供的原始资料，发现可以生成以下信息。

1. 共享与矛盾：跨学科合作的形式化

以跨学科研究平台为依托，决策者试图组建融合多个学科的战略型合作课题组。[①]但是，不同课题组之间在交流方式和研究方向上的差异，使得即使同属一个研究平台，不同课题组之间的沟通和交流也很少，往往处于和传统的小型课题组一样的研究状态。

"我们研究院是由不同方向的跨学科团队组成研究平台。我们希望不仅仅是同一个团队内部之间实现知识、信息的共享。也希望不同的团队之间能形成一种信息共享机制。但是，就目前的情况来看，信息共享做得并不好，不同的团队之间还是单兵作战。"（Z-1）

而同样的问题也出现在 Y 教授所属的跨学科实验室。

"我们是一个功能实验室，但是我们功能实验室下有4个课题组，实际上是

---

① 王燕华.大学科研合作制度及其效应研究[D].武汉：华中科技大学，2011.

4个团队，我们这个组就是围绕我们的方向申请课题，和其他组有合作，但是不多。"（Y-1）

信息共享、与其他组织合作等方面不足，是当前跨学科组织内部不同科研团队之间科研合作的现状。可见，即便组建了实体化的跨学科组织，当前大学中散、小、慢的科研模式依然没有发生实质性改变，跨学科组织流于形式。对于这种现象，研究者将其称为"跨学科合作的形式化"。其不同于理论模型T3中所提出的跨学科组织内"类单位制的科研组织架构"，而是一种实践活动与制度设计之间的相互背离。为何会出现这种情况？沿着这个问题对材料进行解读，Y教授谈到了科研文化的问题。

2. 信任文化、开放文化的缺失

在前面的研究中，不同的研究者谈到了跨学科研究中信任文化的缺失。研究者据此生成了"文化与价值冲突"的属性，分别包括信任文化缺失、价值观冲突以及学科思维与方法冲突等概念。值得注意的是，这些分别指向了同一个跨学科科研团队内部。那么对于跨学科科研团队之间来说，为什么会出现合作形式化的问题？

"我想这里有文化上的原因，我们的文化是比较保守的，科研也是一样。一般研究的什么，怎么研究的，我是不太会告诉别人的。这方面和国外不同，我在国外的时候，就领略到了开放交流的文化。很可能一个好的点子就是实验室里几个教授在喝咖啡的时候讨论出来的。你看那个石墨烯的发现就是很偶然的，无意间和别的实验室做其他方向的人进行讨论，启发他用了新的方法。"（Y-2）

同样，关于开放文化缺失的话语，也不断出现在对Z老师和P老师的访谈过程中。而这种封闭的、保守的文化，被他们归因为一种不做出来一般不说的群体性格。比如P教授就说：

"你要和对方有个长期的交流，知根知底才能合作吧，不然就算是一个实验室的，如果仅仅碰几次面，也比较难合作。"（P-1）

这种信任感的缺失，反映了和"文化与价值冲突"不同的另一个属性，研究者将其称为"跨学科研究文化和环境的缺失"。而这个新生成的属性包含如下两个概念维度：① 封闭的科研文化对跨学科研究不利；② 跨学科研究整体环境缺失。

3. 跨学科研究团队构成的冲突

在前述的理论模型中，对于跨学科研究团队的构成，研究中提炼了战略科学家整合力不足、不同学科带头人之间合作的冲突，以及团队成员的学科结构、职称等方面的冲突。而对于Z、P两个个案的研究发现，虽然实体化的跨学科组织已经落地，但是在实际发展过程中，院士、长江学者、"杰青"等"高端人才"，往往被学校视作战略人才，而在不同的创新型组织创建中，都会被借调到不同的单位，作为组织创建的"筹码"和启动人才，以实现高起点建设跨学科学术组织的目的。

"你看我都不知道自己属于哪个单位，我既是GD学院的，也是CX研究院的。当然，我其实在每一个单位都在做工作，但是我的研究团队主要还是在GD学院的。我们现在就是这样，就我们这批人，国家要办这个中心，我们被搬到那里，要建那个国家实验室了，我们又被动员到那里。"（Z-2）

"动员"等关键词，反映了作为矩阵组织出现的跨学科组织在团队建设方面的困境，主要体现在两个方面。首先，在"绩效合法化"基础上进行跨学科组织创建。跨学科学研究团队并非基于跨学科研究的战略需要而建，而是在既有的人才基础上进行增量型建设。其次，专职研究人员不足。特别是在跨学科团队中，专职高端领军人才不足的问题比较突出。类似的情况也体现在P教授所在的机构。

"我们一直希望能做成一个和院系地位一样的新的学院。但是，现在看我们基本上每个方向团队的骨干都是在以前的学院兼职的。虽然这些年我们也引进了一些全职的青年教师，但总体来说，整个科研队伍的学科和年龄结构，还是不够合理的。"（P-2）

从被访者的材料中，研究者发现，即使实现了实体化，跨学科组织中的科研团队依然面临着同时归属于两个甚至多个学术单元的现状。这也出现在研究者对P大学信息交叉研究院、SJT大学Bio-X交叉学科研究院、F大学脑科学研究院等国内领先的跨学科组织的研究中。相关跨学科组织虽然逐渐建立了专职的科研团队，但是在核心成员的构成上，依然面临专职研究人员不足的冲突。因此，研究者对理论模型T3中"跨学科研究团队人员构成"的属性进行修正，生成以下两个概念维度：①团队是否基于"需要"创建；②专职研究人员不足。

至此，研究者生成了"专职研究人员不足""跨学科研究整体环境缺失""封闭文化影响跨学科研究""绩效合法性对跨学科研究团队的影响""是否给予与院系相当地位"等概念和维度，对"A7：跨学科研究团队人员构成""A9：跨学科组织的支持与定位""A10：校级层面支持"等类属进行进一步的修正和丰富，生成理论模型T4。可以看到，与理论模型T1相比，理论模型T4囊括了更多的冲突问题类属和概念维度（见图4-7）。

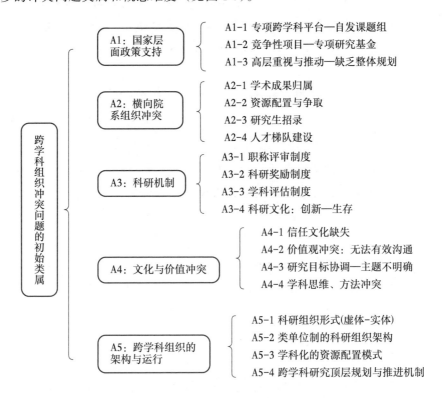

图4-7　理论模型T4：跨学科组织冲突问题的初始类属

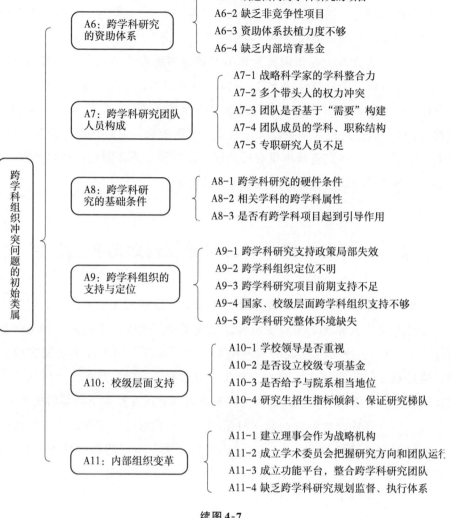

续图 4-7

三、理论类属饱和度检验

质性研究将达到饱和作为标准引用到研究者的类属中。所谓理论类属饱和，就是指当收集新鲜数据不再能产生新的理论见解时，也不再能揭示核心理论类属的新的属性时，类属就"饱和"了。[①]朱丽叶·M.科宾等认为，饱和不仅仅

[①] 凯西·卡麦兹.建构扎根理论：质性研究实践指南[M].边国英，译.重庆：重庆大学出版社，2009.

是没有新资料出现，还指类属在其属性和维度上的形成与发展，包括变化形式，而且如果建构理论，还包括概念之间关系的描述。[①]相关研究均将理论类属饱和指向"不再有新的理论类属将研究者引向新的方向"。

据此，本研究将上述指向作为理论类属饱和度检验的原则。在上述原则指导下，研究者通过随机抽样的方法，抽取1/3的跨学科研究从业者、跨学科组织的管理者、大学相关主管领导进行理论类属饱和度检验，包括W大学某领导A教授、C研究院L教授和学校相关主管部门P副处长。通过在理论模型T4基础上进行深度访谈，研究者基本没有得到新的范畴和关系。因此，可以初步认为，跨学科组织冲突问题的理论类属达到了初步饱和。

第五节　大学跨学科组织冲突问题的系统识别

前文在"连续比较法"研究路径的指引下，通过对个案L的分析以及对多个个案的连续比较和理论饱和度检验，生成了中国大学跨学科组织冲突问题的理论模型T4。前述研究生成的理论模型，初步抽象了不同冲突类属之间的关系，通过对冲突问题题项的归类，呈现出中国大学跨学科组织冲突问题的本土化特征。但基于质性研究生成的冲突问题理论模型还存在如下尚待解决的问题。①不同类型、不同发展阶段的跨学科组织，其所面临的冲突问题是否都能纳入上述冲突问题的理论模型？②采用"连续比较法"生成的跨学科组织的类属，是否具有显著性？其内部是否具有较一致的结构，也即是否具有较好的效度？③在前述研究基础上，是否可对中国大学跨学科组织冲突问题的理论模型进行进一步修正，并通过轴向编码的登录方式，向上生成跨学科组织冲突问题的理论模型？

基于上述问题，本书尝试对前文生成的冲突问题的初步理论模型进行验证和系统识别。在对前文冲突问题初步识别的基础上，进一步明确跨学科组织冲突问题不同类属间的关联，以系统识别跨学科组织冲突问题，并生成中国大学跨学科组织冲突问题的理论模型。

[①] 朱丽叶·M.科宾，安塞尔姆·L.施特劳斯.质性研究的基础：形成扎根理论的程序与方法：第3版[M].朱光明，译.重庆：重庆大学出版社，2015.

一、研究路径与冲突问题识别方法

基于开放性编码方式，本书生成了中国大学跨学科组织冲突问题的初始框架。而以理论生成为目的的质性研究，要求研究者不能仅仅满足于对跨学科组织问题题项的简单提取和描述，而应当进一步聚焦，生成不同类属之间的意义联系，以回答"哪里、为什么、谁、怎样以及结果如何"等问题。因此，研究者应当按照"开放性编码—轴向编码—选择性编码"的具体步骤，通过轴向编码和对已有研究的比较，厘清冲突问题边界，探讨跨学科组织冲突问题初始框架与冲突问题类属之间的因果关系。在此基础上，逐步生成中国大学跨学科组织冲突问题的理论模型。

中国大学这个研究对象的复杂性和跨学科组织类型的多样性，使得基于质性研究方法生成的跨学科组织冲突问题的初始框架面临信效度方面的考量。基于此，本研究在前述多案例研究基础上，沿着"连续比较法"中的轴向编码，以及对已有文献的比较研究的步骤展开，通过将前述研究与已有研究相结合的方式进一步深化跨学科组织冲突问题的初始框架。总体来说，本书的研究按照如下步骤展开。

（1）基于开放性编码的冲突问题初始框架，尝试按照"维度—属性—类属"的三级编码方式，生成跨学科组织冲突问题的初始模型假设。在对中国大学跨学科组织冲突问题初步修正的基础上，通过轴向编码的登录方式，使用"故事线"方式，生成中国大学跨学科组织冲突问题的理论框架。

（2）基于已有的对跨学科研究冲突、矛盾、困境的研究，对轴向编码生成的冲突问题的理论框架进行边界厘清和修正，使得跨学科组织冲突问题的核心类属彻底饱和，进而进行第二次轴向编码，生成本土性的跨学科组织冲突问题理论框架。

二、跨学科组织冲突问题初始模型检验与修正

编码是一个生成过程，意料之外的想法会不断产生，从而逐渐构建起一个个意义事件。在初步编码生成跨学科组织冲突问题的理论模型T3基础上对其进行验证和修正，形成最终的跨学科组织冲突问题的理论模型T4后，研究者需要将基于理论模型T4的类属进一步聚焦，生成不同类属之间的意义联系，这个过程被称作轴向编码。其用来回答关于"哪里、为什么、谁、怎样以及结果如何"等问题。其目的是分类、综合和组织大量的数据，在开放性编码之后以新的方

式重新排列相关的类属，以使类属的属性和维度具体化。①

轴向编码展开的重要方法，就是使用"故事线"方式描述行为现象和脉络条件。完成"故事线"后，实际上也就发展出新的知识理论框架。②已有研究者在轴向编码阶段提供了诸多分析框架，以帮助理论框架生成。施特劳斯和科宾认为，轴向编码包括"条件→行动→结果"三个阶段，以分别回答"故事线"上被研究现象结构的环境或情境，"我"的策略性反应，以及行动/互动的结果。③施特劳斯和科宾提供了一个"因果关系"的轴向编码理论框架。在此基础上，还有研究者进一步发展出先后关系、情境关系、语义关系、过程关系、结构关系等不同的理论框架，④分别用以解释诸如资源配置与运用、文化氛围与制度环境、上位概念和下位概念等关系模型。

结合已有研究提出的轴向编码理论框架，本研究运用"跨学科研究发展的因果条件→现象→因果链条脉络→中介条件→行动者行动/活动策略→结果"的模式提炼出主范畴。这一分析框架，将所有跨学科组织冲突问题的影响因素均归为吉登斯结构二重性学说中的"行动"和"行动者"两个范畴。⑤通过上述轴向编码理论框架生成过程，基于理论模型T4，研究者逐步生成本研究的理论模型T5（见图4-8）。

如图4-8所示，沿着跨学科组织冲突问题发展的脉络，对跨学科组织冲突问题进行基于因果关系和情境关系的理论分析。提取出"跨学科组织面临的冲突问题"作为研究的核心类属，其分别包含国家层面政策支持、科研机制、科研文化与价值，以及外部需求导向下跨学科组织在校级层面的制度支持、基础条件、定位、资助体系等冲突问题，进而导致跨学科研究中存在院系组织冲突、组织形态异化、团队架构冲突、文化与价值冲突等。正如吉登斯结构二重性学说中的"行动"和"行动者"两个范畴的归因所述，跨学科研究形式化和跨学

---

① 凯西·卡麦兹.建构扎根理论：质性研究实践指南[M].边国英，译.重庆：重庆大学出版社，2009.

② 王建明，王俊豪.公众低碳消费模式的影响因素模型与政府管制政策——基于扎根理论的一个探索性研究[J].中国公共管理论坛，2011（4）：58-68.

③ Strauss A, Corbin J. Basics of qualitative research: ground theory procedures and techniques[M]. Thousand Oaks: Sage Press, 1998.

④ 李文博.集群情景下大学衍生企业创业行为的关键影响因素——基于扎根理论的探索性研究[J].科学学研究，2013，31（1）：92-103.

⑤ 林小英.分析归纳法和连续比较法：质性研究的路径探析[J].北京大学教育评论，2015，13（1）：16-39，188.

科组织失效的意外后果，是由国家、院校，以及跨学科组织的从业者三个行动者，在国家、院校和跨学科组织三个层面所面临和制造的冲突行为共同导致的。

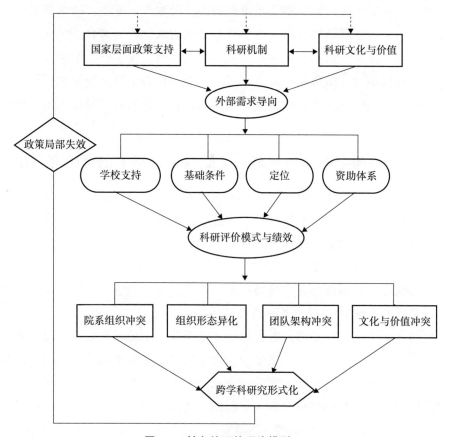

图 4-8　轴向编码的理论模型 T5

吉登斯认为，个人所处的社会是丰富多彩的，其中既有社会从宏观结构层面对行动者个体的制约，也有行动者主观能动性的发挥。因此，其提出"社会整合"的概念，以实现宏观和微观的有机结合。吉本斯将"结构"解释为，一定时空下社会再生产过程中反复涉及的规则和资源。①而"结构二重性"则包含两个方面的意蕴：一方面，社会结构本身是人类的行动建构起来的，因此，社会结构受制于行动者的行动效果；另一方面，经过人的实践活动建构起来的社会结构，又为行动者进行社会行动建构起到桥梁和中介作用。②

---

① 张云鹏.试论吉登斯结构化理论[J].社会科学战线，2005：(4)：274-277.
② 刘少杰.后现代西方社会学理论[M].北京：社会科学文献出版社，2002.

因此，借由吉登斯在"结构二重性"学说中所提出的行动和行动者统一的框架进行审视可以发现：一方面，跨学科组织冲突问题产生于学科化和效率主义的科研文化体系下，在外部需求导向的跨学科建构体系下，跨学科组织建构的效果取决于跨学科研究行动者所具有的团队构成、科研文化、学科价值冲突等问题；另一方面，跨学科组织在国家、院校层面所面临的跨学科环境良性不足、跨学科资助和评价机制不完善，以及校级层面跨学科支持缺失等政策的失位和异化，又是跨学科组织研究和管理的从业者，借由跨学科组织这个桥梁和中介而自我建构的。

三、冲突问题的边界厘清与地图修正：基于已有研究的比较

寻找反例，是质性研究初始理论框架生成后，用以厘清研究边界的必要步骤。虽然研究者可以持续收集资料，以寻找反面案例，但是发现反面案例并不必然会否定分析者的概念化结果。反面案例通常代表有关资料概念化方面的一种维度上的极端情况或变量。[①]在本研究中，其用以验证理论模型T5中生成的跨学科组织冲突问题是不是"独特"的。因此，对于跨学科组织来说，研究者在这里要对理论模型T5的框架进行边界厘清。

反例显而易见，就是漂浮在大学学术组织体系中的系科组织，以及研究者未涉及的各类跨学科组织。在大学中，大量的以学科为基础的系科组织，甚至其他未曾访问到的不同高校的跨学科研究从业者等，都可以用作反例。基于本研究采纳不同于以往研究以"演绎—归纳"为主的理论进路，而尝试运用"连续比较法"，沿着"开放性编码—轴向编码"的步骤，生成跨学科组织冲突问题理论架构。因此，当前研究最大的问题在于：当前研究在样本选择上的"局限性"，使得研究的边界对不同类型案例是否均具有较好的纳入性？

因此，基于质性研究在研究样本选择中的"局部性"，研究者在此提出两个问题：第一，研究者在研究中生成的理论模型T5，是否包含了中国大学跨学科组织冲突问题的全部类属和概念维度？第二，如何进一步厘清大学跨学科组织冲突问题的边界？因此，在"连续比较法"生成理论模型T6的基础上，回溯中外学界对跨学科组织冲突问题的研究主要聚焦在哪些方面，进而对理论模型T5进行进一步的丰富，使得基于质性研究生成的理论模型更具说服力。

---

① 朱丽叶·M.科宾，安塞尔姆·L.施特劳斯.质性研究的基础：形成扎根理论的程序与方法：第3版[M].朱光明，译.重庆：重庆大学出版社，2015.

（一）跨学科研究的外部支持及其冲突

从大学与政府之间的关系、大学内部权力配置两个维度，可以把现代大学分为"盎格鲁-撒克逊传统"的大学、"罗马体系"的现代型大学和呈现出社会主义特征的大学三种。在呈现出社会主义特征的大学中，跨学科研究的战略支持主要来自国家，特别是中央政府的政策支持。而在"盎格鲁-撒克逊传统"的大学中，大学拥有高度自治权，跨学科研究的外部支持主要来自大学。"罗马体系"的现代型大学则模糊了政府优先和大学自治两者的边界，呈现出混合状态。

正如前文 Rhoten 在其模型中提出的，位于三角形顶端的外部关注，主要包括资助机构和研究领导力两个方面。陈艾华进一步将其划分为国家层面的战略支持和跨学科研究政策保障机制两个变量。[①]

资源是跨学科研究持续开展的保障。大学的资源形态分为人力资源、财力资源和物力资源等，跨学科研究的外部资源形态主要包括院校层面的资源支持和外部机构对跨学科研究的资源支持两种类型。在国家层面，以跨学科研究的基金和跨学科平台建设投入为主，而校级层面种子基金的设立也是跨学科研究的重要保障。

诸多研究者对促进跨学科研究的中央管理系统[②]进行了比较研究，认为我国跨学科组织呈现出对国家资源高度依赖的外部需求导向总体特征。在实际的跨学科支持系统建设中，存在跨学科制度环境缺失，[③]资源共享机制缺失，[④]国家配套政策相关的制度建设滞后[⑤]等问题。针对上述问题，研究者提出"大学跨学科组织运行保障体系"的概念，认为政府要从根本上加大对跨学科组织的支持，在政策上加以体现和引导。政策上的导向对跨学科组织的支持效应更大。[⑥]

因此，根据上述研究，可以建立国家层面跨学科支持冲突的维度。研究者将其归纳为如下几个方面：跨学科研究平台支持匮乏、跨学科研究专项保障资金匮乏、跨学科成果评定机制矛盾、学科化的科研机制矛盾（见表4-5）。

[①] 陈艾华，邹晓东，陈婵.跨学科研究发展的体系构建[J].高等工程教育研究，2013（2）：143-147.
[②] 刘凡丰，项伟央，李文静.美国研究型大学促进跨学科研究的组织策略[J].中国高等教育，2010（2）：61-62.
[③] 张伟，赵玉麟.大学跨学科研究系统建构及对我国大学的启示[J].浙江大学学报（人文社会科学版），2011，41（6）47-58.
[④] 陈何芳.论我国大学跨学科研究的三重障碍及其突破[J].复旦教育论坛，2011，9（1）：67-71.
[⑤] 杨连生，文少保，方运纪.跨学科研究组织发展的现实困境与突破路径[J].中国高等教育，2011（7）：52-54.
[⑥] 龙献忠，王静.研究型大学跨学科组织运行的保障体系[J].高等教育研究，2010，31（2）：32-36.

表 4-5　国家层面跨学科支持冲突

属性	维度
国家层面跨学科支持冲突	跨学科研究平台支持匮乏
	跨学科研究专项保障资金匮乏
	跨学科成果评定机制矛盾
	学科化的科研机制矛盾

在 Rhoten 的体系中，跨学科组织外部支持体系的矛盾还包括跨学科组织在校级层面的制度冲突、资源配置冲突、环境冲突等。而相关学者的研究主要集中于当前跨学科研究管理体制与跨学科组织运行的冲突方面。根据已有研究，可以将校级层面跨学科支持冲突提炼为跨学科研究资源配置制度矛盾、跨学科组织战略定位不明、跨学科管理责权配置体系不明晰（见表4-6）。

表 4-6　校级层面跨学科支持冲突

属性	维度
校级层面跨学科支持冲突	跨学科研究资源配置制度矛盾
	跨学科组织战略定位不明
	跨学科管理责权配置体系不明晰

（二）横向学术组织之间的冲突

横向的体系实施包括跨学科研究的组织形式、运行机制等大学管理与结构要素。Rhoten认为，基于系科的研究与跨学科研究存在重大差异。因此，大学管理与结构的系统变革是跨学科研究成功的关键要素。而"组织—文化"的冲突问题也是当前大学跨学科组织面临的困境。这些冲突问题突出表现为：学科间壁垒导致的学科鸿沟难以跨越，阻碍了组织发展；僵化的认识障碍；传统行政管理模式的障碍等。[①]据此，研究者分别从跨学科研究管理体制变革、资源配置优化等方面展开论述。

在组织结构变革上，研究者普遍认为，传统的直线职能制结构（U型结构）不符合跨学科组织"充满反馈回路，存在难以预料的协作关系"的组织特征。其无法适应跨学科组织既需要在纵向上多部门协调和主管，又在横向上跨各个

---

① 郭中华，黄召，邹晓东.高校跨学科组织实施中存在的问题及对策[J].科技进步与对策，2008（1）：183-186.

职能部门的组织架构，造成行政流和学术流的矛盾，从而降低跨学科研究的有效性。

在资源配置优化上，由于不同的使命、来源，以及组织形态，如何处理跨学科组织与同级部门的关系成为难题。学院组织表现出合成性和向心性，而跨学科组织表现出分析性和离心性，使得跨学科组织和传统院系组织之间存在不可避免的紧张关系。[1]随着跨学科组织在大学的日益增多，跨学科组织和传统院系组织之间的冲突问题成为研究热点。而跨学科组织和传统系科组织的冲突以资源争取为中心，包括对全职教师、空间、实验设备、研究基础设施和声望的争取。[2][3]对上述研究进行反复提炼，可以将跨学科组织的横向冲突归纳为如表4-7所示的四个维度。

表4-7　跨学科组织的横向冲突

属性	维度
跨学科组织的横向冲突	学科鸿沟对跨学科组织效力的抵消
	僵化、封闭的学科文化与跨学科文化的矛盾
	直线式行政管理模式对跨学科研究的阻碍
	跨学科组织与同级院系之间对资源、声望等的争取

（三）跨学科研究"内部动力"的缺失

Mintzberg认为，来自组织底部的"软化"力量的增强，能够提升组织变革的整合度和丰富度。对跨学科研究及其组织来说，教师和学生参与跨学科研究的积极性同样对大学跨学科研究的成功具有影响作用。但是，由于不同学科文化、教授以及研究领域被卷入其中，研究机构归属于不同的研究系统，水平参差不齐，大小也不一样，[4]跨学科研究面临内部激励不足的困境。跨学科合作信

---

[1]　J T Kenny.Research administration and technology transfer[J].New Directions for Higher Education, 1988（63）：61-72.

[2]　Dooris M J, Fairweather J S.Structure and culture in faculty work: implications for technology transfer[J].The Review of Higher Education, 1994, 17（2）：161-177.

[3]　Geiger R L.Organized research units—their role in the development of university research[J].Journal of Higher Education, 1990, 61（1）：1-19.

[4]　Stokols D, Fuqua J, Gress J, et al.Evaluating transdisciplinary science[J].Nicotine Tob Res, 2003, 5（1S）：S21-S39.

任缺失、跨学科组织领导力不足、科研成果归属与认定困难是三个重要影响因素。

首先，学科文化与价值冲突瓦解跨学科合作的信任。学科是一个个相对独立的"学术部落"，不同的学科在形成和发展过程中积累的语言、价值标准、伦理规范、思维和行为方式等，①使得每个部落拥有各自不同的文化，具有被认可的身份和特别的文化属性。②在组织层面，其是支撑组织顺畅运作的基本因素。③在学者层面，其形成科学文化的主体——特定学科的拥有共同的信念与行为准则，分享有关理论、方法论和技术，拥有一致的"符号系统"的学者共同体。因此，学科文化冲突主要体现在群体内部价值观的异质、学科认同度的迥异、学科话语的互斥等方面。④这种学科范式冲突使得跨学科研究中信任文化缺失，影响跨学科研究组织的顺畅运作。

其次，科研领导力是影响跨学科组织有效运行的另一个重要因素。Gray 提出跨学科组织领导力的三个方面：认知任务、结构任务和过程任务。分别涉及跨学科意义和目标构建，跨学科组织管理、合作和信息交换等具体领导行为，以及围绕信任、高效沟通的团队建设和成员有效互动的构建能力。⑤

最后，是科研成果和奖励的归属与认定问题。归属问题本身并不是真正意义上的科研评价问题，而是属于人员聘任的政策性问题和评价所带来的利益归属问题。但是，由于跨学科研究涉及诸多学科，难以确定"同行专家"群体，使得高等学校在跨学科组织管理中，难以对产生的学术成果进行客观的认定和奖励。而根源则是基于学科的对学术创新行为的束缚。据此，可将跨学科组织的内部动力不足提炼为表4-8所示的五个维度。

表4-8 跨学科组织的内部动力不足

属性	维度
跨学科组织的内部动力不足	学科鸿沟对跨学科组织效力的抵消
	跨学科合作信任文化缺失

---

① 邹晓东.研究型大学学科组织创新研究[D].杭州：浙江大学，2003.

② 托尼·比彻，保罗·特罗勒尔.学术部落及其领地：知识探索与学科文化.[M].唐跃勤，蒲茂华，陈洪捷，译.北京：北京大学出版社，2008.

③ 伯顿·R.克拉克.高等教育系统——学术组织的跨国研究[M].王承绪，等译.杭州：杭州大学出版社，1994.

④ 童蕊.大学跨学科学术组织的冲突问题研究[M].北京：中国社会科学出版社，2012.

⑤ Gray B. Enhancing transdisciplinary research through collaborative leadership[J]. American Journal of Preventive, 2008, 35（2S）：S124-S132.

续表

属性	维度
跨学科组织的 内部动力不足	跨学科研究领导力不足
	"一贯制"职称晋升体系与跨学科目标的矛盾
	"同行评议"与跨学科课题申请和成果评定的矛盾

通过对已有研究中跨学科研究影响因素和障碍的建构和审视，可以发现，当前已有研究可以分别纳入理论模型T5的相关类属。同时，通过对已有研究的建构和审视，可以发现，"一贯制"职称晋升体系与跨学科目标的矛盾等维度可以分别纳入T5理论模型的"科研机制"等维度。因此，通过上述研究，对运用"连续比较法"得出的理论模型T5的边界进行进一步厘清，从而对理论模型T5做出进一步修正。相关研究所生成的类属和维度能够被纳入基于轴向编码生成的理论模型T5，也进一步验证了理论模型T5对中国大学跨学科组织冲突问题的解释力。进一步提炼和整合相关类属和维度，研究者尝试构建跨学科组织冲突问题的理论模型T6，如图4-9所示。

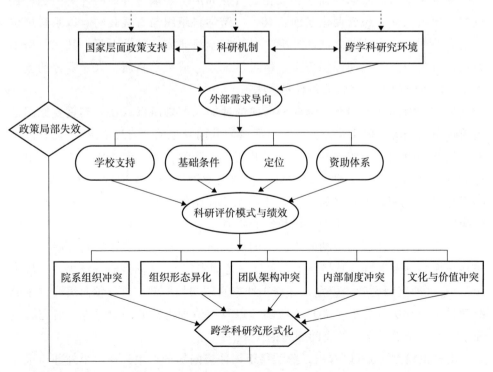

图4-9 跨学科组织冲突问题的理论模型T6

至此，运用"连续比较法"，并通过对已有研究所涉及范畴和维度的回顾，研究者生成了跨学科组织冲突问题的理论模型。该理论模型以"为什么跨学科研究形式化"和"跨学科研究政策为何失效"两个问题为核心，将其背后隐藏的跨学科组织的冲突问题作为核心类属。其分别指向三个相互关联和相互作用的类属：跨学科组织纵向的政策和环境冲突、跨学科组织横向的组织和文化冲突、跨学科组织内部冲突三个要素。沿着上述脉络，研究者在初始理论框架中，将上述类属进一步做出如下划分。

第一，纵向的冲突问题。主要包括国家层面的冲突问题和学校层面的冲突问题。国家层面的冲突问题包括国家政策支持缺失、科研机制冲突以及跨学科研究环境冲突三个类属。在"自上而下"的政策传递效应下，国家层面的冲突问题进一步转化为院校层面跨学科研究的冲突问题，主要包括学校支持冲突、跨学科研究基础条件冲突、跨学科组织定位模糊、跨学科研究资助体系冲突等。

第二，横向的冲突问题。正如前文所述，国家和院校层面的学术支持体系、科研机制、跨学科研究环境以"学科化""效率"制度文化为主导，要求在研究活动中建立跨学科组织，对已有的"直线式"学术管理体系形成挑战，不可避免与同级学术组织之间存在学科文化、资源和声誉争取等方面的冲突问题。这里的横向组织冲突包含两个层面：其一，跨学科组织与直线式的、以系科单位为边界的学术管理体制之间的冲突，导致跨学科研究有效性下降；其二，跨学科组织与同级院系之间围绕资金、声誉、人才、成果等物质、人才资源的竞争关系，使得横向组织之间关系日趋紧张。

第三，内部冲突问题。纵向和横向的冲突问题之所以存在。其重要原因是当前效率优先的科研文化及僵化的科研机制共同导致的"意外后果"。而外部政策的规制与跨学科组织内部的矛盾，共同导致跨学科研究形式化和跨学科组织有效性降低的结果。因此，跨学科组织的内部冲突是重要因素。其主要包括：① 跨学科研究基础条件缺失；② 跨学科组织团队架构冲突；③ 跨学科组织内部架构冲突；④ 跨学科组织中文化和价值冲突等。

沿着"开放性编码—轴向编码"的研究路径，基于跨学科研究发展的因果条件→现象→因果链条脉络→中介条件→行动者行动/活动策略→结果的"故事线"，通过冲突问题初步识别，并修正冲突问题初始框架，进行轴向编码，生成跨学科组织冲突问题的主要理论范畴，以及厘清理论范畴的边界等，研究者进而生成大学跨学科组织冲突问题理论模型。

由理论模型T6可以看出，跨学科组织冲突问题的产生存在一个外部需求导向的生产过程。尽管当前社会形态由"总体性社会"逐渐转向市场和行政化管制兼具的"双重体制",但是,"总体性社会"的行政管制思维依然在科研和教育政策中保持较大的惯性。因此,在学科化的学术研究政策、科研制度和文化下,高校学术组织的制度、管理和资源配置也呈现出一定的外部需求导向。本应作为学术组织创新主体的高校,在绩效取向和资源配置的双重规制下,一方面,跨学科研究成为高校获得"绩效"的工具,造成高校跨学科组织在团队构成、制度创设、目标定位、资源供给上的"绩效导向";另一方面,大学层面跨学科研究制度、环境和评价体系的"学科化"和"绩效主义",又进一步降低了跨学科组织运行的有效性,从而导致跨学科组织的形式化。

四、小结与启示

跨学科研究水平不高、跨学科组织形式化等问题,是大学跨学科组织面临的共同难题,也是在当前"学科化"和"绩效主义"的大学科研环境中难以避免的问题。因此,大学跨学科组织形式化主要是一个科研管理的议题。而关于跨学科组织在管理方面面临什么样的问题,影响跨学科组织科研生产力提升的因素是什么等,已经出现在相关研究者的论著中。但是,已有的研究均采用"归纳—演绎"的研究路径,从已有研究中剥离出跨学科组织所面临的发展困境和影响要素,而忽略了大学跨学科组织的本土性情境。

因此,沿着大学跨学科组织冲突问题的初步识别、系统识别逐渐深入的路径,研究者尝试沿着质性研究的操作步骤,以大学跨学科组织从业者为个案,运用"连续比较法",对跨学科组织发展的相关问题展开本土性研究,主要包括如下四个步骤。

(1) 通过选择关键个案,并运用半结构化访谈方法获得研究资料,对其进行初始编码,进而生成初始理论模型。

(2) 基于对原始资料进行初始编码和反复比较得来的类属,对初始理论模型进行修正,进而生成新的大学跨学科组织冲突问题理论模型。在研究中每一个新的个案都能给研究者提供新鲜的类属和维度。循着理论抽样的方法,研究者不断寻找新的研究对象,使得跨学科组织冲突问题理论模型所纳入的属性和维度不断丰富。

(3) 基于初始编码生成的跨学科组织冲突问题的初始理论模型,沿着"故事线",运用"跨学科研究发展的因果条件→现象→因果链条脉络→中介条件→行动者行动/活动策略→结果"的分析框架,对大学跨学科组织冲突问题理论模型进行轴向编码,使之朝着理论建构的方向迈进。通过对不同类属之间关系的梳理和意义生成,生成理论模型T5。

（4）通过对已有研究属性和维度的生成，检验基于"连续比较法"获得的理论框架是否纳入了已有研究的概念和维度，并对理论模型T5进行进一步的边界厘清和概念修正，进而生成理论模型T6，作为大学跨学科组织冲突问题系统识别的结果。

由上可见，基于"连续比较法"，通过初始编码、轴向编码两级登录生成的大学跨学科组织冲突问题理论模型，在情境化、纳入性等方面实现了质的提升。

第五章

大学跨学科组织发展困境的成因分析

近年来，随着国家密集出台加快交叉学科建设、促进大学跨学科研究的政策文件，各类高校都开展了诸如成立学科交叉研究院、建设交叉学科、组建学科群等突破性尝试。[①]首轮"双一流"建设信息公开的41所高校"双一流"建设方案中，几乎都提出要以打造学科集群，建立交叉学科研究院，搭建跨学科、跨院系合作平台等方式推进交叉学科建设。[②]但学科交叉不是简单的学科叠加，在实践中时常面临组织载体缺乏、制度缺位等难题。[③]前述基于"连续比较法"，通过初始编码、轴向编码两级登录生成的大学跨学科组织冲突问题的理论模型，将大学跨学科组织发展面临的困境大致归为三类。一是外部需求的政策导向和知识创新逻辑存在错位，影响科研人员内生动力。"自上而下"建构的支持体系与大学跨学科研究需求匹配度不足，导致大学跨学科研究实践面临路径依赖、自主制度供给不足、资源配给"学科化"等问题。[④]二是矩阵式的学科交叉组织与直线职能制的学科组织及文化不兼容，学科目录主导的模式亟待打破。[⑤]两类组织在全职教师、研究基础设施和荣誉分配[⑥]等"资源争取"中存在诸多冲突。同时，学科理论、研究范式、话语体系等知识壁垒和学科价值冲突，[⑦]容易造成

[①] 王雁，徐强，尹学锋.从多学科到超学科：学科交叉的生长逻辑和实践路径[J].高等工程教育研究，2024（1）：99-105，137.

[②] 杨朔镔，任增元.中国高校学科交叉制度的历史进程、现实困境及破解路径[J].高等教育评论，2022，10（1）：180-193.

[③] 焦磊.高校如何发力交叉学科研究[EB/OL].（2022-05-18）[2024-03-05].https://m.gmw.cn/baijia/2022-05/17/35739720.html.

[④] 付晔.基于扎根理论的高校学科交叉融合激励机制研究[J].高教探索，2021（3）：45-51，71.

[⑤] 朱永东.研究型大学学科组织结构创新探析[J].高等工程教育研究，2021（4）：147-151.

[⑥] Dooris M J, Fairweather J S. Structure and culture in faculty work: implications for technology transfer[J]. The Review of Higher Education, 1994（2）：161-177.

[⑦] 缪昀轩.从知识权力视角看交叉学科的诞生——以物理化学学科为例[J].自然辩证法研究，2022，38（2）：123-128.

不同学科科研人员间的隔阂、封闭等关系困扰。[①]三是促进大学跨学科研究的学术制度和评价体系不断完善。当前，大学仍然采用传统院系组织架构，以及层级化人事管理、科研评价和利益分配制度，[②]交叉科研成果尚未形成科学、统一的评定体系和利益分配机制，[③]推进学科交叉面临科研合作和绩效评价难题。要想破解大学跨学科组织发展难题，需要深入研究大学跨学科组织面临的发展困境因何而来、背后有何影响机制等问题。本章借鉴吉登斯的结构二重性学说，考察大学跨学科组织中既有结构对相关行动者的结构性约束，以及行动者行动何以塑造大学跨学科研究结构。为厘清大学跨学科组织发展中相关行动者的与结构互动的复杂情况，同时引入韦伯的"理想类型"概念工具，运用二维象限分析方法，分析大学跨学科研究理想类型，进而对大学跨学科组织发展难题及其生成机制进行深入剖析，以期为推进大学跨学科研究提供理论借鉴。

第一节　结构化理论及其意蕴

一、结构化理论提出的背景

吉登斯是著名社会学家，自20世纪70年代以来，在诸多领域进行了深入研究，著述甚丰，其较具代表性的理论是结构化理论。结构化理论产生的背景有两个。

一是社会转型的时代背景。吉登斯在结构化理论中反复提及"转型"，反映了进入20世纪中叶后西方资本主义国家面临的巨变。结构化理论正产生于20世纪60年代开始西方国家在政治、经济和文化等方面的巨变中。社会转型的时代背景要求社会学家不但要考虑社会为什么如此，还应该关心社会何以从一种形态转型到另一种形态，并对未来社会如何发展进行深入的分析和批判。正是以吉登斯为代表的西方思想家对西方发达国家社会变革的动力机制，以及该如何

[①] 马永红，德吉夫."双一流"建设背景下大学跨学科组织的学科网络结构研究[J].学位与研究生教育，2020（6）：30-36.

[②] 包水梅.基于交叉融合的高等教育学学科发展理路[J].国家教育行政学院学报，2021（9）：39-46，66.

[③] 孙艳丽，于汝霜.跨学科科研团队知识整合的障碍及其运行机制研究[J].黑龙江教育（高教研究与评估），2018（2）：4-7.

实现真正意义上的转型发展等问题的反思①，催生了以吉登斯为代表的结构化理论。

二是对20世纪以来现代社会理论的反思。吉登斯在《社会的构成：结构化理论纲要》中一针见血地指出，社会理论中存在根深蒂固的客体主义和主体主义这种二元区分，②也就是本体论问题。在吉登斯之前，现代社会学理论普遍认为结构和行动是二元对立的。这种二元对立观可以分为客体主义取向的各类功能主义、结构主义理论，以及主体主义取向的各类解释学理论。功能主义和结构主义理论的突出特点是强调宏大社会事实对人的行动的强制性和统摄性，忽视人作为行动者的主体性作用。主体主义取向的代表性理论则是各种形式的解释社会学，解释社会学理论与客体主义相反，过分夸大了社会变迁过程中人的主观能动性。

现代社会机遇与风险共存，吉登斯试图将宏大的社会结构决定论的结构主义理论和强调个体行动者经验的功能主义结合起来。因此，他认为"我们必须不断地开始社会实践的循环"。社会科学的研究领域既不是个体行动者的经验，也不是任何形式的社会总体的存在，而是在时空向度上得到有序安排的各种社会实践。③从某种意义上说，吉登斯试图摆脱过分强调行动者或结构的使动性或制约性的主观主义和客观主义倾向，尝试针对二战后西方国家社会发展变迁的实际，超越主体主义和客体主义的弊端寻求社会变迁的"第三条道路"，以真正实现现代性的自我认同。④

二、结构化理论的意蕴

（一）吉登斯对二元对立的重新阐释

以马克斯·韦伯等为代表的冲突论者将社会视为两大对立的阶级，认为社会发展的动力机制和模式就是阶级间的相互冲突和斗争。这种冲突论取向在20世纪30年代以后发展为主体主义和客体主义两种截然相反的理论潮流。但无论哪种理论取向，都容易陷入"主体的不在场"或"结构的不在场"两个极端，也就是将行动者或结构二者的构成过程视为彼此独立的两套既定现象。

---

① 赵旭东.吉登斯社会理论与中国发展[J].西南民族大学学报（人文社科版），2016，37（12）：1-13.

②③ 安东尼·吉登斯.社会的构成：结构化理论纲要[M].李康，李猛，译，北京：中国人民大学出版社，2016.

④ 张云鹏.试论吉登斯结构化理论[J].社会科学战线，2005（4）：274-277.

上述理论取向在20世纪60年代开始在欧美等资本主义国家遭遇严重危机，原因是建构在社会冲突理论基础上的上述学说对二战后西方资本主义社会发展形态的解释力大大下降，急需构建新的社会理论。正是由于诞生在欧美资本主义国家转型的时代背景下，吉登斯在结构化理论中不断反思外在于社会的人在社会结构变迁中究竟发挥了什么作用，在特定时空概念中我们赖以生存的社会究竟是如何构成的等问题。结构化理论认为，二元对立问题在现实社会中实际上并不存在，因为社会不是静止的，而是动态的结构。从现代性所引发的时空抽离化出发，微观社会环境和宏观社会结构之间的对立只是相对而言的。行动者和结构二者的构成过程并不是二元对立的两套既定现象，而体现着一种二重性。社会系统的结构性特征对于其循环往复组织起来的实践来说，既是后者的中介，又是它的结果。①

据此，吉登斯重新阐释了"结构"和"结构化"的概念，认为社会结构由"社会整合"和"系统整合"构成，分别指代共同在场情境下行动者之间的交互关系和跨越广泛时空范围的不同行动者或集合体之间的交互关系。②结构同时具有使动性和制约性的两面性，也就是"二重性"，这也是吉登斯所认为的社会结构的最主要特征。借助相互统一于社会结构中的社会整合和系统整合，吉登斯用"二重性"概念取代了传统社会学中的二元对立学说，实现了对客体主义和主体主义学说的超越。

（二）引入时空概念，认为行动者是能知能动、带有自反性的

将时空概念引入社会生产过程是吉登斯结构化理论的另一要点。在结构化理论中，吉登斯通过引入经改造的时空概念来解释行动者的"不在场"情境，彻底改变了二元对立中对实践本身的认识。吉登斯认为时空是社会实践的天然的构成要素，也是社会系统能够维系的基本要素。那些模式化的社会关系，也就是社会的制度是由跨越时空的人类实践活动构成的。

吉登斯同时提出秩序问题是社会理论的根本问题，人们可以借助社会关系跨越时空的"延伸"，超越个体"在场"的局限性。③如何看待日常生活实践和社会制度的关系？吉登斯认为日常生活是社会实践得以组织起来的主体，可持

---

①②③ 安东尼·吉登斯.社会的构成：结构化理论纲要[M].李康，李猛，译，北京：中国人民大学出版社，2016.

续和不断重复的日常生活会不断趋向例行化和区域化。①最终，那些时空伸延程度较大的实践活动形成了社会制度。

在吉登斯之前，社会学家笔下的时空观大都是即时的、静止的。例如结构主义者过分强调外在社会结构对于社会行动者的规制性、先在性和外在制约性，认为行动者在社会结构中是被规制者而没有能动性，从而忽视行动者是能知能动、带有自反性的。在各类解释主义理论中，又过分夸大行动者在社会结构中的功能和作用。通过引入动态的时空观，结构化理论对结构主义和功能主义、解释社会学等理论进行了有力的批判。②

（三）创造性地重构了规则和资源的含义，并将其视为实践的手段

结构是使社会系统中的时空"束集"在一起的那些结构化特征。③其包括规则和资源，并由行动者使用。结构化理论的主要立场之一，是认为以社会行动的生产和再生产为根基的规则和资源同时也是系统再生产的媒介（结构二重性）。④

1. 何为规则

吉登斯所理解的规则实际上是行为的规范和表象性符码，在《社会的构成：结构化理论纲要》中，吉登斯以距离来说明规则的意涵。

（1）国际象棋中将死的规则（rule）如下……
（2）公式（formula）……
（3）张三按照（as a rule）每天清晨6点钟起床……
（4）全体公认必须照章（rule）于上午8点钟上班⑤……

在这里，吉登斯列出了四类规则，直观体现了对规则的理解。第2种规则，也就是公式精确展示了"规则"和"结构"的关联，吉登斯认为人类对社会规则的直觉意识恰恰是"认识能力"的核心，人类在日常社会接触的生产和再生

---

① 李红专.当代西方社会理论的实践论转向——吉登斯结构化理论的深度审视[J].哲学动态，2004（11）：7-13.

② 周志山，许大平.基于实践活动的使动性和制约性——吉登斯结构二重性学说述议[J].浙江师范大学学报，2002（5）：65-69.

③④⑤ 安东尼·吉登斯.社会的构成：结构化理论纲要[M].李康，李猛，译，北京：中国人民大学出版社，2016.

产中运用这些知识。①吉登斯认为第1种和第4种规则代表了规则的两方面特征，并对其进行了区分，认为第1种规则是构成性的，而第4种规则是管制性的。以对上述四种规则的理解为基础，吉登斯将规则描述为：隐藏于习惯和一般性规则后并明确体现在日常生活的实践活动中，能够在人类的社会交往中准确定位并指引实践活动，且在新的或特殊场合下，能够被行动者的实践活动再生产和重新整合的程序和解释。

2. 何为资源

吉登斯认为结构的范畴包含在"结构丛"中，也就是社会系统的制度关联所涉及的"规则-资源"中。而结构丛的形成取决于社会再生产过程中包含的规则与资源的相互转换性，②可见规则和资源是紧密结合在一起并在制度中被反复采用。关于资源，吉登斯认为社会场域中存在权威性资源和配置性资源。权威性资源指行动者所拥有的权威和各种社会资本，配置性资源则包括各种实体性的物质资源（见表5-1）。

表5-1 资源的类型及其界说③

配置性资源	权威性资源
环境的物质特性	对社会时空的组织
物质生产、再生产的手段	身体的生产和再生产（人们在相互交往中形成的组织和关系）
产品（由以上二者相互作用创造的人造物）	对生活机会的组织（自我发展和自我表现的机会的构成）

关于权威性资源和配置性资源的关系，吉登斯认为，配置性资源是时空向度内的真实存在。正如马克思所说，它是包括生产力在内的权力生成过程中所需要的物质资源。权威性资源则是权力生成过程中所需要的非物质性资源，它来源于对人的支配，是某些行动者相对其他行动者的支配地位造成的结果。④配置性资源往往在社会生产中起根本性的作用，但没有权威性资源的变化，配置性资源不可能得以发展。因为配置性资源受到生产力水平的直接制约，但是其集中水平却在根本上依赖于创造权威性资源的相关要素。

---

① ② 安东尼·吉登斯. 社会的构成：结构化理论纲要[M]. 李康，李猛，译，北京：中国人民大学出版社，2016.

③ 胡乐其. 吉登斯结构化理论中权力再生产的路径研究[D]. 天津：河北工业大学，2015.

④ 杨道宇. 课程效能生成的原理研究——基于结构化理论的视角[D]. 哈尔滨：哈尔滨师范大学，2010.

三、结构二重性及结构与行动的关系

(一)结构二重性

基于实践的使动性和制约性是理解结构二重性的核心。结构二重性观念超越了结构学说和能动学说的二元对立论,认为社会行动者通过反复创造社会实践的途径,来体现作为行动者的自身。同时,行动者借助这些活动,在活动过程中再生产出使其得以发生的前提条件。[①]

吉登斯结构二重性学说是在对经典社会理论中的基本问题即个体与社会、人与结构、主体与客体之关系所持的二元论的正统共识进行批判性解构的基础上提出来的。[②]吉登斯以结构二重性为核心去解释人与社会的互动关系,得出了两点全新的理论认识:其一,结构是行动的媒介,并通过规则和资源对行动产生作用;其二,结构又是行动的结果,结构并不是一种先在的东西,而是由行动者在各种具体实践活动中建构出的事实,这种在时空中不断再生产的过程就是结构化过程。

在结构二重性学说中,吉登斯也强调意外后果对社会实践的再创造过程。认为行动包含了对行动者的反思性监控、理性化和动机激发的过程,这三个过程复合在一起构成了人的有意图的行动。[③]然而,人的有意图的行动并不必然导致意图中的结果,结果往往是不能完全预期的。意外后果也是行动结果的重要组成部分,并再生产了社会结构,实践活动则是社会结构中的行动者对于社会规则和资源的有效利用。

(二)结构化与权力再生产

吉登斯批判了静止的权力观,他认为权力的实施过程并不是一成不变的,权力的实施离不开社会、行动者和资源这三个相互关联的要素。权力主要来源于资源分配的不均衡,资源是权力得以实施的媒介,是社会再生产通过具体行为得以实现的常规要素。[④]在社会变迁过程中,随着配置性资源配置过程的不断

[①②] 周志山,许大平.基于实践活动的使动性和制约性——吉登斯结构二重性学说述议[J].浙江师范大学学报,2002(5):65-69.

[③] 陆春萍,邓伟志.社会实践:能动与结构的中介——吉登斯结构化理论阐释[J].学习与实践,2006(2):76-83.

[④] 李红专.当代西方社会理论的实践论转向——吉登斯结构化理论的深度审视[J].哲学动态,2004(11):7-13.

变化，规则的制定也在动态调整。因此，结构化理论中权力的再生产过程不是简单对资源的重复支配，而是基于规则与资源的动态再生产。①结构与行动发生关系的中介被吉登斯称为"结构化模态"，在特定时空区域内，行动者利用社会中的规则和资源，对社会结构进行再生产。

吉登斯确立了从人类实践活动看待社会的理论向度，把结构与行动视为人类实践活动的两个侧面。②认为所有的社会行动都以结构存在为前提，结构也以行动为前提，因为结构依赖于人类行为的规则性。③有研究者对城市公共文化服务的结构二重性进行了研究，提出当分散的社会文化人才经过公共文化服务行动聚合时，人们究竟是被整合于现存的社会科层制结构，成为这一结构的附属品和衍生物，还是成为具有一定程度的文化主体性的社会能动者的问题。④对此，吉登斯认为主体和客体、行动与结构、微观与宏观不是固定不变、截然相反的两种既定现象。⑤社会系统是由个体实践活动和超越生命个体的具有结构性的社会系统共同建构的。

关于结构再生产，吉登斯认为结构并非机械地存在于社会中，而是存在于行动者的行动中，并由其积极建构完成的过程。也就是说社会结构再生产并非行动者的意图性结果，而是行动者因为认知能力的原因所造成的意外后果。简单来说，结构化就是一个双向互动过程，其中的规则、资源在时空跨度中被当作行动的媒介来形成互动，且这些规则和资源在使用过程中得到了再生产。⑥

（三）结构与行动的关系

首先，结构是行动的媒介。在行动者开展行动时，由规则和资源组成的结构是行动赖以展开的媒介。这种中介作用体现在两个方面。一方面，结构为行动提供持续的动力，对行动者展开行动具有促动作用。这种促动作用体现在由规则所转化来的内化于行动者内心的知识力，以及由资源所构成的外在因素，

---

① 胡乐其.吉登斯结构化理论中权力再生产的路径研究[D].天津：河北工业大学，2015.

②⑤ 李红专.当代西方社会理论的实践论转向——吉登斯结构化理论的深度审视[J].哲学动态，2004（11）：7-13.

③ 安东尼·吉登斯.社会的构成：结构化理论纲要[M].李康，李猛，译，北京：中国人民大学出版社，2016.

④ 吴予敏.城市公共文化服务的结构二重性和社会行动者——以吉登斯结构化理论为视角[J].学术研究，2016（10）：44-50，177.

⑥ 乔纳森·特纳.社会学理论的结构（下）：第6版[M].邱泽奇，等译.北京：华夏出版社，2001.

也就是行动者通过权力、物质等掌控的工具和手段,这是行动者开展行动的能动力。内在的知识力和外在的能动力相互作用,共同促成了社会生产和再生产中行动的意图效果和意外效果。另一方面,结构对行动又具有约束作用。这种约束主要有物质性制约、负面制约和结构性制约三类。三类约束分别指向人的身体的生理能力与物质环境的相互作用、来自他人的惩罚性反应以及社会系统的结构性特征的"既定性"对行动者选择余地的限制作用。[①]吉登斯特别重视结构对行动的双重作用,也就是使动性和制约性。他认为:一方面,社会结构对行动者具有约束作用,甚至在多数情况下社会结构能够提供给行动者理性选择的机会很少;另一方面,行动者并不会一味地遵从社会结构,无论社会结构对行动者的制约作用有多大,行动者始终保有一定的能动作用和自主空间。

其次,结构是行动的结果,人们在社会实践中再生产了社会结构。从总体上来说,社会结构并非绝对不依赖于人的意志力而客观存在,而是由人在社会实践中创建的。因此,社会结构是人的能动作用的结果,没有人的能动作用,人类社会或者说社会系统显然将不复存在。但这并不等于说行动者创造了社会系统,行动者只是再生产或者转变了后者,在实践的连续过程中不断更新业已产生的东西[②],这个过程被吉登斯称为结构化过程。值得注意的是,虽然行动者的行动是有目的的,但行动的结果往往是无法预料的。正是这种意外后果,才使得社会结构的再生产得以成为可能,进而促进社会变迁。因此,吉登斯认为社会结构的再生产往往是由于行动者"似懂非懂"等认知能力的局限性导致的破坏所造成的意外后果。[③]

综合结构论、行动论以及结构和行动关系论的相关要点,结构化理论的构成可以用图5-1表示。

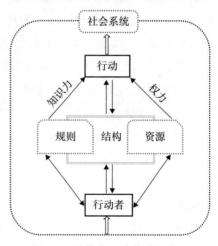

图 5-1 结构化理论构成示意图

---

① 杨道宇.课程效能生成的原理研究——基于结构化理论的视角[D].哈尔滨:哈尔滨师范大学,2010.

②③ 安东尼·吉登斯.社会的构成:结构化理论纲要[M].李康,李猛,译.北京:中国人民大学出版社,2016.

四、基于"结构二重性"的大学跨学科研究理想类型和结构

（一）大学跨学科研究的理想类型

在"结构二重性"视域下，关注大学跨学科研究中相关行动者和结构的互动与互构过程尤为重要。在梳理大学跨学科研究相关行动者的行动过程及国家政策和学校支持后，本研究以大学跨学科研究中相关行动者的动机与行动方式为参照标准，建构大学跨学科研究的理想类型，以为分析、理解现实提供理论模型。

学科的演进经历了从分化到交叉融合的复杂过程，大学跨学科研究是我们从更深层次认知复杂世界体系问题的必由之路。但学科交叉不是简单的学科叠加，而有其复杂的内在机理，受到新发展格局下国家发展需求和知识生产模式转型下知识创新需求的双重驱动。①一方面，大学跨学科研究是高校促进科技创新和经济发展的重要路径，也是建设创新型国家和世界一流大学的必然选择。②因此，国家大力推进大学跨学科研究建设，加强前沿交叉学科布局、推动交叉学科管理体系和人才培养体系建设。③另一方面，当今世界面临的战略性、前瞻性科技问题愈发增多和复杂，使得大学里知识生产的情境性、应用性和跨学科性不断增强，④以学科为基础的知识生产模式难以适应时代发展的需要，知识生产和创新的内在需求推动大学跨学科研究，也成为新的学科增长点的重要来源。

国家需求和知识创新需求作为大学跨学科研究驱动力差异显著，国家需求驱动突出了规则的管制性特征及大学跨学科研究建设中资源分配的指向性，在国家和大学跨学科研究建设者之间形成支配关系；知识创新驱动则强调规则的构成性以及大学跨学科研究建设者有获得资源和进行转换的能力。二者的匹配度直接影响大学跨学科研究结构建设，各相关方利用规则和资源主动或被动地推动大学跨学科研究建设，并在学科交叉系统反复再生产中生成大学跨学科研究结构，生成以下四类大学跨学科研究结构：类型Ⅰ，大学知识创新和国家需

---

① 王智腾，史秋衡.大学交叉学科组织融合的系统性结构[J].教育发展研究，2022，42（11）：13-16.
② 程开华.新时代交叉学科的概念范畴、方法体系与融合路径[J].教育评论，2023（1）：70-75.
③ 韦结余，西桂权.推进学科交叉融合 助力科技强国建设[EB/OL].（2021-10-13）[2024-01-31]. http://sscp.cssn.cn/xkpd/gggl/202110/t20211013_5366632.html.
④ 李志峰，高慧，张忠家.知识生产模式的现代转型与大学科学研究的模式创新[J].教育研究，2014，35（3）：55-63.

求存在一定错位,但科研团队能够获得外部资源,并在外部资源驱动下主动组建学科交叉团队和平台,生成与国家发展需求紧密结合的"外驱发展型结构";类型Ⅱ,国家需求逻辑和知识创新逻辑同频共振,高校及科研人员在双重驱动下组建的大学跨学科研究团队具有"内驱建设型结构"特征,大学跨学科研究建设者有主体性地进行建设;类型Ⅲ,大学知识创新和国家需求存在错位,且科研团队获取项目资源的动力不足,此种情况下,大学跨学科研究组织生成"外驱维持型结构";类型Ⅳ,高校有跨学科知识生产和创新的内驱力,但在路径依赖下知识生产与创新仍以原学科为单位进行虚体学科交叉组织扩展,从而生成大学跨学科研究的"内驱悬浮型结构"。

大学跨学科研究发展是否顺利,关键在于创设的底层架构和制度体系是否牢固。本研究借鉴理想类型方法将大学跨学科研究结构类型化,以作为后文分析的参照框架。大学跨学科研究结构的理想类型如图5-2所示。

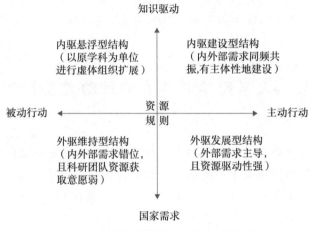

图5-2 大学跨学科研究结构的理想类型

(二)大学跨学科研究的理想结构

对大学跨学科研究来说,只有实现"外驱发展型结构"向"内驱建设型结构"发展与转型,才能将大学跨学科研究内化为行动主体的共同认识和行动,实现任务驱动和探索性科研任务的有机整合。大学跨学科研究的理想状态指向知识创新驱动,以期在实践中生成"内驱建设型"组织模式。其需要配套规则和跨学科知识整合两个方面力量的匹配、协同与耦合,并以形成自上而下的资源输入与自下而上的参与的良性互动为旨归。

政府"自上而下"的制度设计是大学跨学科研究结构生成的前提。在规则和资源配置上，政府可以通过规则制定、组织模式建构、过程控制和评估等方式，对大学跨学科研究实施过程进行规约，继而以评估和评价反馈为依据修正已有的规则、制度和体系，并将其作为指导下一阶段工作的行动模式。高校科研团队是大学跨学科研究的直接建设者，达成自上而下的资源输入与自下而上的参与的良性互动目标，需要对大学跨学科研究建设者进行有效的组织动员。这个过程既包括以项目为核心的经济动员和强制性权力动员，也包括以目标、价值和认同为核心的精神动员和参与者自主性动员。[①]在制度建构和组织动员中形成学科交叉知识生产与创新生态是组建有效大学跨学科研究团队的关键。在四种理想类型中，"内驱悬浮型结构"中科研团队具有知识创新的内在驱动力，而改变组织结构的行动力不足，在加强组织动员的基础上，也需要给予其自主选择和知识创新空间，鼓励其进行多样化发展模式探索；"外驱维持型结构"和"外驱发展型结构"在国家需求和资源配置模式下进行建设，应当相对弱化大学跨学科研究建设的强利益关联性，相对强化非物质性激励和精神动员，推动大学跨学科研究团队在知识创新驱动下发展"内驱建设型"学科交叉组织。

第二节　大学跨学科研究的行动者及行动逻辑

吉登斯结构化理论的基本视角主要有结构论、行动论以及结构和行动关系论。大学跨学科研究场域中的行动、行动者和中介分别是什么？以结构化理论的主要构成要素为对象，沿着大学跨学科组织发展困境的作用机制何以产生，如何作用的脉络展开分析。笔者提取"跨学科组织面临的冲突问题"作为研究的核心类属，其包含国家层面的政策支持、科研机制、科研文化与价值，以及外部需求导向下跨学科组织在校级层面的制度支持、基础条件、定位、资助体系等冲突问题。多重冲突又导致跨学科研究中存在院系组织冲突、组织形态异化、团队架构冲突等。

吉登斯认为，个人所处的社会是丰富多彩的，其中既有社会从宏观结构层面对行动者个体的制约，也有行动者主观能动性的发挥，行动者的行动则围绕一定时空下社会再生产过程中反复涉及的"规则"和"资源"也就是"结构"

---

① 石大建，李向平.资源动员理论及其研究维度[J].广西师范大学学报（哲学社会科学版），2009，45（6）：22-26.

展开。①在此基础上,吉登斯发展了"结构二重性"的概念,包含两个方面的意蕴:一方面,社会结构本身是人类的行动建构起来的,社会结构受制于行动者的行动效果;另一方面,经过人的实践活动建构起来的社会结构,又为行动者进行社会行动建构起了桥梁和中介。②如果将跨学科研究发展效能视为大学跨学科研究场域这个社会系统的一种整体效能,跨学科研究发展困境则是政府、大学、跨学科研究者等不同行动者利用跨学科研究结构在跨学科研究互动中生成的。因此,借由吉登斯在结构二重性学说中所提出的"行动"和"行动者"统一的框架对跨学科研究发展困境的要素进行审视,可以识别跨学科研究的行动者及其互动的特征,也可以通过对结构与行动间关系的分析,阐释跨学科研究发展困境的生成机理。

正如吉登斯结构二重性学说中的"行动"和"行动者"两个范畴的归因所述,跨学科研究形式化和跨学科组织失效的意外后果,是由国家、院校,以及跨学科研究从业者等行动者,在国家、院校和跨学科组织等层面所面临和制造的冲突行为共同导致的。那么准确识别导致大学跨学科组织发展困境生成的行动、行动者和中介分别有哪些,其是如何相互作用的,是对大学跨学科组织发展困境生成机理深入研究的前提。

一、政府、院校和跨学科研究者都是大学跨学科研究的行动者

(一)政府是大学跨学科研究场域建构的主要行动者

我国高等教育体系的创设和管理是一种国家行动,高等教育事业是"国家战线"的重要组成部分,并逐渐形成了中央与省(区、市)、地三级办学,且以中央和省(区、市)两级管理为主的体制。政府是大学场域内各类规则、制度的主要创设者,并形塑了大学场域内的文化和价值。作为大学科研组织的新模式,我国大学跨学科研究也是一种典型的"国家行动"。首先,政府以分阶段实施推进的"五年规划"和中长期规划的形式决定了跨学科研究的主攻方向,并以不同类别的重点实验室、重点研发计划、工程研究中心和协同创新中心等科研项目和机构将大学跨学科研究的主攻方向制度化;其次,政府是大学跨学科研究资源的主要提供者。这种资源供给体现在资金、学位点等物质性资源的配

---

① 张云鹏.试论吉登斯结构化理论[J].社会科学战线,2005(4):274-277.
② 刘少杰.后现代西方社会学理论[M].北京:社会科学文献出版社,2002.

置以及人事关系、评估评价等权威性资源的控制上；最后，政府主导了大学跨学科研究规则的生成。通过上述资源供给和控制，结合一系列绩效评定和评价手段，政府构建了一套大学跨学科组织运行的规则体系，并将其内化为高校、跨学科研究从业者的行为选择和价值取向。因此，政府是大学跨学科研究规则和制度形成的主要行动者。

（二）院校和研究者也在大学跨学科研究结构再生产中发挥作用

在高等教育治理从以计划模式为主走向双重体制的今天，大学在高等教育治理中的主体作用逐渐彰显，大学场域中的规则和制度建构也越来越多地需要院校和教师的共同参与。政府逐渐从学术组织管理、学位点动态调整等具体事务中解放出来，开始扮演宏观行动者的角色，在跨学科研究重点方向厘定、资源配置、绩效评价等方面发挥重要作用。政府日益与大学和科研工作者形成紧密的协作关系。一方面，在高等教育治理深入推进的时代背景下，我国高等教育管理也逐渐走向政府和大学共治的模式。特别是近年来，学位点动态调整权、教师职称评聘权等逐渐下移至高校。高校在研究生招生名额分配以及横向的资源配置和评价机制等方面具有较大的话语权，大大扩展了跨学科研究的发展空间，对传统学术组织进行改造的步伐也越来越大。另一方面，跨学科研究从业者作为促进跨学科研究的直接行动者，对大学跨学科组织内部的科研生产、文化价值、规则制度等场域的形成起到关键作用，跨学科研究从业者的行动导致的结果又直接影响了院校和政府的行动偏好。

因此，大学跨学科组织场域内规则和制度的形成并不是沿着"自上而下"的单一路径实现的，院校、大学跨学科组织以及研究人员对大学跨学科研究制度和规则的形成也造成了实质性影响。可见，大学跨学科研究的行动者是由政府、院校、跨学科研究人员等多元利益主体构成的，多元主体间的相互作用共同影响了大学跨学科研究结构的再生产过程。一方面，跨学科组织发展困境产生于学科化和效率主义的科研文化体系下。在外部需求导向的跨学科建构体系下，跨学科组织建构的效果取决于跨学科研究行动者的团队构成、科研文化、学科价值等方面的融合程度。另一方面，跨学科组织在国家、院校层面所面临的跨学科环境良性不足、跨学科资助和评价的机制不完善，以及校级层面跨学科支持的缺失等，又是跨学科研究和管理从业者通过跨学科组织这个桥梁和中介自我建构的。

二、大学跨学科研究呈现出"上下互动"的行动逻辑

高等教育政策和规则是政府进行高等教育治理的重要手段和工具。与计划经济时代"自上而下"的政策制定和执行过程不同,双重体制下的大学跨学科研究并非遵循严格的"自上而下"的行动逻辑,而是政府、大学、跨学科研究者在不同阶段相互作用,共同形塑了大学跨学科研究结构,大学跨学科研究结构再生产呈现多元主体共同作用和"上下互动"的总体特征。

(一)"自上而下"是大学跨学科研究的主要行动模式

长期以来我国教育政策的生产和执行过程沿袭计划经济时期的总体性配置模式,呈现出"自上而下"的行动逻辑。有研究者认为,"自上而下"的政策执行模式是一种理性模式,承袭逻辑实证主义的理论路数。在这种模式下,政策目标与政策执行存在线性关系,通过设定政策目标、实现条件、政策工具和实施路径,形成一种理想化的政策过程。[1]大学跨学科研究结构生产和再生产亦不例外,我国大学跨学科研究结构生产和再生产行动表现出强烈的外部主导特征。政府等外部行动者基于理性的政策制定路线,以对科技发展重点方向的预测为依据,制定未来一段时间需要达成的阶段性科研攻关任务,并在此任务指导下,通过规则制定、组织模式建构、过程控制和评价、评估等方式,对跨学科研究的主攻方向是什么、如何开展大学跨学科研究等展开规制性行动。继而以评估和评价行动的反馈为依据修正已有的规则、制度和组织模式,并将其作为指导下一阶段大学跨学科研究的行动模式。因此,政府等外部资源供给者"自上而下"的行动是大学跨学科研究结构生产和再生产的主要特征。

(二)"自下而上"的政策反馈是大学跨学科研究的重要行动流

政策价值被行动者理解和内化是"自上而下"的行动得以落实和贯彻的前提。但在大学这种底部松散的学术联合体中,组织赖以运行的逻辑呈现"上下互动"的总体特征。政府、院校的政策生产过程必须吸收跨学科研究从业者、管理者等基层行动者对大学跨学科研究和组织运行的反馈,才能使政策价值被大学跨学科研究中的生产者理解和内化,进而对大学跨学科研究的规则进行再生产。

---

[1] 刘晶.论"上下互动"的教育政策执行——以师范生免费教育政策为例[J].教育发展研究,2016, 36(10): 8-13.

个体社会化的过程不只是一个被决定的过程，也是一个创造的过程，一个自由行动的过程。①不是行动流本身外在地呈现出结构性特征，而是结构性特征表现在人对自己之前做出行动并且期待他人也如此行动的反思性监控当中。②在大学跨学科研究的结构再生产中，跨学科研究的效能体现为科研团队建设和科研产出的效能。而科研成果的生产则包含院校和科研从业者的行动，这个行动过程被称为有能力"改变"既定事态或事件进程，也是做出行动的基础。③

因此，在某种意义上，大学跨学科研究的结构化过程呈现出"上下结合"的总体特征。在政策结构化过程中，来自基层的反馈是大学跨学科研究结构再生产的重要推动力。

第三节 大学跨学科组织发展困境的生成机理

通过以上分析，可以发现吉登斯结构化理论着重研究了结构论、行动论以及结构与行动关系论三个方面。首先，结构化理论是将社会系统及其运行作为研究对象的社会理论，结构二重性学说是结构化理论的核心。其次，结构化理论认为社会系统是不同行动者利用结构进行相互作用而产生的。结构是由规则和资源构成的，规则由规范性规则和诠释性规则构成，资源则包括配置性资源和权威性资源两种类型，规则和资源共同促进行动者的行动。最后，结构是行动的媒介，又是行动的结果，二者通过"结构化模态"这个中介建立联系。

笔者将大学跨学科组织发展效能视为大学跨学科研究场域这个社会系统的一种整体效能，可以发现大学跨学科组织发展困境是政府、大学、跨学科研究者等不同行动者利用跨学科研究结构，在跨学科研究互动中生成的。在前文中，笔者使用"连续比较法"生成了大学跨学科组织发展困境的冲突类属，建立了大学跨学科研究冲突特征的理论模型，并进行了初步的特征阐释。在上述研究基础上，笔者试图以吉登斯结构化理论中的结构二重性学说来揭示大学跨学科组织发展困境中行动者互动的一般特征，并通过对结构与行动间关系的分析来阐释大学跨学科组织发展困境的生成机理。

---

① 谢维和.教育活动的社会学分析——一种教育社会学的研究[M].北京：教育科学出版社，2000.
②③ 郑文换.制度、行动与行动流——新制度主义与结构化理论[J].中央民族大学学报（哲学社会科学版），2015，42（2）：40-48.

一、跨学科研究是基于规则和资源的权力再生产过程

(一)跨学科研究发展困境是多元行动者通过大学跨学科研究自我建构的

结构是存在于行动者能动的行为中,并由其积极作用而加以完成的过程。结构既能被人的能动行为所建构,又是行动者得以建构的媒介,其可以在两个层面上使用。一是在社会系统层面,宏观意义上的结构是社会的结构性特征;二是在实践层面,结构又由各种规则和资源构成。对大学跨学科组织发展困境来说,围绕大学跨学科研究行为建构的场域就是大学跨学科研究的社会结构。

一方面,任何社会结构对行动都具有使动性和制约性两方面作用,大学跨学科研究结构是多元行动者在结构的使动性和制约性中共同建构的。相对于个人而言,结构并不是什么外在之物。从某种特定的意义上来说,结构作为记忆痕迹,具体体现在各种社会实践中,内在于人的活动中,而不像涂尔干所说的是外在的。[①]大学跨学科研究场域是规则和资源以及被默认的文化价值的凝结体,其通过多样的跨学科研究行动支配不同行动者的选择。同时,也通过不同行动者的能动性不断改造和建构大学跨学科研究场域。因此,结构既是行动者开展实践活动的条件,也是行动者实践活动的结果。正是在行动者能动地做出成规模的实践活动中,结构规则发生变化,结构再生产得以实现。[②]

另一方面,大学跨学科组织发展困境是结构化过程的意外后果。正如吉登斯所述:"不管这一系列行为是在棋盘上移动棋子,还是行动者在住房市场上选择居住地,都属于有意而为,可最终的后果并不符合哪一个人的意图或欲求。"[③]我们可以将人类社会中自均衡方式的系统再生产看作包含一系列因果循环的运作过程,在这种运作中,行动的一系列意外后果反馈回来,重新构成触发下一步行动的环境。[④]与此类似,大学跨学科研究过程表现出较强的复合效应。跨学科研究发展困境正是多元行动者通过大学跨学科研究这个中介自我建构的,政府、院校和跨学科研究行动者在相互博弈中不断改变大学跨学科研究结构,使大学跨学科研究赖以运行的资源和规则体系产生偏差。在这个模态中,一定时空范围内束集起来的行动相互作用,就产生了大学跨学科研究失效的意外后果。

[①][③][④] 安东尼·吉登斯.社会的构成:结构化理论纲要[M].李康,李猛,译.北京:中国人民大学出版社,2016.

[②] 姚俊."不分家现象":农村流动家庭的分家实践与结构再生产——基于结构二重性的分析视角[J].中国农村观察,2013(5):78-85,94.

（二）规则和权力是大学跨学科研究再生产的基础

吉登斯认为，权力逻辑包含于行动者的行动中，突出体现为利用规则和资源改变既定事态或事件进程的能力，也就是一种转换能力。在大学跨学科研究场域中，权力的实施过程并非一成不变，而是动态的。随着资源和规则配置过程的变化，结构二重性中的不同行动者对结构的转换能力也在动态变化中，这种基于规则和资源的动态再生产就是权力的再生产过程。[①]

我国大学跨学科研究带有明显的政府驱动痕迹，但呈现出政府和大学围绕跨学科研究项目博弈的整体特征。这个过程正是各种行动者基于规则和资源的权力再生产过程。政府是大学跨学科研究场域构建的主要行动者，是各方面表现最为突出的权力的"集中器"，主导了跨学科研究规则的生成。通过资源供给，结合一系列绩效评定和评价手段构建了跨学科组织运行的规则体系。但院校、跨学科组织的管理和研究人员对跨学科研究制度和规则的形成也造成了实质性影响。因此，跨学科组织场域内规则和制度的形成并不是沿着"自上而下"的单一路径实现的。一方面，外部需求导向的跨学科研究创建和质量评价体系一旦被制度化为国家的理念基础，就会作为一种客观事实而存在，并在这一基础上不断扩散[②]，那些已有以及新进入组织的多样化将被其他组织同化；另一方面，现代教育系统包含反思性调控的努力，这些努力所导致的后果又会对那些制定教育政策的人施加反作用。

吉登斯认为，行动流持续不断地产生行动者意图之外的后果，这些意外后果又可能以某种反馈的方式，形成行动的未被认识到的条件。[③]因此，在跨学科研究发展困境中不同行动者的行动涉及规则以及对规则的遵守，所以行动又具有社会性，是社会性的行动。在日常生活实践中，行动者总是理性地面对各种资源与规则，并做出有利于自己的行动选择。同时，行动又是在循环往复的日常活动中被结构化的。政府、院校、跨学科研究人员等多元利益主体在动态过程中利用上述规则、制度和评价体系进行权力再生产，共同构成大学跨学科研究的基本形态。

[①] 胡乐其.吉登斯结构化理论中权力再生产的路径研究[D].天津：河北工业大学，2015.
[②] 郭毅，徐莹，陈欣.新制度主义：理论评述及其对组织研究的贡献[J].社会，2007，27（1）：14-40，206.
[③] 安东尼·吉登斯.社会的构成：结构化理论纲要[M].李康，李猛，译.北京：中国人民大学出版社，2016.

二、政府主导的工程化建设是大学跨学科组织发展的主要模态

在我国，大学跨学科研究以国家行动的形式开展。大学虽然是跨学科研究的主要组织和管理者，却在轰轰烈烈的大学跨学科研究运动中处于从属地位。这种从属地位主要表现在如下几个方面：一是几乎所有有影响力、规模较大的交叉学科和跨学科研究平台均被纳入国家有计划、有节奏的行动中，大学跨学科平台的发展必须和国家经济社会发展的总体步调相一致；二是在综合定额加专项拨款的资源配置模式下，大学跨学科研究平台的资源配置权大部分由政府掌控，并以竞争性的"项目制"为主要的资源配置和评估方式，呈现出较强的工具理性主义特征；三是与高等教育质量中的国家质量相契合，大学跨学科研究的质量也演变为国家质量行动，高质量跨学科研究成果的评价主体以相关管理机构为主。

（一）外部需求导向的组织合法性：跨学科组织的制度性矛盾

哈贝马斯认为，合法性意味着某种政治秩序被认可的价值。大学跨学科组织不仅是技术性和复杂关系模式的产物，而且是文化规则的理性化产物。因此，大学跨学科研究的合法性包括两个层面的意义：其一，大学跨学科研究行动应当被视为学科创新的行动，也就是能够被利益相关者认可；其二，大学跨学科研究行动应当通过平台建设、制度建设、成果产出等方式和途径得到主管部门的认可。韦伯认为行为的合法性来自规章制度的规定，大学跨学科研究是否具有合法性就在于跨学科研究行动是否符合一系列有关交叉学科创新的概念和制度规定。而这种面向外部需求的组织合法性和外部需求导向的大学跨学科研究创建和质量评价体系，一旦被制度化为国家的理念基础，就会作为一种客观事实而存在，并在这一基础上不断扩散[①]，那些已有以及新进入组织将被其他组织同化而逐渐降低多样性。特别是在"外驱发展"和"外驱维持"模式下，学科交叉融合的监督考核方反思性监控学科交叉融合建设者的策略性行动，并对学科交叉融合方向进行调适。具体表现为：一是通过学科交叉融合结构中的规则和资源配置提供持续的动力和激励，使之转化为行动者内化的科研创新的知识力，同时基于评估反馈过程赋予学科交叉融合建设者改变组织发展方向和模式

---

① 郭毅，徐莹，陈欣.新制度主义：理论评述及其对组织研究的贡献[J].社会，2007, 27 (1): 14-40, 206.

的能动力;二是通过考核、监督和规范等对高校、跨学科组织产生约束作用,主要有物质性制约、负面性制约和结构性制约三类。

这种"外驱发展"和"外驱维持"模式驱动的大学跨学科研究,其合法性的评判标准呈现如下特征:一是有关合法性的规则、制度和文化规定以政府部门制定为主,大学、跨学科研究平台等参与度不足,跨学科研究的合法性演变为向主管部门负责的合法性;二是大学跨学科研究合法性的评判标准由政府掌控。正如韦伯所言,组织合法性的来源很大程度上在于是否被纳入制度化的体系中,以及是否产生良好的效果。那么如何评判大学跨学科研究行为的效能?可以看到政府部门提供了一套以绩效和成果显示度为标准的评价制度。与当下高校普遍使用的量化评估制度和政策同构,重视量化成果且强调个体化的科研效能评价模式普遍且深刻地影响了学者的学术工作。这种以量化为主的"指令性绩效管理"模式在一定程度上推动了不同学科间的交叉融合,能在短期内集中力量协同攻关,但也挤压了学科交叉创新研究中学者的自主选择空间。对科研成效的"数字化迷失"造成一些基础性较强、研究周期较长、失败风险较高的跨学科项目得不到应有的重视,[①]大学跨学科研究交叉创新的意义大打折扣。

(二)外部需求导向的组织和制度建设影响跨学科研究自主性

20世纪90年代以来,以国家重点实验室、国家工程研究中心,以及"985工程"科技创新平台和哲学社会科学创新基地建设为发端,国家重大需求驱动成为大学学术组织建设的常态。大学学术组织建设特别是各类挂牌科研机构的建设,逐渐演变为国家义务和责任,使得大学跨学科组织在创建和运行中都表现出强烈的向上负责的总体特征。各类大学跨学科组织被赋予国家级、省部级、地市级等不同层级,形成了"差序格局"的分布状态。为维护更有竞争力的地位,获得核心地位的大学在组织架构、资源配置模式、成果评定机制等方面纷纷向外部需求和标准看齐。那些力图打破固有格局的大学,则动员各方资源使其跨学科组织获得更高级别的标签。不论是各种实验室、协同创新中心还是创新性学院等科研机构,均处于不同的层级体系中。大学需要做的就是在"差序格局"中不断向核心靠拢,以获取更多优势资源。

国家需求主导的大学跨学科研究行动有利于重点领域科技资源投入的可持续性,可以在事关国家战略的交叉学科领域实现快速突破,竞争性的资助模式

[①] 沈文钦,毛丹,蔺亚琼.科研量化评估的历史建构及其对大学教师学术工作的影响[J].南京师大学报(社会科学版),2018(5):33-42.

也有助于进一步提升国家科技资源使用的集约程度。但外部需求导向的组织创建可能导致外部主导的大学跨学科研究评价和评估，在大学跨学科研究中形成国家负责的质量评价体系，直接影响跨学科研究人员的行动选择，造成跨学科组织的同质化、指标化。政府各级科技和教育行政部门掌握着跨学科研究评价的重要环节，而同行评议制度难以发挥主导性作用。这种高度行政化的学术评价体系，造成大学跨学科组织的高度同质化。特别是近年来，国家层面对有组织学科交叉科研的支持力度愈发加大，在资源配置、评价导向乃至组织和制度建设方面持续加大对学科交叉融合的支持力度，并不断完善相关制度和规则体系。《统筹推进世界一流大学和一流学科建设实施办法（暂行）》《关于高等学校加快"双一流"建设的指导意见》《关于深入推进世界一流大学和一流学科建设的若干意见》等文件均明确提出，高校要优化学科布局，打破传统学科专业之间的壁垒，突出学科交叉融合和协同创新，大力推进科研组织模式创新，强化有组织创新，鼓励跨校、跨机构、跨学科开展高质量合作。①教育部于2022年8月出台文件，明确加强高校有组织科研的9项举措，着力加快变革高校科研范式和组织模式。意图通过组织模式创新，打破学科之间的壁垒，整合相关传统学科资源，在前沿和交叉学科领域培植新的学科生长点。但来自学科交叉融合考核方"自上而下"的反思性监控也带来了跨学科研究的同质化现象，这种同质化现象有以下两个突出特点。一是组织类型高度一致。国家实验室、国家工程研究中心、创新研究院、协同创新中心等是我国大学跨学科组织的主要形态。但各类跨学科组织均以增量型的矩阵结构出现，其建设往往是国家主导的科教战略的一部分。二是组织管理体制高度一致。政府、市场等外部行动者主导跨学科组织的立项建设、资源配置和成果评价，因此，遵循已有学术组织的架构和评价体系，甚至对照评价指标进行建设，成为跨学科组织获得组织"合法性"的必然选择，造成跨学科组织管理和评价的学科化倾向。

（三）项目和工程主导是跨学科研究治理的主要模式

随着我国国家治理体系逐渐从以计划为主的"单一体制"过渡到计划和市场手段相结合的"双重体制"，项目制、绩效考核等工程领域的概念和治理理念也被引入高等教育治理之中。"项目制"成为大学跨学科组织的重要组织形式。

---

① 焦磊.高校如何发力交叉学科研究[EB/OL].（2022-05-18）[2024-03-05].https://m.gmw.cn/baijia/2022-05/17/35739720.html.

项目制的分级治理属性意味着市场化的竞标机制和技术取向的治理手段，绩效拨款、分类建设成为主要政策工具，导致大学跨学科研究陷入"工程化"的治理困境。

一是项目和工程思维导致跨学科研究虚化。一方面，基于学科的竞争性科研项目是科研经费的主要来源，几乎所有的学者都要参与项目竞争。跨学科科研资源的稀缺性和分配规则的不透明，使跨出已有学科和学术领地来竞争科研项目和科研经费面临较大风险。另一方面，国家自然科学基金、国家社会科学基金等学科化项目在学者的职称晋升、入选人才工程等切身利益关切中起到重要作用，使青年学者面临职称晋升"锦标赛"和跨学科创新的两难困境。

二是"工程化"的资源配置模式导致跨学科研究资源投入碎片化。在"工程化"的资源配置模式下，自上而下的"项目动员"成为科研项目分配的重要方式。教育部、科技部等主管部门在不同时期分别推出了协同创新中心、国家实验室等跨学科研究平台，以动员大学参与资源竞争。多头管理、条线结合的立项模式，使跨学科研究的资源投入呈现碎片化状态。资源投入的碎片化还体现在我国条块分割的科研管理体系上，虽然国家自然科学基金、国家社会科学基金等近年来逐渐加大对交叉学科和跨学科研究项目的资助力度，甚至设置了交叉学科代码支持跨学科研究的自由探索。但国家自然科学基金委员会、教育部、科技部等分别掌控不同类型和规模的科研项目经费，科研资源高度分散，容易造成资助碎片化的问题。

三、大学跨学科组织发展困境是由跨学科研究行动建构的

（一）跨学科研究形式化是政策实施的意外后果

人类意图性的行动创造了历史，但历史往往不会沿着意图的计划演进。个体不是结构操纵的玩偶，而是具有自己意愿和自我视界的自主性存在。[1]在结构生产和再生产过程中，折叠效应、复合效应、结构效应等意外后果均有可能发生。在主要由政府等外部行动者建构的跨学科研究结构中，院校、跨学科研究从业者等行动者并非完全依照已有的规则进行结果已知的行动，而是能知能动的。

在跨学科研究中，多元行动者以结构为中介展开跨学科研究行动，意图是

---

[1] 杨道宇.课程效能生成的原理研究——基于结构化理论的视角[D].哈尔滨：哈尔滨师范大学，2010.

进一步促进大学交叉学科融合和创新，却可能造成跨学科研究形式化和跨学科研究支持政策局部失效的意外后果。一方面，外部政策主导者通过分配性资源和权威性资源主导跨学科组织的目标、架构和文化，建构了学科化和效率主义的科研体制和文化；另一方面，行动者是能知能动的，影响了规则的制定和资源的获取，跨学科研究的成效取决于跨学科研究行动者的团队构成、科研文化、学科价值等微观基础。因此，跨学科研究形式化和跨学科支持政策局部失效的意外后果，是由国家、院校和跨学科组织从业者等行动者由于认识能力的有限性，在国家、院校、跨学科组织三个层面所面临和制造的冲突行为共同作用导致的。多元行动者在既有学科系统中利用外部规则和资源进行学科交叉融合实践，目的是进行创新性知识生产，却可能造成形式化和学科化的意外后果。一方面，外部政策主导者通过配置性资源和权威性资源主导跨学科组织的目标、架构和文化生成，建构了学科化和效率主义的科研体制和文化；另一方面，能知能动的行动者影响规则制定和资源获取，学科交叉融合的成效取决于团队构成、科研文化、学科价值等微观基础。高校学科交叉融合的结构化过程呈现"上下结合"的总体特征。当前推进学科交叉融合存在的制度环境缺失、资助和评价体制不健全、院校层面支持政策失位等发展难题，是政府、院校和科研人员在较广的时空范围内，围绕学科交叉融合目标和成果评价体系等不断生产和再生产学科交叉融合结构导致的。当学科交叉融合的发展目标、评价体制等无法满足不同利益相关者的诉求，难以进一步提升学科交叉融合结构的有效性，就会导致学科交叉融合陷入紧张和愈发精细化管理的"内卷"状态，继而出现发展难题。

（二）多元行动者推动并维持了"悬浮型"结构

跨学科研究结构的规则、制度和评价模式是一种创造性事实，而不是先在的客观存在。没有行动者发挥能动作用，跨学科研究结构也就无法转化为跨学科研究行动者展开行动的知识力。因此，在一定时间内看起来静止且无法抗拒的跨学科研究规范和制约，在更广的时空范围内又是动态的，不断变更的。不管跨学科研究结构对院校、跨学科研究从业者的制约性有多强，如果不能被内化为跨学科研究从业者的默认规范，则在更广的时空范围内，相关行动者必将发挥使动作用，借助可支配的规则以及配置性资源或权威性资源再生产跨学科研究的结构。

对学科交叉融合来说，多元行动者在"路径依赖"下沿着学科化的知识生产逻辑进行结构再生产，推动学科交叉融合向"悬浮型"结构发展。多元行动者的行动流持续不断地产生行动者意图之外的后果，这些意外后果又以某种反馈的方式，形成行动的未被认识到的条件。[①]不同行动者的行动涉及规则以及对规则的遵守，但日常实践中，由于权力的实施是随着资源和规则配置而变化的动态过程，不同行动者对社会结构的转换能力也时刻处于变化中。行动者总会利用资源与规则做出有利于自己的"理性"选择，也就产生了基于规则和资源的动态再生产。政府、院校、学科交叉融合人员等多元利益主体的动态再生产强化和维持了"悬浮型"结构，在配置性资源激励与权威性资源压力下，为获得外部制度合法性，高校将使用多种规则和手段维持已有组织运行结构。

因此，当前大学跨学科研究在国家层面面临的制度环境缺失、资助和评价体制不健全，以及院校层面跨学科支持政策失位等发展困境，是政府、院校和跨学科研究从业者在较广的时空范围内，围绕如何开展研究活动，如何达到跨学科研究的目标，以及如何评价跨学科研究成果等行动不断生产和再生产跨学科研究结构所导致的结果。跨学科研究的发展目标、评价体制等始终无法满足不同利益相关者的诉求，更无法进一步提升跨学科研究结构的有效性，使跨学科研究陷入发展困境。

四、学科化的制度和文化导致跨学科研究异化

作为一种新型学术组织，大学跨学科组织往往被嵌入传统的大学内部结构中，它们需要并被赋予相应的行政级别，形成了同时具备学术组织和科层结构的双重特征，构成不同层级权力共同运作的"权力场"。不仅面临正式制度带来的行政权力与市场权力的冲突，而且面临作为非正式制度的学术权力、文化和价值观的冲突。学科文化差异和不同类型、层次的权力关系结成的网络迫使大学跨学科研究者采取学科化、形式化等行动，进而导致大学跨学科研究结果异化。

大学跨学科研究的结构因素包括围绕跨学科研究建构的各类资源和规则。跨学科研究的规则在跨学科研究互动中被转化为跨学科研究行动者，特别是院校和科研人员的知识，并进一步构成跨学科行动者的知识力，构成跨学科行动的内在因素。虽然单独的内在因素或外在因素并不能形成有效的跨学科研究行动，只有内在因素、外在因素整合才能构成跨学科研究行动的有效结构要素，但学科张力与权力冲突所形成的知识力影响了跨学科研究行动，是影响跨学科

[①] 安东尼·吉登斯.社会的构成：结构化理论纲要[M].李康，李猛，译.北京：中国人民大学出版社，2016.

研究结构化的重要因素。

一是学科专业化导致的跨学科研究信任危机。作为一种非正式制度，学科不仅生产新的知识，同样建构了备受规训，同时又自我规训的人。①从某一特定的社会学视角来说，大学是一个"松散的连接体"，各学科为其影响和地位在不断进行竞争。②

跨学科研究的交叉性和前瞻性使同行评议的效用锐减，知识评价和质量控制面临失效的风险。个体化、学科化的科研评价体系被引入跨学科组织中，强大的学科张力进一步固化了小规模、学科化课题组的合法性存在，降低了跨学科研究团队成员的归属感。

二是学科化导致的横向院系间资源和权力配置冲突。从理论上来说，作为一种在纵向上沟通各级职能部门、在横向上整合各类学术资源的组织形态，跨学科研究的矩阵组织结构能够协调"行政流"和"学术流"的矛盾，提升组织运行的有效性。但在现实中，组织形态和权力配置模式的较大差异，使跨学科组织和传统院系组织之间存在难以调和的紧张关系。这种紧张关系来自纵向的资源配置过程，也就是院校与基层学术组织之间围绕权力和资源如何分配的利益冲突。更突出的是跨学科组织和学科化的院系组织间围绕资源和权力的冲突，包括学术权力内部的冲突、学术权力与行政权力之间的冲突等。

五、"项目治学"是大学跨学科组织发展困境生成的症结

自20世纪90年代分税制改革以来，伴随着中央财政转移支付比例的增加，项目制的治理模式逐渐成为一种具有整体性意义与支配性能力的国家治理体制。③项目制不仅是一种体制，也是一种能够使体制积极运转起来的机制。④作为国家整体性治理的组成部分，大学学术治理亦被纳入项目制的治理框架中，项目牵引的初衷是通过专业化的部门体制破除单位制的制度局限，集中贯彻中央政府保增长、促民生的治理理念。但在大学学术治理中，汲取项目的能力成为评价大学跨学科研究发展水平的重要标志。项目牵引逐渐演化为跨学科研究资源配置和评估的主要形式，造成大学跨学科组织发展困境。

---

① 华勒斯坦，等.学科·知识·权力[M].刘健芝，等译.北京：生活·读书·新知三联书店，1999.
② 托尼·比彻，保罗·特罗勒尔.学术部落及其领地：知识探索与学科文化[M].唐跃勤，蒲茂华，陈洪捷，译，北京：北京大学出版社，2008.
③ 熊进.高等教育项目制治理的碎片化及其整体性治理[J].教育科学，2016，32（6）：55-62.
④ 渠敬东.项目制：一种新的国家治理体制[J].中国社会科学，2012（5）：113-130，207.

（一）"委托-代理"关系造成的信息不对称消解跨学科研究效用

项目制以"委托-代理"关系为基础。在"委托-代理"关系中，政府部门作为跨学科研究项目的委托方、大学和跨学科研究者作为跨学科研究项目的代理方出现。"委托-代理"关系的有效运转以良性的激励和约束机制为前提，其潜在逻辑是以绩效奖励为条件激发更多大学和科研工作者投身跨学科研究，实现跨学科研究项目的目标。同时，作为代理方的大学和跨学科研究者应当按照项目委托方的规则行事。但是由于委托方和代理方严重的信息不对称，委托方往往无法实现对代理方的有效监督。作为代理方的大学和跨学科研究者往往兼具委托人和代理人两种身份，跨学科研究项目落地后，存在按学科"转包"的现象，造成各类项目被权力和利益关系绑架，在实践中异化为利益分配的工具。

（二）"政出多门"形成学术治理中新的"条块分割"

在单位制和市场体制并行的双重体制下，当项目制这种"新条条"试图限制"旧块块"的扩张时，不仅使部门系统自身形成"新块块"，而且促使"旧块块"用全新的办法来配置自己的领地①，造成大学学术治理中新的"条块分割"状态。

一是"政出多门"造成跨学科研究效用锐减。由于部门分工的存在，中央各部门发展了各具特色的组织个性或组织意识形态。教育部、科技部、国家自然科学基金委员会等各自为政实施跨学科研究项目，在跨学科研究资源投入中形成了新的"条条"。这种分散且缺乏有效统筹的跨学科资助体系可能割裂大学学术治理的整体性，使各高校疲于应付不同委托者的"发包"行为。

二是"各自为政"造成地方政府和高校间"新块块"的形成，不利于跨学科研究开展。竞争性科研项目稀缺的属性和"准组织化动员"的配置方式，迫使地方政府和高校各自为政，比拼牵头项目层次和数量成为一种政绩工程。地方政府、高校和跨学科组织围绕项目竞争形成了新"块块"，与跨院校、多部门联合攻关的政策本意相违背。

（三）项目治学引发科研"锦标赛"

维持和获得有价值的资源是影响行动者行动选择的主要动因。在制度结构资源和关系结构资源均被政府等外部行动者掌控的背景下，大学跨学科研究平

---

①

台的运行高度依从于政府主导制定的各项制度和规则。在资源配置链条中，占位较高的行动者按照对规则的解释程度来决定占位较低行动者的行动，造成部分行动者对其他行动者的从属地位。

单向度、技术化的资源配置和绩效评价体系虽有效提升了跨学科研究的资源集约程度，但项目治学对目标管理、过程控制的强调导致各高校间形成了一场资源竞争"锦标赛"。围绕跨学科研究平台和项目的申报、评价等，政府与大学间形成了政府"发包"、大学"抓包"的纵向发包和横向竞争"上下结合"的作用机制[1]，满足外部绩效合法性成为跨学科组织的重要目标。

第四节 "内卷化"：高校学科治理的现实形态

学科是大学的核心基础和组织单元，承载着大学的教学、研究和社会服务等使命。学科治理是大学治理在学科层面的投射，是学科利益相关者基于学科发展规律和内行决策的原则，对事关学科发展的机制、制度、结构和文化等进行科学决策的过程。地方本科院校往往高度依赖区域产业和社会发展，其学科治理行动应当适应甚至引领区域发展的需求，实现知识创新和对接区域发展的有机统一。在实际的学科布局调整中，地方本科院校往往难以摆脱制度惯性，在项目制的资源配置逻辑下，紧盯学位点、一流专业和课程申报，建设教学研究型高校依然是地方本科院校学科治理和评价的通常做法。地方本科院校学科治理容易陷入"内卷化"困境，导致有增长无发展的"动态停滞"状态，制约了高等教育的多元化、内涵式发展。本部分，笔者以地方本科院校为研究对象，探讨学科治理"内卷化"现象及其对高校学科组织创新的影响。

一、学科治理"内卷化"的形态

内卷化概念在学术领域的应用源自格尔茨对爪哇岛"农业内卷化"的刻画，格尔茨将其描述为一个系统在外部扩张受到约束的条件下内部的精细化发展过程[2]，在这个过程中，事物既无法维持现状又难以自我更新转变到新的高级形

---

[1] 周黎安.行政发包制[J].社会，2014，34（6）：1-38.
[2] 朱文辉.学术治理的内卷化：内涵表征、生成机理与破解之道[J].高等教育研究，2020，41（6）：26-33.

态，只能在内部不断复制和精细化。①地方本科院校学科治理"内卷化"突出表现在学科建设目标与大学的趋同化，学科治理路径的学术取向和数目字管理。在理想办学目标指引下，地方本科院校往往将"申请硕士点—更名大学—申请博士点"作为学科建设的理想发展路径。但实现上述理想路径对学科基础、师资队伍、课程体系以及外部条件等均有较高要求，与地方本科院校的师资队伍水平、科研实力以及资源吸纳和聚合能力不相符，极易产生只见指标增长而无质变的现象，将地方本科院校学科治理锁定在"内卷化"状态中。

（一）刚性的学科治理制度与外部评价相互嵌套

制度是人们交换活动和发生联系的行为准则。②地方本科院校学科治理的一系列行动轨迹都体现了"制度形态刚性化"的限制，具体表现为学科治理在政策"计划秩序"③影响下出现学科专业建设趋同现象。教育主管部门统领学科专业建设框架，新增学位授予权、学科（专业）审核工作等由政府依计划调控布局。同时，学位授予权、重点建设和更名大学等政策形成了嵌套关系，导致学科治理形成有形的制度、规则和无形的大学排名导向共同规制学科治理场域的局面，直接影响地方本科院校的学科治理行为。

一是重点学科建设等相互嵌套的刚性制度形塑地方本科院校办学行为。自1985年《中共中央关于教育体制改革的决定》提出"有计划地建设一批重点学科"以来，重点学科建设始终是我国高校学科、专业资源投入的基本逻辑。教育主管部门对数量众多的地方高校分类分层建设，而硕士点、博士点数量及科研显示度等是实现学校办学层次跃升的重要指标。高校分类分层支持和学科重点建设制度在事实上构建了地方高校的"金字塔"层级。在"金字塔"层级中，模仿金字塔尖的高校实现办学层次跃升成为地方高校办学的最优路径，而无力投身特色和差异化办学道路，从根本上左右了地方高校的学科布局和治理行动。

二是无形的大学排名影响大学学科建设行为。20世纪90年代以来，随着全球高等教育市场的兴起，排名、评估等新公共管理运动的"绩效主义"日益向消费者渗透，并被直接移植到大学学术和学科评价中。虽然大学排行榜难以反映高校办学水平全貌，但诸多大学学科、专业排名社会影响力高，已成为影响

---

① 李富有，王少辉.经济内循环的内涵逻辑与内卷化挑战研究[J].社会科学，2021（1）：34-43.
② 陈富良.放松规制与强化规制：论转型经济中的政府规制改革[M].上海：上海三联书店，2001.
③ 张应强，周钦."双一流"建设背景下的高校分类分层建设和特色发展[J].大学教育科学，2020（1）：14-21.

消费者选择的重要因素，始终牵动着地方高校神经。地方本科院校纷纷强化科研产出、博士化率等能快速提升排名的刚性指标。虽然近年来，中央不断强调学科特色建设，但学科治理理念和政策表现出强烈的路径依赖特征，并在制度变迁中不断自我强化，塑造着学科专业建设的"计划秩序"，将高校、院系等学科治理主体围困于其中。

（二）学科治理体系日趋精细化和复杂化

组织内部的技术性细节逐步增强[①]是"内卷化"的重要表征。有研究认为，大学在处理来自外部的效能压力时带有明确的功利主义的价值取向，是"技术管理组织"。[②]地方本科院校学科治理往往呈现出明显的"技术治理"特征，突出表现为强调数量化和指标化。对学科评估或各类大学排名指标的对标建设，造成地方本科高校学科治理的技术化和碎片化。一是学科建设中的绩效主义明显。政府和地方本科院校的"技术治理"模式强调通过量化管理对人才培养、教学成果、科研成果、社会服务乃至学术声誉等方面的"投入—产出"绩效进行量化考核，产生"表格治学"现象。二是学科治理的学术化取向明显。在资源配置的绩效逻辑下，地方本科院校往往对学科建设的硬性指标高度敏感，而忽视学科治理的内在价值。国家级、省（区、市）级人才项目人数及科研项目数量、高级别论文数量等显性可量化、可测量的指标，成为衡量师资、科研、教学等学科治理水平的主要指标，存在重科研轻教学、重学科建设轻专业建设的现象。三是学科评估体系日趋复杂化。自教育部2003年启动本科教学评估以来，学科评估、一流本科专业建设等学科专业和教育教学建设的政府行动不断增多且日趋复杂，学科评估结果直接运用的力度也不断加大，对地方高校形成较大的办学压力。以学科评估为例，教育主管部门强调加强评估结果的运用，形成评估结果和资源配置直接挂钩的模式，由此充分调动基础相对薄弱的地方本科院校参与学科评估的积极性。但随之而来的是每一轮学科评估都成为地方本科院校某段时间的头号工作，大学、院系和教师都被卷入其中，疲于应对愈加复杂的评估系统填报工作。

（三）学科发展动态停滞化

学科专业建设的学术化逻辑和治理模式的技术化取向造成地方本科院校往

[①] 郭继强．"内卷化"概念新理解[J]．社会学研究，2007（3）：194-208，245-246．
[②] 帕翠西亚·冈伯特．高等教育社会学[M]．朱志勇，范晓慧，译．北京：北京大学出版社，2013．

往注重办学层次提升却忽视特色应用人才培养的有增长无发展的动态停滞化局面,①使一些地方本科院校陷入有量变而无质变的低质、低效的"内卷化"状态②。一是学科布局和发展理念、目标同质化,办学特色难以凸显。大量地方本科院校脱胎于师范、工业院校,学科布局侧重于传统文科、理科和工科专业,在学科治理惯性下将硕士点、一流学科和专业作为建设目标,造成"千校一面"的同质化现象。有限的学科建设资源被大量用于激烈的学位授予权、一流本科专业、提升博士率等学科竞争中,造成资源内耗。

二是学科治理"影子质量"问题突出。当前,我国高等教育各类评估和评价非常注重对评估结果的运用,学科排名、学术成果等直接关系着学科资源配置的优先权。在这种制度和治理环境中,一些地方本科院校忽视学科内涵式、特色发展,导致学科特色渐趋模糊,产生了没有自主意识与自主行动能力的"影子质量"。③

二、学科治理"内卷化"的成因

地方本科院校学科治理"内卷化"看似是刚性制度、技术治理所引发的动态停滞状态所致,但其根本成因是绩效主义主导下的技术治理。以绩效为导向的技术治理受工具理性主义支配,在高等教育质量保障上,以项目制和重点建设为牵引,形成政府主导、"上下互动"的学科治理路径。学科治理理念上的价值越轨,学科治理手段上的技术化,共同导致地方本科院校学科治理在技术治理的外生变量控制下陷入"内卷化"状态。

(一)学科治理价值越轨,协同治理格局尚未形成

学科治理的定位与特色要体现在学科专业建设上。④地方本科院校学科和专业建设的方向是培养适应乃至引领产业和社会发展的特色人才。高等教育发展表现出较强的外部需求主导特征,对知识生产和创新人才培养等本质性问题则重视不足。本应由价值理性主导的学科治理,有治理价值越轨、技术治理替代价值治理之虞。

---

① 朱文辉.学术治理的内卷化:内涵表征、生成机理与破解之道[J].高等教育研究,2020,41(6):26-33.
② 黄宗智.长江三角洲小农家庭与乡村发展[M].北京:中华书局,2000.
③ 苏永建.体制化的技术治理与中国高等教育质量保障[J].高等教育研究,2017,38(3):10-17.
④ 潘懋元,董立平.关于高等学校分类、定位、特色发展的探讨[J].教育研究,2009,30(2):33-38.

一方面，学科治理理念的工具理性主义导致价值越轨。没有高质量的学科专业体系，就没有高质量的人才培养体系。随着大学逐渐从社会边缘走向中心，高等教育成为国家参与全球竞争的重要力量，学科发展与国家经济社会发展的关联愈加紧密。地方本科院校学科专业体系建设应当围绕校城互动，突出服务、引领地方经济社会发展的作用。高质量的学科专业布局，需要以知识创新为基础，但一些地方本科院校的学科治理往往表现出较强的实用主义色彩，过分强调"有用之用"，而对"无用之用"的基础科学研究的重视程度不够，忽视了知识生产和创新人才培养的内在逻辑，价值治理和技术治理"体用分离"现象突出。一些地方本科院校学科专业建设过度追求短期效益，追逐外显性、可量化的竞争"筹码"。相反，真正关涉学科专业建设内涵式、多元化、特色化发展的探索往往止于理念层面，没有成为学科建设资源配置的主要依据。

另一方面，学科协同治理格局不清导致治理无序。学科治理是大学治理的基础层面，需要高校在进行顶层设计时，基于自身发展基础和内外部支撑条件对学科进行谋篇布局。但一些地方本科院校由于办学历史较短、学科基础薄弱，在学科专业布局上存在旧格局难以系统优化、因人设置专业和一窝蜂追逐热点专业的情况，科学合理的学科协同治理格局尚未形成。特别是在单一评价逻辑和指标化办学的形态下，地方本科院校为保生存、求发展，要将学位点申请、一流学科和专业建设作为头等大事，进而出现对标建设、应榜办学等一系列趋同和模仿行为，陷入"差序下的趋同"困境。

（二）体制化的技术治理产生政府主导的"无发展的增长"

我国高等教育质量保障的基本形态是体制化的技术治理。这种治理形态继承了总体性支配的特征，又综合了市场竞争的某些特征，往往以刚性的行政动员为导向，又以项目、学位点等竞争性资源配置为主要技术手段，将地方本科院校卷入政府主导的学科建设行动。

一是治理手段的技术化导向产生同质化竞争。指标具有决策工具和治理技术两重属性，但在决策过程中，指标往往从决策工具演变成治理技术。[①]以学科评估为例，第五轮学科评估明确以人才培养质量、师资队伍与资源、科学研究、社会服务和学科声誉等一级指标搭建学科评估的指标体系框架。围绕指标、数字、等级等资源配置手段，人为构建了一个学科建设的差序格局。教育行政部

---

① 张乾友．"被指标治理"模式的生成及其治理逻辑[J]．探索与争鸣，2021（2）：107-116，179，181．

门对学科和专业的质量标准进行界定，以此反映地方本科院校办学水平，办学质量被内化为一套指标化的约束规则和考核工具，尽快提升学科治理显示度和水平成为地方本科院校不得不考虑的"政绩工程"。

二是以重点工程、项目和计划为抓手，形成自上而下的学科治理动员体系。学科治理成为中央和省（区、市）级政府主导的行动，作为办学责任主体的地方本科院校和学术共同体则处于被问责地位，成为学科治理政策的具体执行者。在体制化的治理逻辑下，地方本科院校被迫对标办学，学科治理行动在院校层面被分解为各级"一流学科""一流专业"，以及各类学科建设与教育教学项目、奖励等指标和专项资金的竞争。一些地方本科院校学科治理只见量变而难以实现质变，陷入"无发展的增长"状态。

（三）学科资源配置与评价逻辑单一，固化学科圈层

学科专业建设经费、政策、招生指标等是一流特色学科建设的重要支撑资源，资源配置的方向和逻辑在学科治理中发挥着"指挥棒"作用。学科专业应当实现特色和自主发展，但当前一些地方本科院校的学科治理呈现较强的"绩效主义"导向，一元化的学科评估"指挥棒"直接影响资源配置，加上资源投入来源单一，形成学科发展资源配置的圈层效应，引发学科治理"内卷化"。

一是学科资源投入的层级化加剧了地方本科院校办学危机。我国高等教育资源配置以政府为主，来源渠道单一，加之学科自我造血功能有限，学科专业建设对政府资源依赖性较强。[①]政府在实施"综合定额加专项补助"的财政拨款时，为追求资源配置效率，采用了有重点的资源配置模式。[②]地方本科院校往往处于资源竞争的劣势地位，但办学资源的单一来源驱使地方本科院校参与学科竞争"锦标赛"。资源有限性和投入规则决定了只有部分"头部"学科能够保持优势。同一学校的不同学科以及不同学校的同一类学科之间形成了明显的学科优势差距。二是学科评估结果与资源投入多寡相关联，增大了地方本科院校的"内卷化"风险。评估结果与利益分配相挂钩的资源配置方式既是实现学科精准

[①] 何晓聪，林仲豪.新制度主义视域下的学科发展趋同机制分析[J].高教探索，2014（5）：126-128.
[②] 陈文娇，宗清.资源配置政策影响下的大学组织趋同现象分析[J].理工高教研究，2010，29（6）：11-15.

治理的加速器，也是学科治理和竞争失范行为的"助长剂"。[①]当前，在学科治理中过分强化以刚性指标为主的量化考核和绩效评定，推崇"为了治理而治理的工具价值"[②]。在边际机会递减情形下，面对愈发激烈的学科竞争，为获得学科评估名次的跃升，一些地方本科院校被迫进一步放大技术治理行为，加码绩效考核指标，依从单一化的技术治理条目激励教师投身科研，而忽视了多元、特色的育人内核。地方本科院校在难以对学科布局和结构进行整体优化的情形下，在"内卷化"的锁定中越陷越深。

---

① 李冲，苏永建.话语转换与价值重塑——"双一流"建设的生发逻辑与评估的困境解构[J].大学与学科，2020，1（2）：76-85.
② 陈亮.学术治理的工具主义积弊及其超越[J].教育发展研究，2018，38（7）：58-66.

第六章

从管理走向治理：大学跨学科组织发展困境的治理策略

在跨学科组织的亚场域中，跨学科研究面临诸多冲突问题。这些问题突出表现为场域内掌握制度化的学术资源[①]的行动者，不断强化跨学科组织内部的科层制权力的影响力。"外生性政策规制与资源依附"造成学术从业人员的惯习更迭，导致实践与信念的背离与冲突。即使在跨学科研究团体内部，不同的学术从业者，也因为身份的不同而逐渐分化。多重制度逻辑制约下的跨学科组织处于混乱状态，而位居其中的学术从业者，也面临着身份认同的危机，并带动整个组织走向学科化。

因此，"内生性制度创新"成为提升跨学科组织有效性的可能路径。本章首先对一所典型的美国公立大学——亚利桑那州立大学（ASU）在"新美国大学"框架下进行的跨学科组织变革进行案例研究。ASU的整体性变革，正是"内生性制度创新"下的学术组织重构行动。ASU的案例研究可以为大学的整体性变革提供可资参考的图景，继而研究者尝试在治理视域下，为我国跨学科组织冲突问题消解寻找可能的路径。研究认为，基于"内生性制度创新"，重构跨学科组织的内外部关系，实现基于跨学科研究场域和学术从业人员个体行动的双重变革，才能摆脱多重逻辑制约的发展困境。

不对大学跨学科组织做出系统变革，而仅以"学术特区"的形式进行增量型建设，不但无法显著提升跨学科组织的科研生产力，还有可能引发学术系统和科研环境的整体性紊乱。要从根本上化解大学跨学科组织发展困境，就应当从管理走向治理，推动大学跨学科研究向"内生性制度创新"变革。首先，要提升政府和大学的高等教育治理能力和治理现代化水平。其次，要创设"共同

[①] 蔺亚琼.场域视角下的学科建构：对"中国语言学"的个案研究[J].高等教育研究，2015，36（12）：37-46.

抉择"的府学关系①。通过整体性治理打破当前跨学科组织"碎片化"的管理状态，围绕跨学科组织和传统系科组织打造资源共享、高度开放的矩阵式科研组织体系，依托"边界组织"构建跨学科协同创新体系。再次，要基于信任和契约关系，构建多元参与的资源竞争和成果评价机制。最后，要营造开放、信任的跨学科合作场域和科研文化，形成可供不同学科背景的学者进行交流的"共同认知参照框架"，实现学科间平等对话。

第一节 "新美国大学运动"：亚利桑那州立大学院系组织重塑的启示

跨学科组织产生于二战时期，在战争需求驱动下，国家与社会参与美国大学研究工作，并随之产生了大量的"边界组织"。而大学和国家实验室、科学与技术中心等的组织关系经历了"一体化"向"混合组织模式"的转变，②跨学科组织随之成为美国大学的重要科研形式。跨学科组织在美国大学中的实现形式主要包括两种。一是矩阵式的虚拟变革，也就是通过创办研究所和研究中心，实现跨学科研究和沟通联系不同学科的目标。这也是各国大学的普遍做法，每个美国大学中都有多个跨学科研究中心存在。二是创建大量跨学科的"边界组织"，通过沟通大学与大学、大学与社会在知识生产链条上的关系，实现知识生产效率的提升。

而上述两类跨学科组织创建的路径均属于"增量型"模式。其在不改变源自德国大学学术组织模式的前提下，通过增加矩阵组织和"边界组织"，创生混合型的学术生产体系。自2002年以来，ASU发起的"新美国大学运动"，影响日益增大，并取得良好效果。ASU新美国大学框架下的跨学科组织变革的核心就是系统设计与再造。

一、ASU缘何变革

20世纪70年代之后，美国适龄人口中少数族裔学生比例不断攀升。同时，

---

① 张洋磊,张应强.大学跨学科学术组织发展的冲突及其治理[J].教育研究,2017,38(9):55-60,131.

② 黄振祁,丁云龙.美国大学与国家实验室关系的演化研究——从一体化到混合的治理结构变迁与启示[J].科学学研究,2015,33(6):815-823.

经济下滑导致的政府财政紧缩以及社会经济快速变革对大学提出的新要求,使美国大学面临较大的挑战与发展机遇。彼时,作为一所公立大都会大学的ASU,正面临亚利桑那州财政经费增速下滑导致的ASU经济条件的不断恶化,以及创业精神匮乏导致的大学内部系科组织和校区之间联络的僵化与疏离。在此背景下,迈克尔·克劳于2002年出任亚利桑那州立大学第16任校长。在对大学学术组织变革的历史进行研究的基础上,克劳认为,无论是复制已有的公立大都会大学发展模式,还是按照线性积累的模式,在美国大学的传统轨迹上进行追赶,ASU都无法获得足够的发展优势。

因此,在对自身发展面临的经济条件、环境条件以及历史深刻认识的基础上,ASU决心抛弃"复制模式"和"渐进轨迹模式",[①]选择差异化发展路径——重新定义美国大学。克劳提出"新美国大学"理念,尝试建立一种新的公立大学[②],试图打破大学一直以来恪守的"黄金准则",而是将"卓越研究"和"广泛入学"整合到大学中。[③]ASU将"新美国大学"理念定位于一个革命性时代,在创建"新美国大学"的整体框架下,ASU提出了学术组织变革的四个方向:①创建独一无二的系科组织、跨学科研究中心和学术机构;②形成贯穿全校的、竞争性的跨学科文化和价值观;③形成各个学术单元在互补中竞争的环境;④深入了解和响应社区和地区的实际需求。

整体变革的前提是对组织当前状态和困境的把握。ASU的管理者认识到,当时ASU的研究建立在传统系科组织的基础之上。新美国大学目标的实现,要求ASU必须对旧的、起源于中世纪大学和德国大学的系科组织进行变革。探索建立贯穿全校的、制度化的跨学科研究单元,重新思考如何打破旧的学术单元,并在此基础上对新的学术单元进行整体设计和创建。使得ASU能够在旧的基于学科知识的院系中突围,并在事实上建构需要知识融合和实现制度化的跨学科组织。其变革的方向,主要包括三个方面:其一,在校园规划和系科组织变革方面进行新的尝试,打破之前以分校为单位开展研究和教学活动的格局,在全校范围内进行学科和校园功能的重新布局;其二,改变过去以知识演化逻辑为基础的传统院系组织,采用中心院系的模式,尝试建立独特的系科组织联盟、学术组织和跨学科的研究中心;其三,在新的创新性学院和跨学科研究中心内

---

① 黄扬杰,邹晓东,吴伟.新美国大学的自定义式跨学科组织述评[J].高等工程教育研究,2013(5):85-88.

②③ 梅伟惠.构建自适应知识企业:"新美国大学"理念及其运作[J].高等教育研究,2017,38(12):104-109.

部，采用新的治理模式和组织结构，并建立从院校层面到基层学术组织一贯的学术管理体制，改变过去松散的研究模式。

二、系统设计与再造——ASU跨学科组织变革的路径

正如前述研究对跨学科组织产权制度、结构和资源重新配置等的描述，学术组织变革成功的核心在于向院系授权，也就是变革当前的管理体制。对于美国公立大学来说，资源的重新配置主要发生在学校层面，通过学校的授权，允许院系按照自己期望的模式获得更大的自由发展，进行新的设计，拟定新的发展方向，以获得全国性的竞争力。

作为一所以创建"新美国大学"为目标的美国公立大学，ASU提出以"融合知识学科""改革社团""重视企业家精神""让学生成功""应用导向的研究""融入公共服务""跨国/跨文化""成为社会变革的知识中心"等八个目标作为组织变革的方向。毫无疑问，以"融合知识学科"为中心的跨学科组织变革是ASU实现传统院系变革，打造新时代的美国公民，实现"校企共建"的核心和基石。

当前，ASU正在增加第九个目标，称为"有原则地创新"，即在价值观和道德理解的指导下创造变革的能力。关于第九个目标，克劳表示："我们生活在一个非常复杂的时间和空间中，我们的民主及与之相关的所有事情在过去几年中都处于动态压力之下。我们生活在一个变化速度加快的时代，有原则地创新很重要，因为创新在大学里发展得非常快。"

"新美国大学"发展的核心原则如表6-1所示。

表6-1 "新美国大学"发展的核心原则

核心准则	具体表述
广泛发挥地区影响力	影响其所在地区的社会政治、经济、文化和环境
成为社会变革的力量	推动整个社会的变革
追求学术创业和企业家精神	利用ASU的知识生产带动整个地区的创新和经济发展
进行"实用导向"的研究	研究目的是提高整个社会的生活质量
致力于学生的成功	寻求学生群体的多样性，并关注多元环境中的个人
追求学科知识融合	关注现实问题，通过跨学科制定解决方案
追求社会嵌入	与社区建立互利的伙伴关系，加强社区的能力和资源
推动全球参与	与所在地区、国家和国际上的人员合作解决全球问题
有原则地创新	将性格和价值观置于决策和行动的中心

如何在较短时期内实现"融合知识学科"的目标？通过对自身发展环境、基础的评估，同时对复制其他公立大都会大学发展路径，以及跟随顶尖公立大学发展路径等不同路径的比较分析，ASU选择了在校级层面对其学术组织架构进行系统改革和再造。正如克劳所言，ASU在实现自身发展目标上遇到的最大的挑战是无形学院的力量。因为人们对自己的学科有更大的忠诚。因此，新美国大学目标的实现，必须对传统系科组织进行"创业型"改造，使基层学术单元能够跨越传统学科边界。

首先，实行名为"One university in many place"的学术组织整体变革。在这个计划中，ASU将其四个校区发展为四个学术中心。在学校的整体规划下，给每一个校区以清晰的学术定位，以加强不同校区之间在知识融合上的联系，并推进跨校区的跨学科研究项目。在目标上，ASU以对自身的准确定位（Who we are）和希望成为什么样的美国公立大学（What do we need to become），作为"One university in many place"变革计划的起点。

其次，采用分阶段推进的实施路径。系统的变革并不是一蹴而就的，从2003年ASU成立顶层设计团队（UDT），正式对跨学科组织进行整体规划以来，ASU将整体跨学科组织变革分为三个阶段：第一个阶段为设计和计划阶段，从2004到2006年；第二个阶段是实施阶段，从2006年到2009年；第三个阶段是集成和联动阶段，从2009年到2012年。[①]而其三个阶段目标的推进和资源的配置，始终以是否完成其八个目标的使命为原则。其将跨学科研究的目标确定为知识融合。在2012年三个阶段的改革完成后，2013年，ASU又进一步提出"新美国大学框架"下学术组织变革的新目标：ASU的每一个学院和研究机构都应当以国际一流同行为发展标杆，在2020年前后，使ASU建成有全球竞争力的跨学科研究中心。

三、ASU跨学科组织变革何以可能

（一）自上而下的系统推进

如何推进整体变革？只有当学科互涉活动成为大学的中心任务，并在院校层面通过设立有组织的，对地点、资金、职位等做出制度性承诺的研究单位，

---

① 黄扬杰，邹晓东，吴伟.新美国大学的自定义式跨学科组织述评[J].高等工程教育研究，2013（5）：85-88.

才能实现跨学科研究的整体变革。①在整体变革的背景下,ASU实施自上而下的系统推进,以避免跨学科研究的形式化。

首先,ASU成立UDT来对每一个阶段的发展目标进行整体推进和考核。UDT决定对每一个校园的信念和方向进行新的界定和拓展,使之在"新美国大学"创建的框架下提升其作为大学重要组成部分的有效性。同时,组织上,授权给院系负责人(Dean)更多的学术自主权,并通过大学设计小组对全校跨学科组织进行规划和实施。

其次,改变传统大学的三级管理体系,向扁平化、集群化的矩阵管理模式迈进。主要措施包括以下几个方面:① 取消校区校长制度,将管理层级进一步压缩;② 通过在每个校区建立"中心学院"的模型,力图在各个学术单元之间形成"理论—工程"探索的化学反应;③ 新建研究和经济事务副校长等高级职位,分别负责全校范围内的创新创业探索等项目,而校区内学术单元的学生事务和研究事务,则直接向教务长报告。改革后的ASU跨学科组织管理架构如图6-1所示:

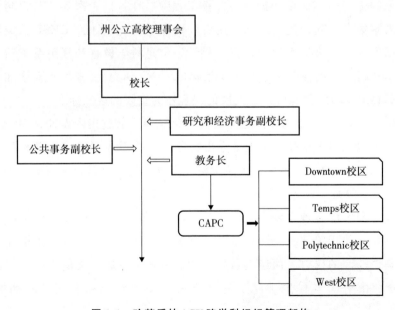

图6-1 改革后的ASU跨学科组织管理架构

---

① 朱丽·汤普森·克莱恩.跨越边界——知识 学科 学科互涉[M].姜智芹,译.南京:南京大学出版社,2005.

最后，在具体推进上，ASU成立了校级层面的课程和学术项目委员会（CAPC），负责全校范围内跨学科学术项目和培养计划的增删，制定学术计划的标准，并提出政策建议。而CAPC由大学教务长领导，每个学院必须有一名成员参加。

（二）重新定义学术部门：特色、使命、卓越

改变以学科为依托组建学院的传统大学学术组织模式。根据校区定位不同，建立中心学院模式。主要采取如下措施：① 重新设计学院；② 围绕新的研究领域和问题，建立新的问题导向的研究单位；③ 打破校区界限，赋予不同学术单元新的使命，并沟通不同校区之间的联系。

通过UDT的设计和逐步推进，逐渐在全校范围内将传统的以学科为中心的狭窄学术院系整合为大型的综合学术部门。例如，将人类学部合并为"人类进化和社会变迁学院"，使之成为人类学家、应用数学家、流行病学家、政治学家和人文地理学家协同合作的大型综合学术部门。而成立于2006年的地球和空间探索学院（SESE），其前身是天文与地质系。在核心院系变革的背景下，SESE将其研究的范围向其他校区扩展，并将工程师、计算机专家等"对相同学科感兴趣的人聚集在一起，使之能够更快更好地做事情"。因此，SESE已经演变一个囊括宇宙学、天体生物学、行星科学、信息科学教育和复杂系统动力学研究的跨学科组织。而在变革学术组织架构的同时，ASU要求所有新增加的研究生项目都必须将跨学科和可持续发展的课程作为重要的设立标准。

同时，打破ASU传统校区之间的同质化倾向。通过集中设计，围绕核心学院和研究问题，力求将每一个校区办出特色。ASU局部学术单元分校区布局如图6-2所示，其中的教师教育和领导学院、人类发展学院等分别由来自不同校区的教师教育、管理学院等合并而成。

而农业和资源管理学院则是为适应polytechnic校区产业发展而重新组建的学院。其和其他相关学院一起，被赋予在统筹分配基础上将本科生培养等项目拓展至其他校园的权力。而经过重新规划的每一个校区都类似于一个"创业联盟"，分别由一个本科生学院、专业学院、专业性系科和跨学科研究机构组成。①

---

① 黄扬杰，邹晓东."新美国大学"框架下的ASU创业实践[J].高等工程教育研究，2011（6）：30-33，106.

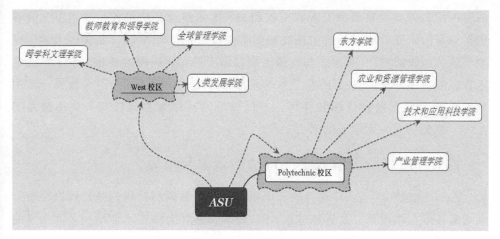

图 6-2　ASU 局部学术单元分校区布局①

（三）以资源为核心，撬动系科职能的重新配置

大学的发展需要源源不断的资源注入，特别是对大学学术组织进行跨学科、跨校区的重新设计，必须筹得足够的资源。大学需要依靠跨学科的研究成果直接吸引投资者，促进投资者数量和投资金额的增长。在过去的十几年中，来自亚利桑那州的财政经费并没有跟上大学科研复杂化和日益增长带来的资金需求。因此，ASU 成立了专门的机构，通过发展新的公共和私人资金的合作伙伴，为其系统变革提供资源。例如，ASU 必须努力加强其所在的凤凰城地区的产业对接和合作。此外，ASU 必须努力吸引来自研究机构的科研资金，以及私人部门、慈善组织、基金会和校友的资金。只有这样，ASU 才能实现高水平的跨学科研究所需要的教师聘用、设施建设、质量提升等目标。

在寻找充足资源的基础上，ASU 着手在全校范围内推动预算改革，以此撬动学术生产模式向跨学科组织变革。在 ASU，相关预算不再按照校园进行分配，再由不同的校区向其所属的二级院系配置，而是直接分配到相关学术单元和行政单位。相关学术单元在获得充足发展资源的同时，必须做出发展承诺，以确保所有的学术单元均能够提升一流研究的最大可能性。同样非常重要的是，相关学术单元和行政单位对其科研预算处置和教席设置拥有高度自主权。

资源获取能力的提升，以及新的资金配置方案带来了如下效果：首先，新

---

① 注：根据 ASU 四个校区的院系整合情况绘制而成，仅呈现了 West 校区和 Polytechnic 校区的学术组织构成情况。

的资源配置方案，将资源支配权下放到相关学术单元，使得各个学术单元能够依据自身的研究方向进行自由拓展和创新性研究，符合ASU"新美国大学"框架下的"创业精神"；其次，与资源支配自由度扩大相匹配的是相关学术单元学术责任的增加，ASU要求所有学术单元都必须将"成为美国乃至全世界一流的学术单元"作为发展目标和标杆，并以资源增减作为考核杠杆，成功激发了ASU"联盟"式学术单元的活力。

四、ASU"新美国大学"行动的效果与反思

2004—2023年，ASU获得的科研项目经费的数额和获得的联邦政府科研资助均实现了大幅增长，远远超过被ASU列入同类型比较的其他15所公立大学的平均增速。[①]

经过连续多年对跨学科组织变革的推动，ASU已经推倒了横跨在不同学科之间的"无形之墙"。通过成立新的研究所、研究机构，围绕重大机构重组科研组织，ASU能够从跨学科合作的角度建立重大复杂问题的合作解决机制。在"新美国大学"框架下，ASU产出的科研论文的数量迅速增长。更重要的是，大学文化开始转入跨学科研究和教育，企业家精神、成为世界级跨学科学术研究中心等理念在ASU深入人心。

通过连续多年的变革，ASU除了完成整建制的学校办学改革外，也直接激发了全校办学活力，突出体现在以下三个方面。一是大学排名的直线提升，形成了强大的吸引力。ASU在《华尔街日报》的2024年美国最佳大学中被评为前20名公立大学之一。《华尔街日报》的排名中考虑的因素包括学生成绩，将毕业率和工资影响与类似大学进行比较。ASU在这些领域表现较好，展示了该大学较高的毕业率和毕业后的成功率。[②]二是在校规模的大幅增加。特别是从2018年开始，ASU的学位授予数量扩大比例远远超过同州的另外两所公立大学。2022—2023学年，ASU授予了23579个本科学位和12274个研究生学位[③]。三是基金会捐赠收入的大幅增加，为ASU办学提供了源源不断的经费。2022年，ASU的捐赠基金超过12.5亿美元。ASU的捐赠基金包括2100多个，这些基金

---

① https://president.asu.edu/sites/default/files/national_service_universities_2018.pdf.

② https://news.asu.edu/20230907-university-news-asu-among-top-public-universities-2024-wall-street-journal-rankings.

③ https：//live‐asucms.ws.asu.edu/sites/default/files/2024‐03/240101％20ASU％20Thrive％20Magazine％202020-27％20Year％20in％20Review％20Reprint％20V25％20FINAL％20％E2％80％93％20single％20page.pdf.

仅限于特定的用途或分配时间表,并且是长期投资的永久性基金,为ASU提供可持续的财政支持,用于奖学金、教授职位、研究及其他活动。ASU执行副总裁、财务主管兼首席财务官摩根·奥尔森表示:"12.5亿美元的捐赠使亚利桑那州立大学跻身于少数拥有这种规模永久资产基础的高等教育机构之列。达到这一规模反映了在私人筹款和投资管理方面的成功,但最重要的是,增强了在教学、研究和社会影响方面实现更大影响的能力。"①

对ASU"新美国大学"框架下的跨学科组织变革行动进行反思,可以发现,其之所以能取得成功,有赖于如下几个方面的协调发展。第一,强有力的领导者的带领。在多元巨型大学时代,强有力的领导者对大学学术组织的整体革新起到决定性作用。第二,整体规划与整体变革。只有将跨学科研究作为大学科研模式的中心形态,在院校层面进行整体变革,通过反复论证和"SWOT"分析,在对院校变革方向和内外部扫描的基础上,对大学学术组织变革做出审慎规划,同时在组织变革、制度设计等方面整体推进,才能进一步消除变革过程中的横向组织冲突等问题。第三,打造自由、开放的创业文化。一定的意识形态决定了居于其中的行动者所采取的行动。ASU组织变革成功的重要原因就是在全校范围内形成创业型大学的文化,将组织革新的理念深入每一位学术从业者。这种理念包括全面的学术自由、宏伟的科研目标和开放包容的创业文化。第四,强大的资源保障和整合能力。从ASU的案例中可以看出,在多元巨型大学时代,院校功能的多样化,筹款及保持与工商界、社区等的良好合作,成为校长和大学学术组织的重要职能。在亚利桑那州财政经费逐渐衰减的背景下,正是上述变革和努力为整体变革创造了源源不断的资源,才支持了ASU实现庞大、系统的组织变革。

对上述四个方面的反思可以发现,ASU跨学科组织的整体变革是一条"内生性制度创新"的道路,是ASU在对其自身发展进行内外部扫描的情况下做出的自我诊断。ASU之所以能从上述四个方面为创造"新美国大学"全面积聚力量,其根本原因还在于作为亚利桑那州公立高等教育的重要组成部分,ASU在亚利桑那州高等教育理事会领导下享有高度学术自主权。ASU拥有对学校学术事务的高度自主权,使得其能够走"内生性制度创新"的道路,而不必受制于亚利桑那州或者联邦政府的外部行政干预,这是保证其进行整体性推进的机制根源。

---

① https://news.asu.edu/20220310-university-news-asus-endowment-tops-125-billion-improves-ranking-fiscal-year-2021.

第二节 治理理论的意涵及其适用性

一、治理理论的兴起及其发展演化

(一) 治理理论的兴起与发展

"治理"于20世纪60年代出现在经济学和管理学领域，并于20世纪80年代后在公司治理等领域进一步扩展，以替代"公司管理"。[①]直到20世纪90年代"治理"出现在国际社会科学研究中，治理理念才在全球范围内掀起热潮。"治理"的英文是"governance"，有掌舵、导航的意思，常被用来指称有关指导的活动、组织引导自身的过程。[②]自公共行政学诞生以来，治理和统治的概念并没有表现出本质区别，那么治理理论何以兴起并风靡全球？学界普遍认为，治理的流行与民主化、全球化浪潮是分不开的。从某种意义上讲，治理概念的提出及其广泛传播是对20世纪晚期福利国家危机和全球化问题等现实挑战的回应。[③]也有学者认为，治理理论之所以兴起，与传统公共需求的不断增加和传统公共行政能力低下所产生的公共行政合法性危机有密切关联。其传播路径则是首先在联合国、世界银行、国际货币基金组织等国际组织的话语体系中出现，然后才向学术界进一步扩散。总体来说，治理理论的兴起与发展可以分为以下两个阶段。

一是20世纪80年代开始治理理念兴起。治理理念的兴起始于国际组织对非洲等地区和国家的治理危机和民主化的关注。1989年世界银行在一份关于非洲国家混乱发展情况的报告中首次使用了"治理危机"（crisis in governance）一词。此时的治理理念是"为了发展而在一个国家的经济和社会资源的管理中运用权力的方式"[④]。20世纪90年代，世界银行、经济合作与发展组织以及联合国开发计划署、联合国教科文组织等先后以"治理与发展""促进参与式发展和

[①] 王绍光.治理研究：正本清源[J].开放时代，2018（2）：153-176，9.
[②] 陈振明.公共管理学[M].北京：中国人民大学出版社，2005.
[③] 田凯，黄金.国外治理理论研究：进程与争鸣[J].政治学研究，2015（6）：47-58.
[④] 唐汉琦.中国高等教育治理的兴起——基于高等教育管理体制改革的历史分析[J].山东高等教育，2015，3（4）：69-74.

善治的项目评估"以及"人类可持续发展的治理、管理的发展和治理的分工"等推动治理理念在全球范围内兴起。①世界银行"全球治理指数"和"全球治理委员会"的诞生则标志着治理理念在全球政治和社会领域的渗透和进一步嬗变。早期的治理理念主张取消政府在公共事务中的主导地位,认为公共物品可以通过权威结构之球(SOAs)中的跨界组织来有效提供。国家或政府不再是政治中的首要行为体,相反更多地强调非政府组织特别是跨界组织等行为体。一句话概括就是:这是一个没有政府的治理。②

二是20世纪90年代开始治理理论逐渐形成并泛化。在治理理念不断勃兴和扩散的背景下,学界开始系统研究治理理念并将其理论化。1995年,罗西瑙在《没有政府的治理》一书中率先对"治理"进行系统界定,并将其命名为"新治理",以区别于以统治为基本形态的"旧治理"。1998年,《国际社会科学杂志》第三期治理专号的推出对治理理论的形成做出较大贡献,各学科的不同学者开始将"治理"概念与特定级别的组织类型、特定的治理领域、特定的治理模型等进行结合,围绕治理理念逐渐衍生出了"全球治理""公共治理""环境治理""海洋治理""参与式治理""元治理""协同治理"等诸多时髦词汇。当进一步用规范性的标准来评价治理体系或治理过程时,就产生了"民主治理""公平治理""善治"等概念。③当20世纪行将结束时,治理的使用已经非常泛化,且作为理论范式的治理理论逐渐成形。鲍勃·杰索普甚至说,过去15年来,它在许多语境中大行其道,以至于成为一个可以指涉任何事物的"时髦词汇"。④

(二)治理理论的主要议题

有研究者认为,治理理论体现了现代性和后现代性的某种交融,并更多体现出后现代性的特征,这与20世纪后期西方资本主义国家社会理论研究的转向息息相关。应对新公共管理模式和传统国家中心的公共行政模式带来的治理碎片化形态,解决西方政府面临的合法性危机,是治理兴起的根本原因所在。⑤因此,治理理论的主要议题也围绕如何同时应对资源配置中市场失效和国家"失

---

① 俞可平.治理与善治[M].北京:社会科学文献出版社,2000.
② 翁士洪,顾丽梅.治理论:一种调适的新制度主义理论[J].南京社会科学,2013(7):49-56.
③ 李大宇,章昌平,许鹿.精准治理:中国场景下的政府治理范式转换[J].公共管理学报,2017,14(1):1-13,154.
④ 鲍勃·杰索普,漆蕪.治理的兴起及其失败的风险:以经济发展为例的论述[J].国际社会科学杂志(中文版),1999(1):31-48.
⑤ 曹任何.合法性危机:治理兴起的原因分析[J].理论与改革,2006(2):20-24.

败"的危险而展开。

格里·斯托克认为,作为理论的治理应当围绕五个论点展开研究:① 治理主体是出自政府但又不限于政府的社会公共机构和行动者;② 治理明确支持在为社会和经济问题寻求解答的过程中存在的界限和责任方面的模糊之点;③ 治理明确肯定涉及集体行为的各个社会公共结构之间存在的权力依赖关系;④ 治理指行为者网络的自主自治;⑤ 治理认定,办好事情的能力并不在于政府的权力,不在于政府下命令或运用其权威,政府可以动用新的工具和技术来控制,而政府的能力和责任均在于此。[①]

治理的议题虽然繁杂,但总体来说围绕如下几个方面展开。一是关于元治理的研究,包括对治理理论是否构成一种新的范式的思考,以及对治理理论庞杂概念体系的厘清。[②]二是对治理实践的研究,特别是在政府治理理论实践下以治理替代传统的政府管理的研究,在这一大的议题下,治理至少包括作为最小国家、作为公司治理、作为新公共管理、作为"善治"、作为社会-控制系统、作为社会自组织网络等六种用法。[③]

沿着上述议题和用法,治理理论形成了国家中心论和社会中心论两种不同的研究路径。但无论是国家中心论还是社会中心论,治理理论的研究者多认为治理是政府通过分权方式来运行一个多元行动者参与的网络。[④]强调如何应对市场失效和国家"失败"带来的治理危机,认为应当通过将伙伴关系纳入公共治理体系或创建公共治理的相互协商和合作网络来进一步提升公共治理效能。

二、治理理论的本土化

治理理论在国内的勃兴始于20世纪90年代末对国际上有关治理研究的译介。俞可平等率先将治理理论与中国政治和社会改革的实践联系起来,对"善治"进行了广泛探讨。王诗宗等则从公共行政学的学科视野出发对治理理论的系统化展开研究。治理理论只有在本土化的基础上才能实现理想的重塑[⑤],国内学者也对此进行了持续探索,但目前治理理论在中国的使用仍带有较为明显的嫁接痕迹。总体来说,国内对治理理论的使用主要嫁接了国家中心论的相关理

---

① 格里·斯托克,华夏风.作为理论的治理:五个论点[J].国际社会科学杂志(中文版),1999(1):19-30.
② 王诗宗.治理理论与公共行政学范式进步[J].中国社会科学,2010(4):87-100,222.
③ 俞可平.治理与善治[M].北京:社会科学文献出版社,2000.
④ 田凯,黄金.国外治理理论研究:进程与争鸣[J].政治学研究,2015(6):47-58.
⑤ 吴家庆,王毅.中国与西方治理理论之比较[J].湖南师范大学社会科学学报,2007(2):58-65.

论，并糅合了马克思主义国家治理理论等相关理论。主张改变计划经济时代自上而下的威权主义统治，通过政府权力对伙伴关系的主导与规制作用，把社会中其他行动者吸纳到公共事务的管理中来。①

（一）对"善治"理念的研究

在我国，治理理论的意涵进一步本土化为"善治"等概念，善治不是西方基于新自由主义运动基础上的多主体分权的社会治理，亦反对在全球治理的理念下对公共权威和公共秩序的消解。其认为治理不是无政府主义，也并不意味着公共权威的消亡，而是在政府主导下政府简政放权，公民积极参与政治和社会管理而进行的综合治理。俞可平认为善治的基本要素包括合法性、透明性、责任性、法制、回应和有效等六个方面。善治是政府与公民之间的积极而有成效的合作，这种合作成功与否的关键是参与政治管理的权力，本质在于实现政府与公民对公共生活的合作管理。②

（二）对国家治理能力和治理现代化的强调

最近十余年，通过对西方治理理论话语体系的反思和批判性发展，治理理论的中国话语体系逐渐形成，突出特点是基于马克思主义国家治理理论体系构建多元参与的协同治理网络。有学者将治理活动分为国家治理、社会治理两个范畴或国家治理、政府治理和社会治理三个相互作用的关键范畴，并强调较高的国家治理能力和治理现代化水平是政府、社会和市场治理得以实现的前提。中共十八届三中全会指出全面深化改革的总目标是"完善和发展中国特色社会主义制度，推进国家治理体系和治理能力现代化"后，引发了国家治理研究的热潮。

中共十八届三中全会后国内掀起的治理研究热潮属于马克思主义国家治理理论体系的范畴，与西方社会去中心化的理路倾向不同。虽然当前一些学者对治理理论的研究与推崇是另外一套话语体系，这种话语体系并不能实现真正对话③，但西方国家中心的治理理论与中共十八届三中全会提出的国家治理现代化的理路在很多方面有异曲同工之妙：一是都认为政府是公共利益的最佳代言人，

---

① 田凯，黄金.国外治理理论研究：进程与争鸣[J].政治学研究，2015（6）：47-58.
② 俞可平.治理与善治[M].北京：社会科学文献出版社，2000.
③ 郑杭生，邵占鹏.治理理论的适用性、本土化与国际化[J].社会学评论，2015，3（2）：34-46.

政府权力应当在社会治理中起到主导和规制作用，不应当削弱国家主权和主权政府在国内和国际治理中的重要作用；[①]二是都强调"合法性"，认同将依法治国作为政府加强自身建设和进行社会治理的基本方略；三是认为提升政府治理能力和治理能力现代化是重要工具。党的十八大提出要实现国家治理体系和治理能力现代化，认为没有相应治理能力的提升，国家治理体系就只会是一个空架子，[②]就不可能形成好的国家治理体系，准确抓住了实现综合治理的关键点。

三、治理理论在大学跨学科发展研究中的适用性

（一）高等教育治理的提出及其发展

我国的社会治理往往被视为国家治理之下的剩余治理或辅助治理，是国家治理主导下的协同治理。[③]因此，我国的社会治理是由执政党领导，政府组织和主导负责，社会组织和公民等多方治理主体有序参与，对社会公共事务进行的治理活动。[④]治理的目的是在各种不同的制度关系中，运用权力去引导、控制和规范公民的各种活动，以最大限度地增进公众利益。[⑤]中共十八届三中全会报告将国家治理体系和治理能力现代化作为政治体制改革的总体目标，反映了在国家和政府治理中，治理能力和治理现代化水平的基础性地位。作为社会治理的重要构成部分，高等教育治理的构想和要求应当与国家和政府治理一脉相承。因此，大学治理、中国特色现代大学制度建设等高等教育治理能力提升和治理现代化的重要议题在近年来得到越来越多的关注。

在"双一流"建设背景下，高效、现代的大学制度和治理体系是能否如期建成教育强国的重要制度保障。大学治理是大学规模化发展过程中利益相关者参与大学事务决策的结构和过程，是大学组织的决策权力在各利益相关者之间

---

① 俞可平.治理与善治[M].北京：社会科学文献出版社，2000.
② 王绍光.国家治理与基础性国家能力[J].华中科技大学学报（社会科学版）2014，28（3）：8-10.
③ 郑杭生，邵占鹏.治理理论的适用性、本土化与国际化[J].社会学评论，2015，3（2）：34-46.
④ 王浦劬.国家治理、政府治理和社会治理的含义及其相互关系[J].国家行政学院学报，2014（3）：11-17.
⑤ 曹任何.合法性危机：治理兴起的原因分析[J].理论与改革，2006（2）：20-24.

配置和行使的制度安排。①大学治理改革的方向是建立现代大学制度。在"双一流"建设中，仅仅实现一流的科研目标和显性成果显然是不够的，只有建立适合本土的高等教育治理体系，才能保证科研生产效能的可持续性。因此，"办学自主、教师治学、校长治校"②的现代大学治理框架的构建是当下高等教育治理的重要内容。

（二）治理理论在大学跨学科发展研究中的适切性

社会治理在我国经历了本土化的历程，并逐渐形成了"党委领导、政府负责、社会协同、公众参与、法制保障"的总体格局。这种执政党领导、政府组织主导、吸纳社会组织等多方面治理主体积极参与的实施路径与当前中国特色现代大学制度构建和大学治理的理路有较高的耦合度。而学术治理是实现大学治理的题中应有之义和重要组成部分，也是中国特色现代大学制度得以实现的重要载体。因此，本土化的治理理论在大学跨学科研究治理中有较强的适切性。

一方面，学术治理是大学治理的重要组成部分。对大学跨学科研究发展困境的研究应当置于国家治理和大学治理的总体框架内。治理理论的意涵与大学跨学科研究效能提升的契合度较高。提升政府、大学对大学跨学科研究的治理能力和管理水平，是大学跨学科研究效能提升的关键。治理理论对治理能力和治理现代化水平的研究提出了诸多思考。因此，运用治理理论探讨大学跨学科组织发展的相关问题是一个有益的视角。

另一方面，虽然不同国家和地区的大学因民族、国家等环境的差异而表现出较大的差异性。但必须认识到大学作为一个独特的学术组织而表现出来的共同性：大学是一个底部沉重的松散的联合体。治理理论所提出的网络化治理、合作治理、整体性治理等新模式，以及对"善治"理念与国家治理能力和治理现代化的强调，有助于改善当前跨学科研究碎片化和"项目治学"的形态，引导、整合不同治理主体在权责明晰的前提下共同参与跨学科研究治理进程。

---

① 许晓东，阎峻，卞良.共治视角下的学术治理体系构建[J].高等教育研究，2016，37（9）：22-30，66.

② 钱颖一.大学治理：美国、欧洲、中国[J].清华大学教育研究，2015，36（5）：1-12.

第三节　治理视域下大学跨学科组织发展困境的化解策略

一、进一步完善大学跨学科研究治理体系、创新治理机制

自现代大学诞生以来，围绕大学治理的理念创设、制度设计、运行监督等过程产生了政治权力、行政权力、学术权力、民主权力四种权力关系。四种权力共同作用，形成了由价值体系、结构体系、制度体系、运行体系等有机结合的大学治理系统。①当前学界对大学治理的研究普遍将行政和学术做二元对立说，并将去行政化作为化解治理困境的关键。爱德华·希尔斯指出："大学现在不是、过去也从来不是自我支持的机构。"②因此，应当认识到去行政化的关键在于通过政府治理能力和水平的不断提升，以及精准化的简政放权，改变过去政府对大学事务管得过多、管得过死的倾向。应在大学内部化解大学治理行政化、官僚化倾向明显，行政体系水平不高，服务大学治理的能力不足的困境，而非弱化行政力量在大学治理中的重要性。大学跨学科研究效能提升是大学学术治理的重要组成部分，要实现学术组织的善治，就必须促进政治力、行政力、学术力、民主力的有效耦合。可以说，进一步完善多元参与的大学跨学科研究治理体系，创新大学、跨学科组织和科研人员参与跨学科研究治理的机制，是促进大学跨学科研究快速发展的先决条件。

（一）应当进一步完善大学跨学科研究治理体系

进一步完善大学跨学科研究治理体系，可从以下几个方面着手。

一是提升政府的高等教育治理能力。在我国，学术、行政与政治是大学治理的基本要素，它们相互联系、相互作用，构成大学治理的统一体。学术界定大学的底蕴，行政决定大学的效率，政治则保障大学的方向。③不管何种制度与

---

①　许晓东，阎峻，卞良.共治视角下的学术治理体系构建[J].高等教育研究，2016，37（9）：22-30，66.

②　爱德华·希尔斯.学术的秩序——当代大学论文集[M].李家永，译，北京：商务印书馆，2007.

③　周作宇，刘益东.权力三角：现代大学治理的理论模型[J].北京师范大学学报（社会科学版），2018（1）：5-16.

类型的国家，大学的发展与进步都离不开政府的作用。①而政治权力及其得以产生影响的行政力虽然在大学治理研究中被排斥，但在大科学时代，促进交叉学科发展和建设创新型国家密切相关，已成为一项巨大的国家工程。美国、德国等发达国家的经验表明，在制定高等教育法律、法规以明确政府和大学在合作网络中的权、责、利关系的基础上，提升跨学科研究在国家政治体系中的显示度和重要性，进而提升各级政府进行高等教育治理的现代化水平和资源配置效率，是化解跨学科研究发展困境的先决条件。

二是创设"共同抉择"的府学关系，完善跨学科研究治理体系。治理理念的提出为更新政府分权的价值取向、重构政府分权提供了理论基础。②在我国，政府与大学的关系逐渐走向基于专业分工的合作，大学跨学科研究急需基于治理理念创设"共同抉择"的府学关系。

基于多中心和分权化的治理理念，应当转变当前政府与大学间管制型的关系模式，厘清政府和大学的权力边界，建立"合作网络的途径"。③大学跨学科组织的运转应当首先基于知识逻辑，而非行政逻辑。政府应当从跨学科研究的具体事务中退出，专注于进行大学跨学科科研体系的顶层设计。因此，需要在治理理念下，实现政府、市场、社会和大学之间关系的调整和重构。将社会力量和社会需要引入跨学科组织的创建和资源竞争中，通过创建独立的第三方资源竞争和评价机制，实现"管、办、评"分离。同时要深化高等教育领域"放、管、服"改革，通过制定高等教育法律、法规以进一步明确政府和大学在合作网络中的权、责、利关系。具体到大学跨学科组织运行的机制创新来说，应当通过绘制权力清单的方式，实施负面清单管理，基于协商和平等对话，建立完善的跨学科组织治理网络。从而打破政府与大学的权力同构，实现跨学科组织的善治。

（二）创新大学跨学科研究治理机制

优化治理结构、协调利益关系、创新机制、提升办学治校的水平和能力是大学的权责所系。④在跨学科研究治理的网状结构中，高校是最直接的资源供给方和利益协调方，高校对跨学科研究的重视程度和大学学术治理的能力对跨学

---

① 李立国. 现代大学治理形态及其变革趋势[J]. 高等教育研究，2018，39（7）：9-16.
② 许杰. 政府分权与大学自主[M]. 广州：广东高等教育出版社，2008.
③ 陈振明. 公共管理学[M]. 北京：中国人民大学出版社，2005.
④ 沈刘峡，周忠林，郝培文，等. 基于高等教育内涵式发展的现代大学治理体系构建[J]. 国家教育行政学院学报，2018（8）：21-25.

科研究的发展具有直接影响。

一是形成促进跨学科研究的高层共识。应当以"双一流"和"前沿科学研究中心"建设为契机，将大力促进和保障跨学科研究发展纳入高校决策的核心议题。此外，还应当通过精细的权利界定和工作描述将跨学科研究工作在大学治理体系中的重要地位制度化。

二是以章程、政策、规划等制度建设为依托，促进跨学科研究效能提升。大学学术治理能力的提升要求对大学学科发展进行有前瞻性的顶层设计。以制度建设和文化培育为根本，探索跨学科研究的主攻方向、治理策略和评价机制，激活跨学科研究的科研效能，纠正跨学科研究目标偏离的现状。

三是以权责明晰为标准推动校院（系）二级治理，激发效能。应当打破跨学科研究"学术特区"化和过度依赖外部资源的特征，以权责明晰为标准推动校院（系）二级治理体系的建立和完善，在全校范围内促进大学学术组织变革、重组和重塑。以高等教育内涵式发展为契机，推动不同学科领域研究资源的重新配置，围绕学校科研的主攻方向进行学术组织再造，激发跨学科研究平台的活力。

二、重新定义系科组织，推进大学学术组织再造

（一）构建跨学科协同创新体系

20世纪60年代以来，在知识演化和资源获取的双重驱动下，美国大学纷纷成立"两栖型组织结构"。其实质是建立横跨不同类型学科和院系的跨学科协同创新体系，推动基础创新和应用研究的良性互动和协同并进。针对当前我国大学单位制的学术组织架构，需要在治理视域下以分权协作的模式构建网状治理结构，并寻求政府、大学、院系三级管理体制中办学权、人事权和资源配置模式的创新和突破。

一是基于社会治理理念构建"共同演进"的矩阵式科研组织体系。以科技前沿探索和重大社会问题治理为导向重新定义学术部门，向扁平化、集群化的矩阵管理模式迈进。基于"共同演进"的理念，通过建立"中心学院"模型，推动跨学科组织在资金、信息等方面形成竞争协同关系，[①]在各学术单元之间形成"理论—工程"相互推动的"化学反应"。

---

① 赵坤，王方芳，王振维.共同演进视阈下的大学跨学科组织治理研究[J].中国高教研究，2013(8)：33-36.

二是依托"边界组织"构建跨学科协同创新体系。跨学科研究的开放性、创新性特征，要求通过社会交互作用形成具有柔性边界的"边界组织"。[①]以项目和协议为牵引，建立不同知识创新主体间的协同创新联席机制。促进大学、企业等治理主体参与协同创新。应当充分发挥政府作为治理核心的重要作用，在国家创新战略指引下，充分发挥大学的知识创新主体功能，与企业扮演的技术创新主体密切分工，通过跨学科联合研究或聘任等方式，实现大学、企业、政府等在国家科技创新体系中的知识流动与扩散。[②]

（二）重新定义系科组织

在过去几十年中，学科制度促成了人才培养的制度化。但科技创新引发的知识生产的综合化、跨学科化、跨领域性，使刚性的学科制度制约和束缚人才培养的创造性和灵活性的弊端凸显。在我国的国家学位制度下，学科被制度化为管理者对学科发展和科学研究进行管理的手段，刚性的学科制度催生了僵化的大学教学组织结构。学科制度和专业、院系紧密相连，共同形塑了准入制度、课程与教学模式、学生评价等学科化的人才培养体系。文献研究也表明当前学科化的科研组织模式存在以下两个方面的弊端：一是获取学科合法性成为跨学科研究关注的重点，跨学科研究往往沿着"虚体跨学科研究项目—实体跨学科组织—学科建制化"的路线发展演化；二是跨学科组织的"增量型"发展往往依赖强势人物对多个院系资源的调配和整合能力，使得横向院系间的文化、价值和权力冲突日益尖锐。

科技发展的新趋势所带来的社会、技术和职业的变革是全面的、整体的，要求大学教育做出整体性回应。因此，必须从学科制度和学术组织两个维度重新定义系科组织，面向科技和社会变革的可能规律和方向，推进大学学术组织架构的系统再造。一是打破当前增量式发展的跨学科研究组织体系，在院校层面重新定义系科组织。针对不同层面的科研组织体系进行矩阵式的结构重组，使大学科研组织体系既能在纵向上与各职能部门联系，又能够通过横跨各职能部门和院系的矩阵式组织体系协调行政流和学术流之间的矛盾。[③]二是在科技变革的新趋势下审视学术组织的责任、目标和文化，创新大学学术组织运行模式，

[①] 崔永华.边界组织与国家创新体系中的知识流动[J].科技进步与对策，2013，30（19）：119-123.
[②] 张洋磊.研究型大学科研组织模式危机与创新——知识生产模式转型视角的研究[J].科技进步与对策，2016，33（11）：152-156.
[③] 刘欣.大学跨学科组织的发展研究——以E大学研究院为个案[D].上海：华东师范大学，2007.

改变当前大学科研组织与产业和国家及社会重大需求脱节的现实，构建开放、共享的跨学科合作网络①，促进学科交叉创新和跨学科平台建设。

国外大学的中心学院模式做出了有益尝试，值得我们借鉴。这种尝试包括三个要点：一是重新设计学院，围绕相近学科进行系科重组，逐渐将以学科为中心的狭窄院系整合为大型的综合学术部门，打破碎片化和同质化倾向，将每一个院系办出特色；二是围绕新的研究领域和问题，建立问题牵引的跨学科研究单位，并将其与柔性的人才培养模式相连接；三是优化学科制度，完善学科制度的顶层设计和动态调整机制。以"学科群"的形式使跨学科组织制度化，形成完善的跨学科人才培养机制。

三、打破藩篱，形成多元参与的资源竞争和成果评价机制

跨学科研究目标和成果的高度不确定性，意味着更复杂的团队整合模式、更高风险的成果产出过程和更多样化的成果形式。因此，应当基于学科"软硬"程度和市场差异，构建多元参与的资源竞争和成果评价机制，而不只是以绩效为标准，对不同类型和特征的跨学科组织进行强行裁剪。

（一）在治理视域下构建多元参与的跨学科研究评价体系

应当着眼政府高等教育治理能力现代化水平提升，打破跨学科研究发展的评估闭环。从跨学科研究平台建设、项目申请和结果评定入手，建立全过程的开放式评估体系。基于契约关系，通过完全独立的第三方评价机构的介入，构建政府、市场和学术共同体多元参与的跨学科研究评价机制。根据不同学科知识生产的特征，制定差异化的质量评价体系，将学术价值、社会价值等指标纳入学术评价体系，实现学术评价体系由狭隘的同行评议模式向兼顾知识生产利益相关者的新模式转变。

（二）改善成果评定和职称评审的个体化导向

终身教职对学者的生存与发展具有决定性意义，应当建立完善的跨学科成果评定和职称晋升联动机制，为学者特别是青年学者积极参与跨学科协同创新解除后顾之忧。

---

① Kenny J T. The university in service to state and local government[J]. New Directions for Higher Education，1988（63）：51.

四、重塑科研价值，营造开放、信任的跨学科合作场域

学科化的科研场域，对置身其中的学者具有强大的文化和价值规制作用，是跨学科研究发展困境中产生的文化和价值根源。通过形成"多元质量文化"，推动各类跨学科组织在大学内协调发展，营造开放、信任的跨学科合作场域，是化解跨学科研究发展困境的文化与价值基础。

（一）重塑科研价值，优化资源配置体系

通过"1+X"等学术资源配置模式，为不同领域的学者提供对话机制和交流平台。同时要系统变革人力资源管理机制，打破僵化的单位制聘任结构，形成不同学科研究人员自由流动、联合聘任的机制。还要形成开放、动态、共享的资源配置机制，通过开放设备平台，在院校层面实现科研资源、仪器设备和研究空间等资源的共享和公平分配。尤其是大学，要充分发挥国家级科技平台数量多、仪器设备水平高的优势，为跨学科研究信任机制和合作机制的创生提供条件。

（二）营造开放、信任的跨学科合作网络

从表面上看，学科间信任获取和平等对话的障碍导致跨学科研究中的文化与价值冲突，反映了不同学科在跨学科组织中学科地位的不平等。因此，提升不同学科跨学科研究者的科研水平，是实现不同领域学者平等对话的前提。应当借助各级各类人才计划和项目为跨学科组织内弱势学科的学者提供扎实的物质和科研条件保障，补齐弱势学科人才短板，实现不同学科间的平等对话。

第七章 结论与展望

在"双一流"建设大力推进科研组织体系创新的背景下,大学跨学科组织必将成为学术组织创新的重要模式而备受关注。但当前我国大学跨学科研究受到学术创新的政治逻辑、以绩效合法性为特征的市场逻辑,以及学科张力和权力冲突等文化价值逻辑的共同规制。对政府和市场资源、项目的高度依赖,使跨学科组织被机制和环境所约束,呈现外部政策规制的特征。

回归大学作为学术组织的本质,在"内生性制度创新"引领下对大学学术组织进行系统变革,是实现"一流大学、一流学科"建设目标,推动跨学科研究走向深入的必由之路。大学跨学科研究发展困境的消解需要打破大学对政府的整体性依从和形式化自主,在大学、政府和市场共同治理的基础上重塑大学跨学科组织体系及其内外部关系。

第一节 结 论

一、大学跨学科研究的冲突类属及其特征

识别和理解大学跨学科组织冲突特征及其成因是开展治理研究的前提。笔者运用"连续比较法",对我国大学跨学科组织发展面临的冲突展开研究,充分揭示了大学跨学科研究的冲突类属及其特征。笔者发现,一系列相互作用的冲突问题是我国大学跨学科组织发展困境形成的主要因素。

从类型上来说,可以将我国大学跨学科研究的冲突类属提炼为大学跨学科研究的制度环境冲突、组织模式冲突、文化与价值冲突、跨学科研究机制冲突,以及跨学科研究的纵向和横向冲突等六种类属。且各类属间相互嵌套,形成以行政与学术权力和利益为核心的冲突网络,呈现"多重逻辑制约"的总体特征。

从层级上来说，大学跨学科研究的冲突包含国家、院校和跨学科研究行动三个相互作用的层次。一是外部需求导向的跨学科行动是大学跨学科研究的基本特征，国家层面跨学科研究发展导向模糊和偏离是大学跨学科组织发展困境生成的宏观背景；二是大学与政府高度重构，使国家跨学科战略模糊引发的相关冲突在院校层面进一步转化为校级跨学科研究支持政策不足、跨学科研究领域的学科基础条件欠缺、大学跨学科研究成果评价与考核机制不完善，以及跨学科研究资助体系失效等冲突；三是在系科为主的直线式资源配置和单一化的评价体系下，大学跨学科研究在组织和学科两个维度合法性的缺失导致大学跨学科研究产生跨学科组织虚化、跨学科团队架构冲突，以及横向间院系组织冲突等发展困境。

二、大学跨学科组织发展困境的生成机理

结构化理论认为，社会结构具有二重性，人的行为既受结构的制约也能重塑结构。结构和行动相互依存，构成一个持续动态演化的实践系统。一方面，社会结构本身是人类的行动建构起来的，社会结构受制于行动者的行动效果；另一方面，经过人的实践活动建构起来的社会结构，又为行动者进行社会行动建构起了桥梁和中介。

跨学科研究形式化和跨学科支持政策局部失效的意外后果，是由国家、院校和跨学科研究从业者等行动者，在国家、院校、跨学科组织三个层面所面临和制造的冲突行为共同作用的结果。第一，外部政策主导者通过分配性资源和权威性资源主导跨学科组织的目标、架构和文化，建构了学科化和效率主义的科研机制和文化；第二，行动者是能知能动的，影响了规则的制定和资源的获取，进而影响跨学科政策目标和效果的顺利实现；第三，跨学科研究在国家层面面临的制度环境缺失、资助和评价体制不健全，以及院校层面跨学科支持政策失位，是经由大学跨学科组织这个中介建构的。

三、大学跨学科组织发展困境生成的症结

"项目治学"是大学跨学科组织发展困境生成的症结。我国各类大学跨学科研究平台以高校设立为主，但单一化的资源配置和绩效评价机制与单位制的组织运作逻辑相互作用，使大学跨学科研究呈现出碎片化和向上负责的总体特征，大学看似主动的跨学科组织创建行为从属于高度科层化的高等教育体制，以及政府主导的资源配置和评价体系。政府试图通过项目动员方式，集中科研资源实现赶超和"跨越式"发展。在实际的资源配置中，主管部门通过行政过程与

淘汰性评审相结合的竞争机制，以工程项目的形式进行审批、建设和验收。能否中标国家重大科技基础设施、国家重大科技项目等重点研发计划往往成为衡量大学学术地位的标志，造成高校对跨学科研究项目数量和等级的盲目比拼。这种借鉴工程建设领域的竞标制，在科研体系中建立了"项目治学"的科研运作和评价体系，呈现弱科研创新文化、强利益分割的运作模式，造成诸多大学合力申报和承接跨学科创新平台和项目，却在运行过程中层层分包的意外后果。

在资源竞争"锦标赛"下，大学形成了围绕国家重大科技项目组建跨学科组织的行动逻辑。围绕跨学科研究平台和项目的申报、评价等，政府与大学间形成了政府"发包"、大学"抓包"的纵向发包和横向竞争"上下结合"的作用机制，满足外部绩效合法性成为跨学科组织的重要目标，使我国大学跨学科研究平台在运行过程中受到不成熟的治理结构、外部主导的研究资助体系、学科化的成果评价机制等因素的制约。

四、应当进一步完善治理体系、创新治理机制

在治理视域下审视大学跨学科组织发展困境的生成机理可以发现，当前大学跨学科研究面临的多层次、多重逻辑的冲突问题在很大程度上源于治理能力不足、治理现代化水平不高，破解大学跨学科组织发展困境需要持续提升政府、院校的治理能力和治理现代化水平。

一是不断完善大学跨学科研究治理体系。首先，要在国家层面凝聚促进大学跨学科研究的共识。在厘清政治权力、行政权力和学术权力三者边界的基础上，提升跨学科研究在国家政治体系所关涉的重大事务中的显示度和重要性；再次，改变当前直线式、科层化的治理形态，创设"共同抉择"的府学关系，使大学跨学科研究走向内生性制度创新；最后，创建以网状结构为主的开环治理结构，改变当前碎片化和闭环的大学跨学科研究管理体系，搭建国家、院校和社会多方参与的跨学科研究治理体系，形成政府居中协调、院校自主治理、社会广泛参与的大学跨学科研究治理体系。

二是加快创新大学跨学科研究治理机制。治理能力和治理现代化水平的提升应体现在制度建设先行、组织变革推进、评价体系伴随三个方面，最终营造良性的科研场域和文化。首先，以章程、政策、规划等制度建设为依托，促进大学跨学科研究效能提升，引导大学跨学科研究形成适切的组织形态和良好的运行环境，这是提升治理现代化水平的前提条件；其次，以高等教育内涵式发展为契机做好顶层设计，以责权明晰为标准推动校、院两级治理体系的建立和完善，实现大学学术组织变革、重组和重塑；再次，打破藩篱，形成多元参与

的资源竞争和成果评价机制，构建多维度的跨学科研究评价机制，改善成果评定和职称评审的个体化导向；最后，重塑科研文化和价值，营造开放、信任的跨学科合作研究场域。形成不同学科学者共同参与的"共同认知参照框架"，实现学科间平等对话。

第二节　在深化大学跨学科问题研究上的创新

一、引入"连续比较法"进行多个案研究

与已有研究侧重于"思辨—演绎"的逻辑不同，本研究是一项"实践基础上的理论研究"。本研究创新性地引入"连续比较法"和多个案研究方法，以一所"双一流"建设高校为质性研究的案例来收集材料，严格遵循质性研究方法和步骤，综合运用文献研究、半结构化深度访谈等方法和工具，通过开放性编码、轴向编码、选择性编码三级登录，建构"本土性"的大学跨学科组织发展困境的理论模型，并运用组织社会学分析框架系统阐释大学跨学科组织发展困境的生成机理。

二、研究视角从宏观深入到中微观层次

不同于已有研究单一化的认识视角，本研究借助结构化理论，从外在的制度制约和内生性组织变革两个维度，将国家、市场、大学、学术从业者等政府、市场和学术关系纳入统一分析框架。并深入中微观层面对我国大学跨学科组织发展困境的构成要素及其生成机理进行了深入探析。

同时，本研究也尝试在治理视域下审视大学跨学科组织发展困境的生成机理，提炼出以治理能力和治理现代化水平提升为核心的策略框架，为研究我国大学跨学科组织治理问题建立平台和基础。

三、构建大学跨学科组织发展困境的作用机制模型

本研究改变过去"思辨—演绎"的研究路径，在对不同大学跨学科研究从业者进行实证研究的基础上，沿着"描述现状—揭示问题—解释问题—制度创新"的逻辑，按照"初步识别—系统识别"层层深入的路径，运用实证分析工具揭示我国大学中不同类型跨学科组织发展困境的类属、表现及效应，构建了

大学跨学科组织发展困境的理论模型。该理论模型的产生扎根于我国大学跨学科研究发展的本土事实和本土经验，对学界深入理解大学跨学科研究具有一定的启发意义。

此外，本研究将结构化理论和治理理论依次引入机理生成研究和策略研究阶段，进一步深化了对大学跨学科研究发展问题的理解。笔者还尝试将其与当下正在进行的高等教育治理和中国特色现代大学制度建设等议题关联在一起进行研究，有助于在中国特色现代大学制度构建的整体框架下破解大学跨学科组织发展难题。

"他山之石，可以攻玉"，本研究也存在诸多研究缺憾。比如，只在文献部分对已有比较研究进行了梳理和吸收，未进一步探讨。在未来的研究中，应当更加重视比较研究视角。一是从中外比较的视角，通过对美国、英国、日本等高等教育发达国家促进大学跨学科研究和学科交叉创新的经验进行系统研究，为提升我国大学跨学科研究治理能力和治理现代化水平，构建中国特色大学学术治理体系提供有益的借鉴。二是在未来的研究中应当将学科化的研究场域和大学跨学科研究场域进行比较研究，分析大学跨学科研究发展面临的冲突要素是否具有独特性。在比较中识别异同点并解释差异产生的原因，或许能进一步深化对大学跨学科研究发展困境的认识。

参考文献

一、中文参考文献

[1] 安德鲁·海伍德.政治学：第2版[M].张立鹏,译.北京：中国人民大学出版社,2006.

[2] 安东尼·吉登斯.社会的构成：结构化理论纲要[M].李康,李猛,译.北京：中国人民大学出版社,2016.

[3] 安东尼·史密斯,弗兰克·韦伯斯特.后现代大学来临?[M].侯定凯,赵叶珠,译.北京：北京大学出版社,2018.

[4] 白强.基于知识生产模式Ⅲ的高校学科高质量发展研究[J].科学管理研究,2023,41(4)：41-47.

[5] 包海芹.教育资源配置中的政府与高校——国家学科基地政策案例的分析[J].高教探索,2008(1)：50-53.

[6] 包水梅.基于交叉融合的高等教育学学科发展理路[J].国家教育行政学院学报,2021(9)：39-46,66.

[7] 毕朝霞.美国研究型大学跨学科研究生培养机制研究——以密歇根大学为例[D].长春：东北师范大学,2023.

[8] 毕颖,明炬.基于知识三角的大学跨学科研究组织协同创新动力模型构建[J].科技进步与对策,2015,32(9)：136-140.

[9] 伯顿·R.克拉克.高等教育系统——学术组织的跨国研究[M].王承绪,徐辉,殷企平,等译.杭州：杭州大学出版社,1994.

[10] 曹瀚文.高校跨学科团队发展动力机制研究[D].哈尔滨：哈尔滨工业大学,2021.

[11] 陈艾华,邹晓东,陈婵.跨学科研究发展的体系构建[J].高等工程教育研究,2013(2)：143-147.

[12] 陈婵.高等学校跨学科组织的系统管理研究[D].杭州：浙江大学,2005.

[13] 陈何芳.论我国大学跨学科研究的三重障碍及其突破[J].复旦教育论坛,2011,9(1):67-71.

[14] 陈家建.项目化治理的组织形式及其演变机制——基于一个国家项目的历史过程分析[J].社会学研究,2017,32(2):150-173,245.

[15] 陈霞玲.高校开展有组织科研的组织模式、经验特征与问题对策[J].国家教育行政学院学报[J].2023(7):78-87.

[16] 陈先哲.学术制度变迁下学术人员的行动逻辑:理论框架与多案例研究[J].教育发展研究,2016,36(7):9-16,30.

[17] 陈向明.扎根理论在中国教育研究中的运用探索[J].北京大学教育评论,2015,13(1):2-15,188.

[18] 陈向明.质的研究方法与社会科学研究[M].北京:教育科学出版社,2000.

[19] 陈晓云,吴宁.中国转型期社会冲突观念的重构[J].华中科技大学学报(社会科学版),2003(4):42-47.

[20] 陈学飞,展立新.我国高等教育发展观的反思[J].高等教育研究,2009,30(8):1-26.

[21] 陈振明.公共管理学[M].北京:中国人民大学出版社,2005.

[22] 程开华.新时代交叉学科的概念范畴、方法体系与融合路径[J].教育评论,2023(1):70-75.

[23] 崔乃文.知识演变与组织创新:世界一流大学的生成机制分析[J].清华大学教育研究,2017,38(5)98-105.

[24] 崔永华.边界组织与国家创新体系中的知识流动[J].科技进步与对策,2013,30(19):119-123.

[25] 戴晓霞,莫家豪,谢安邦.高等教育市场化[M].北京:北京大学出版社,2004.

[26] 董幼鸿."邻避冲突"理论及其对邻避型群体性事件治理的启示[J].上海行政学院学报,2013,14(2):21-30.

[27] 付晔.基于扎根理论的高校学科交叉融合激励机制研究[J].高教探索,2021(3):45-51,71.

[28] 龚轶,王峥.交叉学科及其研究资助的五个关键问题[J].科学学研究,2015,33(9):1297-1304,1339.

[29] 郭卉.反思与建构:我国大学治理研究评析[J].现代大学教育,2006(3):29-33.

[30] 郭毅,徐莹,陈欣.新制度主义:理论评述及其对组织研究的贡献[J].社

会, 2007 (1): 14-40, 206.

[31] 郭中华, 黄召, 邹晓东. 高校跨学科组织实施中存在的问题及对策[J]. 科技进步与对策, 2008 (1): 183-186.

[32] 洪茹燕, 汪俊昌. 后学院时代大学知识生产模式再审视[J]. 自然辩证法研究, 2008 (6): 93-97.

[33] 胡炳仙. 改革开放初期我国重点大学政策及其影响[J]. 高等教育研究, 2012, 33 (5): 90-95.

[34] 胡乐其. 吉登斯结构化理论中权力再生产的路径研究[D]. 天津: 河北工业大学, 2015.

[35] 华勒斯坦, 等. 学科·知识·权力[M]. 刘健芝, 等译. 北京: 生活·读书·新知三联书店, 1999.

[36] 黄瑶, 王铭. 试析知识生产模式Ⅲ对大学及学科制度的影响[J]. 高教探索, 2017 (6): 10-17.

[37] 蒋家琼, 张玲. 美国一流大学跨学科集群教师管理制度及启示——以威斯康星大学麦迪逊分校为例[J]. 湖南师范大学教育科学学报, 2020, 19 (4): 119-124.

[38] 焦磊, 谢安邦. 美国研究型大学跨学科研究发展的动因、困境及策略探究[J]. 国家教育行政学院学报, 2016 (10): 89-95.

[39] 焦磊. 国外知名大学跨学科建制趋势探析[J]. 高等工程教育研究, 2018 (3): 124-129.

[40] 凯西·卡麦兹. 建构扎根: 质性研究实践指南[M]. 边国英, 译. 重庆: 重庆大学出版社, 2009.

[41] L·科塞. 社会冲突的功能[M]. 孙立平, 等译. 北京: 华夏出版社, 1989.

[42] 兰赛, 袁慧佳. 跨学科团队创新绩效的影响因素——基于美国综合性大学的实证研究[J]. 科学与管理, 2014, 34 (2): 3-11.

[43] 李红专. 当代西方社会理论的实践论转向——吉登斯结构化理论的深度审视[J]. 哲学动态, 2004 (11): 7-13.

[44] 李江. "跨学科性"的概念框架与测度[J]. 图书情报知识, 2014 (3): 87-93.

[45] 李松有, 黄克. 探索不同经济情况下的村民自治有效实现形式——从村民自治"权力—资源"视角进行考察[J]. 重庆工商大学学报(社会科学版), 2018, 35 (4): 59-64.

[46] 李文博. 集群情景下大学衍生企业创业行为的关键影响因素——基于扎根

理论的探索性研究[J].科学学研究,2013,31(1):92-103.

[47] 李志峰,高慧,张忠家.知识生产模式的现代转型与大学科学研究的模式创新[J].教育研究,2014,35(3):55-63.

[48] 林小英.分析归纳法和连续比较法:质性研究的路径探析[J].北京大学教育评论,2015,13(1):16-39,188.

[49] 刘凡丰,徐晓创,周辉,等.高校促进跨学科研究的组织设计策略[J].清华大学教育研究,2017,38(5):75-83.

[50] 刘茂军,孟凡杰.冲突理论视域下的课程改革话语冲突分析[J].课程·教材·教法,2015,35(10):25-32.

[51] 刘少雪.我国近现代大学行政化管理模式的历史探索[J].清华大学教育研究,2011,32(1):20-24.

[52] 刘欣.大学跨学科组织的发展研究——以E大学研究院为个案[D].上海:华东师范大学,2007.

[53] 刘仲林.跨学科学[J].未来与发展,1985(1):50-52.

[54] 柳洲.高校跨学科科研组织成长机制研究[D].天津:天津大学,2008.

[55] 龙献忠,王静.研究型大学跨学科组织运行的保障体系[J].高等教育研究,2010,31(2):32-36.

[56] 卢艳君."变"与"不变":后学院时代科学规范重构的核心问题辨析——基于默顿规范合理性的思考[J].自然辩证法研究,2023,39(11):128-133.

[57] 陆春萍,邓伟志.社会实践:能动与结构的中介——吉登斯结构化理论阐释[J].学习与实践,2006(2):76-83.

[58] 马克斯·韦伯.经济与社会:上卷[M].林荣远,译.北京:商务印书馆,1997.

[59] 马永红,德吉夫."双一流"建设背景下大学跨学科组织的学科网络结构研究[J].学位与研究生教育,2020(6):30-36.

[60] 缪昀轩.从知识权力视角看交叉学科的诞生——以物理化学学科为例[J].自然辩证法研究,2022,38(2):123-128.

[61] 裴兆斌,邵宏润,刘洋.美国研究型大学跨学科研究生培养的模式分析与经验启示[J].江苏高教,2023(10):62-69.

[62] 钱颖一.批判性思维与创造性思维教育:理念与实践[J].清华大学教育研究,2018,39(4):1-16.

[63] 瞿振元.素质教育要再出发[J].中国高教研究,2017(4):26-29,36.

[64] 茹宁,闫广芬.大学跨学科组织变革与运行策略探究[J].高校教育管理,

2018, 12 (4): 58-65.

[65] 申超.供给不足与制度冲突——我国大学中跨学科组织发展的新制度主义解析[J].高等教育研究, 2016, 37 (10): 31-36.

[66] 沈文钦, 刘子瑜.层级管理与横向交叉：知识发展对学科目录管理的挑战[J].北京大学教育评论, 2011, 9 (2): 25-37, 188-189.

[67] 孙艳丽, 于汝霜.跨学科科研团队知识整合的障碍及其运行机制研究[J].黑龙江教育（高教研究与评估）, 2018 (2): 4-7.

[68] 唐琳.北京大学科研结构与学科交叉研究[J].科研管理研究, 2018, 38 (7): 260-266.

[69] 童蕊.大学跨学科学术组织的冲突问题研究[M].北京：中国社会科学出版社, 2012.

[70] 童蕊.大学跨学科学术组织的学科文化冲突分析——基于组织分析的新制度主义视角[J].教育发展研究, 2011, 31 (Z1): 82-88.

[71] 托马斯·库恩.科学革命的结构：第四版[M].金吾伦, 胡新和, 译.2版.北京：北京大学出版社, 2012.

[72] 托尼·比彻, 保罗·特罗勒尔.学术部落及其领地：知识探索与学科文化[M].唐跃勤, 蒲茂华, 陈洪捷, 译.北京：北京大学出版社, 2008.

[73] 王骥.从洪堡理想到学术资本主义——对大学知识生产模式转变的再审视[J].高教探索, 2011 (1): 16-19.

[74] 王建明, 王俊豪.公众低碳消费模式的影响因素模型与政府管制政策——基于扎根理论的一个探索性研究[J].管理世界, 2011 (4): 58-68.

[75] 王诗宗.治理理论的内在矛盾及其出路[J].哲学研究, 2008 (2): 83-89.

[76] 王婷, 蔺洁, 陈亚平.主要创新型国家政府研发经费配置结构分析及启示[J].中国科技论坛, 2022(8): 181-188.

[77] 王雁, 徐强, 尹学锋.从多学科到超学科:学科交叉的生长逻辑和实践路径[J].高等工程教育研究, 2024 (1): 99-105, 137.

[78] 王智腾, 史秋衡.大学交叉学科组织融合的系统性结构[J].教育发展研究, 2022, 42 (11): 13-16.

[79] 威廉·布罗迪, 王晓阳.美国研究型大学的使命与管理——约翰·霍普金斯大学校长布罗迪访谈录[J].清华大学教育研究, 2009, 30 (1): 1-7.

[80] 魏巍, 刘仲林.国外跨学科评价理论新进展[J].科学学与科学技术管理, 2011, 32 (4): 20-25.

[81] 文少保.美国大学跨学科研究组织变迁与运行治理研究[D].大连：大连理

工大学，2011.

[82] 吴爱明.地方政府学[M].武汉：武汉大学出版社，2009.

[83] 吴伟,吴婧姗,何晓薇,等.如何在应对社会重大需求中推动学科会聚——美国部分大学"重大挑战计划"评述[J].高等工程教育研究,2021（1）：122-128.

[84] 吴予敏.城市公共文化服务的结构二重性和社会行动者——以吉登斯结构化理论为视角[J].学术研究，2016（10）：44-50，177.

[85] 吴玥.我国跨学科学研究的现状与对策分析——基于CNKI文献的动态分析[J].科技传播，2022，14（18）：5-9.

[86] 肖军."洪堡模式"去与留：德国大学治理改革中制度同形与路径依赖[J].比较教育研究，2022，44（1）：88-95.

[87] 徐贤春，夏文莉.学科会聚引领创新：浙江大学的探索性案例[J].大学与学科，2023，4（2）：82-90.

[88] 徐永.国家行动下学术创新策略的实践逻辑及其反思——基于大学学术生产的视角[J].教育发展研究，2012，32（23）：1-7.

[89] 徐永.区域高等教育非均衡发展的形成机制及其检视：一个"国家行动"的解释框架[J].教育发展研究，2013，33（19）：18-25.

[90] 许晓东，王锦华，卞良，等.高等教育的数据治理研究[J].高等工程教育研究，2015（5）：25-30.

[91] 许晓东，阎峻，卞良.共治视角下的学术治理体系构建[J].高等教育研究，2016，37（9）：22-30，66.

[92] 阎凤桥.思想引领：世界一流大学治理的核心特征[J].探索与争鸣，2018（6）：39-41.

[93] 阎光才.我国学术职业环境的现状与问题分析[J].高等教育研究，2011，32（11）：1-9.

[94] 阎峻，许晓东.高等教育治理与第三部门组织——中国高等教育治理中第三部门组织的完善和发展[J].高教探索，2015（12）：12-17.

[95] 杨道宇.课程效能生成的原理研究——基于结构化理论的视角[D].哈尔滨：哈尔滨师范大学，2010.

[96] 杨朔镔，任增元.中国高校学科交叉制度的历史进程、现实困境及破解路径[J].高等教育评论，2022，10（1）：180-193.

[97] 杨英杰，黄超.大学跨学科研究合作的动力机制与政策影响[J].高教探索，2013（2）：16-22.

[98] 姚翔.跨学科研究对美国顶尖教育学院青年学者科研产出的影响[J].复旦教育论坛,2023,21(2):103-111.

[99] 殷文杰."项目治教":大学治理中技术理性对价值理性的僭越[J].高等教育研究,2016,37(9):31-37.

[100] 于珈懿,于洪波.美国研究型大学跨学科建设:动因、策略与启示[J].黑龙江高教研究,2023,41(12):1-7.

[101] 袁同成."期刊承认"与"共同体承认":我国学术知识生产动力机制的"悖论"[J].清华大学教育研究,2010,31(1):26-31.

[102] 张炜,钟雨婷.亚琛工业大学的跨学科战略实践及其变革[J].高等工程教育研究,2017(5):120-124.

[103] 张炜.德国柏林工业大学的跨学科学术组织[J].比较教育研究,2003(9):59-61.

[104] 张应强,张浩正.从类市场化治理到准市场化治理:我国高等教育治理变革的方向[J].高等教育研究,2018,39(6):3-19.

[105] 张应强.高等教育全面深化改革需要对高等教育改革进行改革[J].中国高教研究,2014(10):16-20.

[106] 张云鹏.试论吉登斯结构化理论[J].社会科学战线,2005(4):274-277.

[107] 赵红州.大科学观[M].北京:人民出版社,1988.

[108] 赵坤,王方芳,王振维.共同演进视阈下的大学跨学科组织治理研究[J].中国高教研究,2013(8):33-36.

[109] 赵旭东.吉登斯社会理论与中国发展[J].西南民族大学学报(人文社科版),2016,37(12):1-13.

[110] 折晓叶,陈婴婴.项目制的分级运作机制和治理逻辑——对"项目进村"案例的社会学分析[J].中国社会科学,2011(4):126-148,223.

[111] 郑晓瑛.交叉学科的重要性及其发展[J].北京大学学报(哲学社会科学版),2007(3):141-147.

[112] 周光礼."双一流"建设的三重突破:体制、管理与技术[J].大学教育科学,2016(4):4-14,122.

[113] 周黎安.行政发包制[J].社会,2014,34(6):1-38.

[114] 周雪光,艾云.多重逻辑下的制度变迁:一个分析框架[J].中国社会科学,2010(4):132-150,223.

[115] 周志山,许大平.基于实践活动的使动性和制约性——吉登斯结构二重性学说述议[J].浙江师范大学学报,2002(5):65-69.

[116] 朱丽叶·M.科宾，安塞尔姆·L.施特劳斯.质性研究的基础：形成扎根理论的程序与方法：第3版[M].朱光明，译.重庆：重庆大学出版社，2015.

[117] 朱永东.研究型大学学科组织结构创新探析[J].高等工程教育研究，2021(4)：147-151.

[118] 邹晓东.研究型大学学科组织创新研究[D].杭州：浙江大学，2003.

二、英文文献

[1] Aram J D. Concepts of interdisciplinarity：configurations of knowledge and Action[J]. Human Relations，2004，57（4）.

[2] Dooris M J, Fairweather J S. Structure and culture in faculty work: implications for technology transfer[J]. The Review of Higher Education，1994（2）：161-177.

[3] Etzkowitz H. Innovation in innovation: the triple helix of university–Industry–Government relations[J]. Social Science Information，2003（3）：317-318.

[4] Gray B. Enhancing transdisciplinary research through collaborative leadership[J]. American Journal of Preventive medicine，2008，35（2S）：S124-S132.

[5] Holley K A. Interdisciplinary strategies as transformative change in higher education[J]. Innovative Higher Education，2009，34: 331-344.

[6] John D Aram. Concepts of interdisciplinarity：configurations of knowledge and action[J]. Human Relations，2004，57（4）：57.

[7] Kenny J T. The university in service to state and local government[J]. New Directions for Higher Education，1988（63）：51.

[8] OECD.Interdisciplinary：problems of teaching and research in university[M]. Paris：OECD publications，1972.

[9] Peter C Jones, J Quentin Merritt. Critical thinking and interdisciplinarity in environmental higher education：the case for epistemological and values awareness[J]. Joural of Geography in Higher Education，1999，23(3)：349.

[10] Porte A L，Cohen A S，Roessner J D，et al.Measuring researcher interdisciplinarity[J]. Scientometrics，2007，72（1）：133.

[11] Rafols I, Meyer M.Diversity and network coherence as indicators of interdis-

ciplinarity: case studies in BioNanoScience[J]. Scientometrics, 2010, 82 (2): 263-287.

[12] Rhoten D. Interdisciplinary research: trend or transition[J]. Items and Issues, 2004, 5 (1-2) :6-7.

[13] Rhoten D, Parker A. Risks and rewards of an interdisciplinary research path [J]. Science, 2004, 306 (5704) : 2046.

[14] Strauss A, Corbin J M. Basics of qualitative research: grounded theory procedures and techniques[M]. Thousand Oaks: Sage Publications, 1990.